来自大槐树

李氏姓氏字辈考

总策划 范忠义

中原出版传媒集团
中原传媒股份公司
中州古籍出版社

⊙ 黄泽岭 编著

图书在版编目（CIP）数据

李氏姓氏字辈考 / 黄泽岭编著. -- 郑州：中州古籍出版社，2019.3
ISBN 978-7-5348-8550-1

Ⅰ．①李… Ⅱ．①黄… Ⅲ．①姓氏－史料－中国 Ⅳ．①K820.9

中国版本图书馆CIP数据核字（2019）第058453号

李氏姓氏字辈考

编　　著：黄泽岭
出　版　社：中州古籍出版社
（地址：郑州市金水东路39号　邮政编码：450002）
发行单位：新华书店
承印单位：河南瑞之光印刷股份有限公司
开本：710mm×1000mm　1/16　　印张：35
字数：214千字　　　　　　　　　印数：1-2000册
版次：2019年4月第1版　　　　　印次：2019年4月第1次印刷

定价：80.00元

本书如有印装质量问题，由承印厂负责调换。

序

　　字辈，也叫做字派，是指名字中用于表示家族辈份的字（多为名字中间的字），俗称派。其意蕴为修身齐家，安民治国，吉祥安康，兴旺发达。字辈是中国传承千年的重要取名形式，也是中国古代一种特别的"礼"制，它一直延续到现代。由于各种原因，自五、六十年代以后，世人对字辈谱变得陌生，这种现象在年轻一代更是明显。

　　家谱中的字辈不论内容和形式都是很讲究的，不是随意取的。字辈谱有这样几个特点。

　　第一，严肃性。古代都有"名正言顺"的说法，名不正，言不顺。取名是一件很严肃的事。而字辈不仅是取名，而且要代代相传，遵照执行。如孔府对字辈谱要求很严格，明文规定：自己编撰字辈谱，需报官批准。全族人必须按照字辈取名，凡不循世序，随意取名者，概不准入谱。民国修《马佳氏族谱》，在字辈末尾加小注："……凡我后裔，一代用字以纪事，男女一致，遵守排用……不得任意更改，以免混乱。"

第二，思想性。一般字辈的用字都含有吉利、吉庆、祥和、安康、兴旺、和平、幸福的思想内涵，体现出本家族一定的价值取向、社会责任和对子孙后代的殷切希望。由于时代的不同，家谱就反映出不同时代的思想和伦理道德。在封建时代，字谱中就传播了忠孝节义、忠君孝友、光宗耀祖的思想内容。比如有的家谱字谱就有："忠厚传家久，孝廉布四方，节全是吾本，义字万世传"；"光昌兴宗德，宝贵古流传"；"绍庭为国瑞，光彩振家声"；"世业绍宗先，忠信立之本，仁义致胜全"等等。在社会主义新时期，家谱的字辈谱，就体现了新的思想、新的内涵。如1998年川渝联宗《徐氏族谱》中提出了新的40字新字辈谱："华光普照明，东海映太平，茂志泽道远，文武显龙廷，福全增富贵，科学振嘉兴，庆恩育英杰，承先世代荣。"

第三，地域性。有的字辈谱不仅具有字辈谱用字的一般特点，还反映出地域特点。张仲荧、张汝宜两位在《四川族姓之班辈检讨》一文中，就提出了一些带有较典型地域特点的四川各家族字辈。如以水、土择字，"沐浩泽泉流江双永源浩济津清灌"，"坛堞堤谐，坡坤圻坦，坩城垛基，坚埴培垒。"

第四，艺术性。诗歌是文学艺术的基本体裁之一，也是历史最悠久的艺术。它能以极少的字数，最凝炼的笔触，白热化的情绪，反映生活，表达思想感情。格律诗是古代常用的诗歌形式。大多数是五言体诗、七言体诗。由于家谱多数是有文采的名人撰写，所以，家谱中的字辈在写作时也就往往采用格律诗的形式。多数是五言体诗，当然也有四言、七言体诗。这就体现了字辈谱的艺术性。五言体诗的字辈谱如：《韶山毛氏族谱》的字辈谱为："立显荣朝士，文方运济祥，祖恩贻泽远，世代永承昌，孝友传家本，忠良振国光，起元敦圣学，风雅列明章。"毛泽东为十四世"泽"字辈，其父毛贻昌为十三世"贻"字辈；祖父毛恩谱为十二世"恩"字辈。

第五，私密性。家谱是家族由族长或族人中德高望重的族人主持编修。修成后，一般是编上分发号，发给族人，不向外公开出版发行。至多是赠送给国家的图书馆收藏。这本身就具有私密性，字辈谱只是家族内部识别辈分的标志，更是秘而不示。家谱修成发放时，一般都要向族人公开声明家谱的字辈，不外传。据说江西师大历史系教授梁洪先生在赣中南某地为黄姓乡民讲解过他的家谱内容，分手后这位黄姓乡民又回来，很认真地叮嘱说："不要把我黄姓的字派告诉别人。"

还有一点是字辈的用法问题。有些家族字辈用法可能有些独特，如：山东日照丁氏字辈"惟我家谱，履历备详。原籍海州，肇始武昌。明初来照，相宅河北。天启开科，崇祯任职。乡贤名宦，德言事功。显扬令绪，繁育兴隆。聿愿同心，孝敬和睦。世代绵长，丕承祖泽。"此套字辈每四个字为一代，每一代的人从四个字中任选一个使用，不分先后、不分主次，著名物理学家、诺贝尔物理学奖得主丁肇中就是这个家族的，为"肇始武昌"中的肇字辈。

再如广东梅州五华、河源程氏四十个字辈为"国家传世德，理学必宗先，孝支宜为则，崇文作善元。燕翼富强本，知书万道全。品行铭高洁，昌兴起俊贤。"后来又定下了四十个副字为"邦光其佩毓，兆吉福相延。开智明龙启，敬业定飞腾。勤修竞荣秀，常思乃识远。长隆显达贵，千秋怡乐天。"与前四十个对应，这样可以选用前四十个字或者后四十个字中的一个使用。

比如河南光山有一支黄氏，清朝末年制定的字派为五言诗体，其文曰："启学开昌运，重声振国光。家顺延胜泽，万世耀宗房。"短短的20字，"家""国"情怀都有了，这充分体现了字派的训育教化功能。

但是，随着时代的发展，许多人对于字派在取名中的作用越来越看淡了，由于是两字名与奇葩名字的泛滥，弄得子孙后辈们都不知道自己的根在何处，有时走在大街上，往往会"大水冲了龙王庙，一家人不认一家人"。

还有的家族规定人活着和死了使用不同的字辈，即规定两套字辈每个人两个名字一个是活着时候用，一个是死了之后用。不过这种方式不常见。

字辈应该说一部完整家谱不可或缺的部分，是一个家族的印记。其实字辈也算是一种比较随意的文学形式，它的随意性在于，虽然有一定的格式但是不像律诗那样讲究严格的押韵，不像词曲那样必须套用现有的牌名。通过字辈可以把两个不认识的人团结到一块儿，可以使陌生人之间产生突如其来的亲切感。更能够增强各群体间的凝聚力，字辈作为姓氏文化的一部分，我们应该将它很好地继承和发扬下去。

序

国史、方志、家谱，是中华民族优秀历史文化传承的三大支柱，也是验证洪洞大槐树移民的重要依据。移民姓氏表明了一个人的家族系统和血缘关系，是了解移民文化的重要切入口。沿着姓氏文化发展的历史脉络，梳理移民姓氏和移民文化的社会功能，使我们从中认识到移民姓氏文化研究对弘扬洪洞大槐树文化、增强国家文化软实力、培养移民后裔高度的文化自觉和文化自信、建设社会主义文化强国等方面的重大意义。

一、研究移民姓氏文化的重大意义

文化是什么？笼统地说，文化是一种社会现象，是人们长期创造形成的产物，同时又是一种历史现象，是社会历史的积淀物。确切地说，文化是指一个国家或民族的历史、地理、风土人情、传统习俗、生活方式、文学艺术、行为规范、思维方式、价值观念等。

中国姓氏文化历经多个朝代不断传承变迁，至今姓氏数量就有一万多个，形成了博大精深的姓氏文化。它可以解读中国古代社会结构、标记历史人口迁移、反映时代文化特征、增强中华民族凝聚力，也是一种特殊的经济资源。姓氏文化是解读中国古代社会结构的一把钥匙，移民文化是反映中国古代社会结构的一种文化视角。

中国自古提倡的伦理道德、祖先崇拜和宗族制度等意识，在古代社会的姓氏文化中得以充分体现。姓氏文化是标记中国历史上人口迁移的一座史碑。据不完全统计，明朝洪洞大槐树移民姓氏共1320个，移民分布共18个省（市）、500多个县（市）。明朝大移民是洪武二年（1369）至永乐十五年（1417），先后数次从山西的平阳、潞州、泽州、汾州等地，中途经山西洪洞县的大槐树处办理手续，领取"凭照川资"后，向全国广大地区移民。这些移民像蒲公英一样，以后又不断转迁，在迁入地定居下来，繁衍后、、薪火相传，姓氏文化随之丰富和发展。

明中后期以来，各地的移民后裔为了生计，又一次次、一批批南迁，成为东南沿海及"云、贵、川"等地的客家人，还有大批赴台或移居海外。台湾地区户籍调查显示，调查资料中户数大于500人的100个姓，其中有63个姓的族谱资料显示其先祖来自河南、山东。统计资料显示这63姓共计67万多户，占当时台湾总户数的89.9%。海峡两岸人民血脉相连，来往密切。在近十多年寻根文化兴起的浪潮中，台湾的移民后裔更是热情高涨，他们通过各种努力来洪洞大槐树寻根祭祖，通过各种方式表达着对故土的眷恋和思念。

二、移民姓氏文化是时代文化特征的一种反映

中国人历来有同姓聚居和联宗修谱的习俗,姓氏密集度反映着历史上人口迁移的规模和地域人群间亲缘关系程度。但由于社会历史发展时期的不同,姓氏与移民文化受到不同的社会综合因素的影响,反映出不同社会时代的文化特征。姓氏在其产生之初是标志氏族或者社会血缘关系的识别符号,但随着历史的发展,它承载了关于血缘图谱、家族演变以及时代变革的大量信息。

明代洪洞大槐树移民延续50年,是中国古代范围最广、规模最大、历时最长的官方移民,堪称"世界移民之最"。当时,明朝统治者为了恢复生产,制定了以移民垦荒为中心的振兴农业的措施,决定把农民从狭乡移到宽乡,从人多田少的地方移到地广人稀的地方。明初,经洪洞县大槐树处迁往全国各地的移民曾达百万人之多。据说,明初移民时,百姓都不愿离开自己的家,官府广贴告示欺骗百姓说:"不愿迁移者,到大槐树下集合,须在三天内赶到。愿迁移者,可在家等待。"人们听到消息后纷纷从晋北、晋南、晋东南等不同方向赶往大槐树下。第三天,大槐树四周集中了十几万人。突然,官兵包围了百姓,官员宣布:"大明皇帝敕令,凡来大槐树之下者,一律迁走。"

吴晗在《朱元璋传》中写道:"迁令初颁,民怨即沸,至于率吁众慼。惧之以戒,胁之以劓刑。"全是在强权政治的胁迫下进行的。山东曹县一刘姓的族谱里,记载着他们

的始祖是"独耳爷爷",独耳爷爷就是因为在迁徙途中多次逃跑、被官兵割掉一只耳朵的移民。

在明代移民方面,朱元璋采取了按"四口之家留一、六口之家留二、八口之家留三"的比例迁移。移民条例中还规定,凡同姓同宗者不能同迁一地。但迁移到异地的百姓不忍分离手足之情,想尽各种办法,和同族近亲留在一起,当时最普遍的办法就是改变自己原来的姓氏。

河南省内黄县二安镇小槐林村的"戴马同宗墓碑"记载,戴子龙、马子才系同胞兄弟,祖籍山西洪洞县,于明洪武年间,迁来此地,为图团聚,兄改姓戴。死后,戴、马的子孙后裔为其筑并肩二墓,人称"戴马同宗墓"。同在内黄的井店镇南街"陈邵坟墓碑"记载,陈、邵两姓祖籍山西省洪洞县,明洪武迁民至井店,兄陈纲,弟邵芳,祖属同胞。同样还是在内黄县六村乡温邢固村,王、温两姓也是同宗。据《内黄县志》记载,王、温两姓的始祖原是夫妇二人,男姓王,女姓温,祖居山西洪洞枣林村,明永乐年间迁至内黄,生有二子,为图团圆,一子改姓母亲的温姓。在内黄县,还有二安镇的孙小砦村是从山西洪洞县迁来的人,祖先姓孙,膝下双子,因恐双子分迁,无奈特命次子改为陈姓,以保居家团聚,骨肉不分。直到1949年前,二安镇一带孙、陈两姓还不许联姻。

另外,山东省曹县长刘庄《魏刘氏合谱》则记述了魏、刘同宗的原委,据合谱载:"予族山西平阳府洪洞县人士,大明洪武二年迁民诏下,条款具备,律历森严,凡同姓者不准同处一村。始祖兄弟二人，不忍暂离手足之情，无奈改为两姓，铜佛为记，传流至今五百余岁依然相在。搁堂对联曰：'两姓人众莫测辟木百枝实基本，刘魏物繁难量犹水万派总同源；一本散万殊两姓枚举言分考，万殊归一本刘魏大同观合宗。考昔洪洞同宗始，证今曹邑分姓传；两姓判初，先祖昭证有代远，刘魏肇基，子孙竟是一脉传；功成于谱，刘魏先世垂裕德，名就于宗，两姓后昆永历传。'"

河南省范县张庄乡有个叫朵庄的村子，1000多口人，全部姓朵，村子位于黄河西岸，和隔河相望的两个赵姓村子（赵营村和赵海村）共续一本族谱。据记载，在明初从山西洪洞迁来赵氏三兄弟被官兵追杀，赵一和赵二逃到河对岸，分别聚族而居，形成两个赵姓村子，而赵三留在河西岸，改姓朵，繁衍为今天的朵庄。

河南省滑县四间房乡曹村穗姓，传说原是一位韩姓逃亡将士，明初移民途中，因故被官府追杀，在走投无路的情况下，藏身于麦田内。追兵搜寻到他的时候，询问他是否姓韩。这位姓韩的将士遂看见麦田的麦穗就称自己姓穗，方逃过厄运，此后就隐姓埋名，穗姓也由此诞生。全村共有穗姓大概2000人，家谱大概从明清时期开始记录，属于极其罕见姓氏。

河南省内黄县东庄镇菅庄村菅姓，在明初洪洞移民之时得罪官府，为避免满门遭诛的厄运，举族迁逃，当追兵临近时，全族人等皆藏身在菅草丛之中，方得以逃生。后来，族人皆改取"菅"为姓氏。

山东省莘县张寨乡申庄村申姓，原本日姓，明洪武初年，因家族不愿故土分离而犯下灭族之罪，在被官兵追杀逃难途中，遇到正在东迁的邻村申氏家族，日姓长者情急生智，急令本家族人："将日改申，加入申姓队伍。"申姓长者也主动掩护，他厉声告诉追兵："我们都是申姓家族，奉旨东迁，为何苦苦追赶？"追兵一时无计可施，日姓家族免去了灭门之祸，从此改为申姓。

再如，明姓一支则源于明朝，出自明朝灭亡后的汉族反清情结，属于以历史事件改姓为氏。大明王朝灭亡之后，有许多明朝遗老旧臣、门阀豪绅、文人子女，皆以故朝之称为姓氏，称明氏。但在清政府的残酷控制和镇压下，许多姓氏家族皆将"明"字拆开，再加上一些偏旁部首以混淆视听，因此在清朝初期，大量出现了一些奇特的姓氏，计有叶氏、吴氏、晃氏、旷氏、旻氏、旺氏、旴氏、昂氏、昃氏、升氏、昊氏、昌氏、易氏、昙氏、昚氏、昪氏、昇氏、昜氏、显氏、昶氏、冐氏、晁氏、晋氏、㝡氏、普氏、朗氏、月氏、朋氏、服氏、朒氏、望氏、朝氏、朞氏、朕氏、朤氏、昏氏、遧氏、暭氏等，不一而足，均带有"日""月"的标志。而且，这些姓氏在后裔子女中或齿序交替使用，或排辈交替使用，合起来都是"明"字，为此，被清政府识破而杀头灭族的人多不可数。到了清宣统三年（1911）武昌起义后，全国爆发的辛亥革命运动中，以及在民国初期，许多这样的"偏姓家族"大多改回为原姓氏，但也有少数人统其为明氏，世代相传至今。

至此可以知晓，分姓而居的真正原因，是明政府"凡同姓同宗者不能同迁一地"的移民分派、安置方案，否则，移民决不会违背血缘情结而改变后代在社会结构中的角色。

事实上，即使同居一处的异姓同宗，为恐后代彼此不相认，在分姓之时或若干代后，仍以一种信物为彼此标识。河南省荥阳市汜水镇《牛氏家谱》载："永乐年间，牛姓始祖牛川奉命迁往河南时，因子女十八口不能同迁一处，料定一家人将来难以团聚，又恐日后子孙繁衍，互不识宗，在离开洪洞大槐树之际，遂商得一计，即将一口大锅砸为十八块，各自怀揣一块，留作信物，并约定，日后凡是遇上牛姓，即互相询问'打锅不打锅'，若回答'打锅'，即为同宗；若回答'不打锅'，即为旁支牛姓。这则趣谈，在今天偃师、温县、内黄等各县牛姓中仍广为流传。"

山东省商河县韩庙村王氏被称为"杀驴王"。当年移民时，韩庙王氏的祖先有三兄弟，在依依不舍中把家中惟一的一头驴杀了，相约把各自的后代都称为"杀驴王"，以免与其他宗族混淆。

山东省曹县庄寨镇虎头王村王氏都是山西洪洞县移民后裔，至今已形成一万多人的大家族。据族谱记载，移民时，祖先带着一只小老虎来到这里落户，因此取名"虎头王"。

山东省定陶县城西有个一千王村，明洪武年间，王姓始祖王良公从山西洪洞县大槐树移民至此，因其是猎户，枪法极好，人称"一枪王"，后演变成"一千王"。

当今社会经济快速发展，文化思想更为多元，姓氏文化表现出了新时期新的文化内涵。姓氏是个人作为家族成员的符号标记，是个人对于"我从哪里来"的哲学思考的科学回答。中国进入社会主义全面深化改革的战略机遇期，依法治国、民主公正的理念深入生活的各个方面，姓氏作为一种社会元素，是个人的家族归属感和民族认同感的标志，姓氏不再承载"别贵贱"的文化内涵，处处体现出现代社会的平等意识和家族观念。

三、移民姓氏文化是增强民族凝聚力的一种纽带

"参天之木，必有其根；怀山之水，必有其源。"寻根问祖、落叶归根、祭祀祖先是中华民族的历史传统，祖根就是至高神圣的土地，寻根认宗充分表现了华夏民族文化的向心力和凝聚力。"四世同堂、五世其昌"，移民文化是传统大家族的精神纽带和文化标志，血缘是任何政治势力和意识形态都无法阻隔的纽带。中国人的寻根意识和对自身归属感的强烈需求，推动着海内外大槐树移民后裔对故乡"家"和"根"的眷恋和认同。大槐树移民后裔经过几代、十几代，大都不知道被迁前是何村何地，但都知道"大槐树是故乡"，这一点，至今谁也没能忘却。

山西的"平阳府、洪洞县、大槐树、老鹳窝"是萦绕在洪洞移民后裔心中一个挥之不去、永恒难忘的故土名字。民谣中的那棵大槐树，树身数围，荫遮数亩，巍然挺立在汾河东岸，相传始植于汉代，故名"汉槐"。唐太宗李世民称帝第三年，在距大槐树不远处修建了一座广济寺，香火很盛。有一种鸟，名叫"鹳"，觅食于河滩溪流，夜栖河边

树，大槐树遂成为汾河滩上鹳鸟的天然良居。由于广济寺地处通衢大道，是明朝著名的驿站，明朝政府就在广济寺设局驻员，给移民发放迁移凭照川资，大槐树就成了移民的"点行处"。动身一般是在秋收后，为的是多积攒点安家落户的费用。秋风萧瑟，秋叶飘零，移民们由老槐树下起程，拖儿带女上路了。故土难舍，亲人从此天各一方。离别之处话别离，断肠人送断肠人。与亲人分手之后，欲走还却，移民们频频回首，泪眼模糊。路越走越远，故乡离自己也越来越远，村舍看不见了，唯能看见的只是那棵巍峨的大槐树和错落其上的一个个老鹳窝。于是这大槐树和老鹳窝便成为移民心目中故乡的标志，成为千百万移民怀乡的精神寄托。

台湾著名作家柏杨（原名郭定生，后来改名为郭立邦，最后又自己改名叫郭衣洞）在他的一本书中写道，现代的辉县人，尤其是居住县城东北六公里的常村郭姓居民，他们所有的记忆，最远追溯到五百年前那个令人悲戚的明王朝初年，兵乱、旱灾、蝗灾，民不聊生，饥饿的人们啃光了树叶，乃至大地上的一切具有叶绿素的东西，大地如焚，河水干枯，一片焦土。在山西省洪洞县，一个郭姓大家族几乎被饥饿消灭，为计活命，在洪洞的一棵大槐树下，向东逃亡，开始了悲惨凄凉的旅程，中途，幼儿夭折，老年人逝世，沿路写下悲苦的河南辉县先民移民史。他们在太行山东麓的辉县定居，他们的子孙一直传到现在。柏杨就是这支苦难先民的后裔。

在湖北省随州市一带还流传着这样一首民谣："山西的山，山西的水，山西古槐是乡里。槐树大，大槐树，大槐树下我们住。双小趾，手背后，远离山西大槐树。娃呀娃，你莫哭，山西有俺的大槐树。祖祖辈辈住山西，娃长大了也回去。"

在河南省南阳市广泛流传着这样一首歌谣："房前种上大槐树，不忘洪洞众先祖。村村槐树连成片，证明同根又同源。春天里来吃槐花，味道鲜美人人夸。山西习俗带南阳，不忘洪洞是老家。"

"要问老家在何处，山西洪洞大槐树。"这是流传在北京市郊区明初移民后人中的一句谚语。其境内聚集着一些地名有着山西色彩的村庄，如北京市大兴区青云店镇石州营村、孝义营村，采育镇屯留营村、东潞州村、大同营村，长子营镇赵县营村、沁水营村，顺义"红铜营"等。其中的红铜营，原名洪洞营。洪洞县的移民在顺义安家后，为不忘先祖和出生之地，也为启育后人，将村名定为"洪洞营"，后来才更名为"红铜营"。《顺义县志·顺义村名变迁》里面明白写有：今名"红铜营"，古名"洪洞营"。村南种有五棵槐树，据村里老者说，名"念家槐"，后因建筑之故，二棵枯死，今只剩下三棵。测测树围，看看树形，树龄不过二三百年，不会是初始移民所植，也许是哪一代移民后裔数典忆祖，为警育后人而种植的。

移民在离开大槐树时恋恋不舍，到达新的定居地之后，他们大多栽种了槐树，借以寄托自己对家乡的怀念。在今河南省濮阳县城关镇的李家堤、小集、蔡家园三个村,分别长有一棵较大的古槐,均为明初山西洪洞大槐树迁民至此时栽种的纪念树。这三棵大槐树距今有六百余年,每到过年初一、十五、大年三十的时候,村民都会相继来此烧香跪拜,祈求平安。大槐树枝繁叶茂,粗壮顽强,同时也象征着三个村村民倔强、无所畏惧的性格。

河北省保定市清苑区冉庄有两棵古槐,相传这两棵古槐栽于明代,是当年山西洪洞移民到此,为表达思乡之情,将由洪洞县大槐树下采集的树籽种于村头,历经数百年的风风雨雨,伴随着人们的繁衍生息而渐渐长大,长成了两人合抱都抱不过来的大树,它寄托着一代代移民后裔对自己古老家乡的怀念。如今,这棵古槐虽已枯死,但它却成了明代移民的历史见证。

保定府西关原有一株洪洞移民栽种的古槐,清康熙十年(1671),谢德先在古槐旁开了个酱菜铺,为纪念洪洞迁民和求取古槐保佑便取名叫"老槐茂"。光绪二十九年(1903),慈禧太后途经保定,品尝老槐茂酱菜后连声称好,并赐名"太平菜"。从此,老槐茂酱菜声名远扬,身价百倍。

河南省偃师县寇店韩寨村《赵氏宗谱》说:始祖从洪洞移民兄弟四人,起名"经、营、槐、显","显"音为"乡",合起来就是"经营槐乡"。

古槐移民更是在家庙祠堂的楹额上铭记了纪念的文字,以表达自己的思念之情。

河南省濮阳县习城乡胡寨村胡氏祠堂的楹联"念先祖

离洪洞单车匹马昔时苦,怀世宗居曹州枝繁叶茂今日荣。"河南省清丰县古城乡乔营村乔氏祠堂的楹联"洪洞移来廿余世,清丰安寓六百载",另一联是"六百年故国故事表里山河洪洞路,三千家可溯可追沧海桑田乔营屯"。河南省灵宝市城关镇涧东村城关镇涧东村张姓家谱载:明初从洪洞县葫芦滩大槐树迁来张如山、张如林(长子张如甘、次子张如棠居会兴镇)。1944年,张家祠堂楹联为:"山西省河南省三代祖宗甘棠下,会兴镇虢略镇始祖原郡葫芦滩。"山东省菏泽市埧堆袁家祠堂墙碑曾刻有洪武二年(1369)袁公正题望槐思乡诗:"昔日从戎驱鞑虏,今朝屯田太行东。洪洞分支老门第,曹州安居旧家风。古岗植槐三五株,铭记晋中父老情。卧雪传说流千古,后昆霞蔚赛劲松。"

还有相当一部分传说来自河北省枣强县。枣强应是洪洞移民的一个中转站,其东南即为山东德州,德州是南北交通要冲,有"九达通衢""京津门户"之称。洪洞移民进入济南府、青州府北部地区,走枣强、德州一线比较方便。一些枣强移民的家谱、族谱,说他们本是洪洞人,经枣强迁来,如山东省东营市的垦利县(现在为垦利区)耿家镇耿家村耿氏先祖耿事修于明洪武二年自洪洞迁枣强,同年再迁垦利县耿家镇耿家村。青州市五里镇井唐村《吴氏宗谱》,说他们的先祖吴氏三兄弟是从冀州府枣强县马安场迁来的,而吴氏又说他们实际上是洪洞人,先从洪洞迁枣强,又从枣强迁来山东。

此外,还有河南省内黄县东庄镇旧县村的冯氏迁民碑,东庄、西野庄的左氏迁民碑等许多关于洪洞迁民的记事碑，这些迁民记事碑文，字里行间深深地流露出移民后裔那浓浓的思乡念祖之情。

千万个移民后裔身在异乡，在他们的内心深处，姓氏谱系不是简单的文化符号，是他们与同宗族人的血脉见证，是他们心的归属。大槐树移民后裔在全球均有分布，世界各地华人中的移民后裔心系祖国，他们在各地成立了同姓宗亲会组织，用各种形式寄托着对山西洪洞故乡的怀念和尊祖敬宗的情怀，越来越多的移民后裔归国就是要满足"回家"的情结。移民后裔血脉相承，心系大陆同姓宗族，认祖归宗，共办实业，捐资助学，造福桑梓，这正是洪洞大槐树凝聚力的具体体现。

四、移民姓氏文化是一种特殊的社会经济资源

自古以来，中国人对血缘关系有着强烈的认同感，在社会生活中，姓氏文化具有巨大的经济能量，传统文化的感召力和经济价值已为越来越多的人所认识。中国是一个人情社会，一个感性消费的社会，移民文化作为一种特殊的文化，已然表现出巨大的经济潜力。据统计，目前我国有关姓氏寻根的中文网站有二百多个，国内许多姓氏的祖居地或发祥地还成立了寻根服务团，举办姓氏文化节，开展姓氏寻根旅游等活动。洪洞县寻根祭祖节自1991年首届以来，到今年已举办二十八届，届届成功，年年升温，外地游子，与日俱增，来宾参与范围逐年扩大，社会效益越来越好。

以移民文化为核心的产业将成为一个有中国特色的产业，姓氏文化产业的发展前景与潜力是巨大的。

河南省温县陈家沟陈氏太极拳，举国闻名，温县陈家沟被中国武术协会命名为"中国武术太极拳发源地"。巩义的康百万，慈禧太后册封，多次得到皇帝赏赐，最鼎盛时官至三品，数次钦加知府衔。由此，康百万庄园名扬天下，来参观的人络绎不绝。众多游客体会了陈氏太极拳大架拳法之精深魅力，领悟到康百万家族治家之道和祖训家风，等等，这些独特的旅游文化，带动了当地旅游的发展，收到了较好的社会效益和经济效益。

姓氏文化的传承和发展丰富了中国文化的宝库，对于弘扬民族传统文化、提升国家文化软实力和增强民族自豪感具有重大意义。大槐树移民文化的独特之处在于开放与兼容：对外来文化的接纳和融合，构成了移民文化的开放性；对本土文化的改造和再塑，构成了移民文化的兼容性。对于研究者而言，不仅要关注移民文化的文化特征，同时也要关注移民文化的形成过程。"谁是古槐迁来人，脱履小趾验甲形。"这句民谣不仅流传很广，而且被人们作为辨认乡亲，识别故槐移民子孙的证据。在火车上，在宾馆里，在部队营房，在大学宿舍，甚至在他邦异国，大凡异乡之人聚拢在一起，询问故乡，盘查祖籍时，常见他们脱鞋拉袜，亮出脚丫，验看脚上小趾的指甲是否复形。如果谁的小指甲上有一道裂纹，好像是两个指甲，那谁的祖先就是从洪洞大槐树下迁来的，相互之间便立即承认为古槐子孙，互认为洪洞老乡了，于是便围坐一起，畅谈迁民时的史实和趣闻。"同是古槐迁来人，数世之后喜相逢"，亲切友好的情谊，十分浓厚。

五、个体作为文化承载者，在文化迁徙的过程中扮演着非常重要的角色

历史上几次大规模的移民都伴随着文化的流动，并对迁入地的文化发展产生实质性的影响。随着移民从迁出地转入迁入地，移民文化也开始生成。如移民村庄文化、移民地戏曲演变和地方方言文化等。

河南省内黄县东庄镇三流河村"打锅牛碑"记载，牛姓始祖原籍山西洪洞县人，由明洪武迁民，兄弟七人偕行东来，入内黄籍者三，曰牛流河村、牛张固村、牛林子村，入清丰籍者曰牛李桥村，还有入滑县、安阳籍者。当分手时，诚恐日后相见无可为证，便将饭锅击碎，分为七块，凡以此相认者知为近脉，告诫后人要慎终追远。各姓移民迁入内黄流河一带后，姓牛的叫牛流河，姓池的叫池流河，姓李的叫李流河，姓马的叫马流河，姓焦的叫焦流河，还有姓李的叫李家拐，这些村庄因都在流河村南，所以又统称南流河。魏姓也是从山西洪洞县迁来的，迁居在南流河西头，后魏姓发展为当地名门望族，所以称为魏流河。

河南省内黄县马上乡燕庄村，清嘉庆十三年（1808）"燕庄祖茔碑"记载，燕氏祖籍山西洪洞县人，明初因迁徙居内黄县城北七里许的燕家庄，燕氏家族成为繁阳镇的名门望族。还有马上乡善仪店村清康熙九年（1670）的"张氏先茔碑"，详细记载了张氏家族于明洪武十三年（1380），从山西洪洞县南关迁民至此，落户生根，繁衍生息的事实。还有亳城乡岳次范村的康熙十七年（1678）的"岳氏世系碑"，详细记述了岳氏家族自明洪武七年（1374）从洪洞迁民，并在此繁衍生息的过程，并留有世系家谱。还有内黄县城西关出土的两篇明代万历年间的墓志铭，记载了任姓始祖明洪武初从洪洞迁民至此的事实，后迁至楚旺王庄村，并流传有详细的族谱。

再如晋南戏曲的演变与传播。首先是蒲剧，蒲剧元末流行于山西平阳府一带。明初，洪洞大移民之后漫延到河南、山东、河北、陕西、甘肃和青海等省的部分地区。晋剧、北路梆子等都是从蒲剧派生出来的。蒲剧亦称蒲州梆子或南路梆子，是晋南地区的主要剧种。临汾地区有许多古代戏剧活动遗迹，例如临汾市的魏村元代戏台、东羊戏台和王曲元代戏台等。这些实物史料证明，晋南地区戏剧活动历史悠久。

其次是上党梆子。上党梆子流行于晋东南地区（古上党郡），当地人过去称其为"大戏"。上党梆子在明朝以后流传到山东菏泽地区和河北永年县，经过长期的艺术实践，在当地形成了山东枣梆和河北西调两个剧种。

其三是北路梆子，又名"上路戏"，与中路梆子（晋剧）、上党梆子、蒲剧并称山西四大梆子，是华北地区较有影响的剧种之一。郭沫若曾用"听罢南梆又北梆，激昂慷慨不寻常"的诗句，来赞誉北路梆子。北路梆子也是在洪洞大移民之后逐步形成的。六百多年来，北路梆子以其慷慨激越的边塞风格，流行于晋北、张家口、包头、呼和浩特等地，深受城乡劳动人民的喜爱。北路梆子是蒲州梆子扩展的产物，是洪洞移民北上演出留下的剧种逐渐与当地语言和民间音乐融合而形成的新剧种。北路梆子老艺人代代相传，有几句顺口溜："生在蒲州，长在忻州，红火在东西两口（指张家口至包头一线），老死在宁武朔州。"宁武县、朔县一带是山区，许多老艺人上了年纪之后，到这一带搭班混饭，直至老死，可见这一带是北路梆子的重要基地。过去的北路梆子演员中，不少演员是蒲州人，道白也说"蒲白"。即使本地人招收"娃娃班"，也请蒲州老师教戏。虽然北路梆子和蒲州梆子关系密切，渊源很深，但其剧目内容、表演手法以及音乐旋律都不同于蒲州梆子。北路梆子本身具有独特的艺术风格，它的腔调高亢、激越，表演强健有力，音乐节奏直爽慷慨，表现了塞外人民强悍的性格，因而受到晋北人民的喜爱。

其四是晋剧，晋剧即中路梆子，是山西省的代表性剧种，为山西省的四大梆子之一。由于它的活动地区在山西中部，尤其是在太原附近、晋中一带，而且这一剧种历来受到山西中部广大群众的喜爱，故称中路梆子。中路梆子的特点是旋律婉转、流畅，曲调优美、圆润、亲切，道白清晰，具有晋中地区浓郁的乡土气息和自己的独特风格。中路梆子渊源于蒲州梆子，明清之后已经盛行。它吸收了蒲剧的许多特点，又经过许多艺人的丰富和发展，逐渐形成了自己的风格。可以说，它是在蒲剧基础上大胆突破和创新而形成的一种别具一格的梆子戏。因此，这一剧种演出范围也随之逐步扩大。抗日战争以前，已经扩展到河北西部、陕西北部、内蒙古地区。1949年以后，中路梆子剧团逐渐增多，尤其在晋中、吕梁、太原地区，差不多县县有专业剧团，许多村镇有业余剧团。

其五是大平调。明初洪洞一些民间艺人从大槐树处带回一班戏子，迁徙中原后经过修整，并结合本地音乐风格，加进土乐器大弦、二弦、三弦和卖豆腐用的枣木梆子，取名"大油梆"，因唱腔平稳，故又叫"大平调"。当时许多山西商人到河南经商，在许多州、府、县修建会馆，建戏楼，在看戏中做生意，更促进了大油梆子的流传。在河南省滑县发现了清顺治十六年（1659）大梆戏"大兴班"演出合同，说明大平调剧种明中后期已有正式班社，在冀、鲁、豫、苏、皖五省边缘地带传唱。大平调在发展演变过程中，由于语音差异和艺术风格不同，形成东路、中路和西路三个流派。

其六是花钹大鼓。花钹大鼓是北京市昌平区后牛坊村的民间花会艺术之一。后牛坊村的花钹大鼓，属花钹中的"文钹"，原名称"雷音圣会，子弟花钹"，百姓俗称"大鼓会"。据传是清朝乾隆年间，有一山西洪洞县逃荒到后牛坊的白胡子老人教给当地村民的。由于后牛坊人也来自山西洪洞，出于对先人的怀念，便将这种民间艺术世世代代地流传下来。表演时由8个成年人敲打鼓面，由男女12个儿童边击打小铜钹边舞蹈。音乐节奏有二拍子、三拍子、四拍子、五拍子等。花钹大鼓有较高的民间花会艺术及民俗文化保存价值，可谓研究洪洞民间艺术和民俗文化的活资料。

由于明初山西洪洞等地曾移民到河北、河南等地，清康熙以来，推行"移民实边"政策，山西北部又大量移民至内蒙古地区，山西移民带去了山西的语言和风俗，使当地民俗具有了山西特色。明清以来，山西商人在内蒙古、陕西、河南、河北一带都很活跃，商人将山西的民俗文化带到当地，包头市就有"先有复盛公，后有包头城"的民谚。复盛公的财东是晋中祁县乔家堡人，因而，包头的民情风俗就类似于晋中民俗，也包括晋北民俗，说的是山西话，看的是二人台和山西的中路梆子、北路梆子。由此可见，山西的民俗文化圈，实际上已越出现今山西省行政区，影响到"晋语"流行区，也就是语言学界所说的"山西省及其毗邻地区有入声的"方言地区。

山西南部的方言和冀、鲁、豫、京、津等地方语言接近。明初洪洞移民迁徙中原后带来了新的语种和新的生活方式。土著语言和移民的语言相互融合，相互影响，六百年没有大的改变。如："几码个"是指今天；"灭儿个"是指明天；"牙儿个"是指昨天；"前儿个"是指前天；"后儿个"是指后天；"日头"是指太阳；"白夜儿"是指白天；"挨黑前儿"是指傍晚；"黑更半夜"是指半夜三更；"成天"是指整天；"见天"是指每天，等等。

山西洪洞人有嗜好吃面的饮食习惯，而移民后裔迁徙到中原后也是几乎无面不餐、无馍不饱，相沿成习。这是在自然条件、历史源流、相袭力量等背景下形成的。至今中原地区的人们清早饭和晌午饭前后一见面就问："吃了吗？"

另外，洪洞还有喜喝汤饭的习惯。除晋南部分地区外，多数居民大多如此。在鲁西一带，邻里晚饭前后相见，至今开口先问："喝汤了没有？"据说是因为山西绝大部分地区常年干旱多风，百姓"日出而作，日落而息"，所谓"面朝黄土背朝天"的辛勤劳作，绝少有饮水啜茗的条件，全靠吃饭时的汤水一并补充；且山西人过去吃饭少有蔬菜，全凭盐、醋相佐，口味明显偏重，从生理上需要大量水分，形成了喜汤食的习俗。

总体来看，透过移民姓氏文化，我们可以看到移民文化的形态演变和形态发展，基本上遵循着"文化记忆、文化流动、文化再生"这一文化发展的路径。移民文化的形态演变，也在不断展现移民文化所独有的开放性、兼容性、动态性与生成性等特点。

由于本人才疏学浅，此文虽已尽力，但限于时间和能力，还存在这样那样的缺陷，在此恳请各位方家指正，以便查漏补缺，尽善尽美。

2018 年 12 月 16 日

作者

▲ 李姓起源图

在尧舜时期，有一官职称"理官"（相当于现在的法官），有一叫伯益的人任此官职，子孙三代世袭。按照当时的习惯，以官为姓，便取姓为"理氏"。其后裔理徵得罪了暴君商纣王，理氏将临灭族之灾。理徵有一儿子叫利贞，便逃至伊侯之墟。那是一片荒野之地，没有人烟，找不到吃的，饿得够呛。忽然，他看到此片树林的树上结满了红澄澄的果子，此果子没有名字，他就取名为"木子"（今天的"李子"）。他摘了几个果子品尝，发现"木子"香甜可口，便以此果来充饥。这种"木子"救了他一命，为了感谢"木子"救命之恩，他就把自己的理姓改为李姓（李由木子两字构成），也可隐瞒身份，从此诞生了李氏。

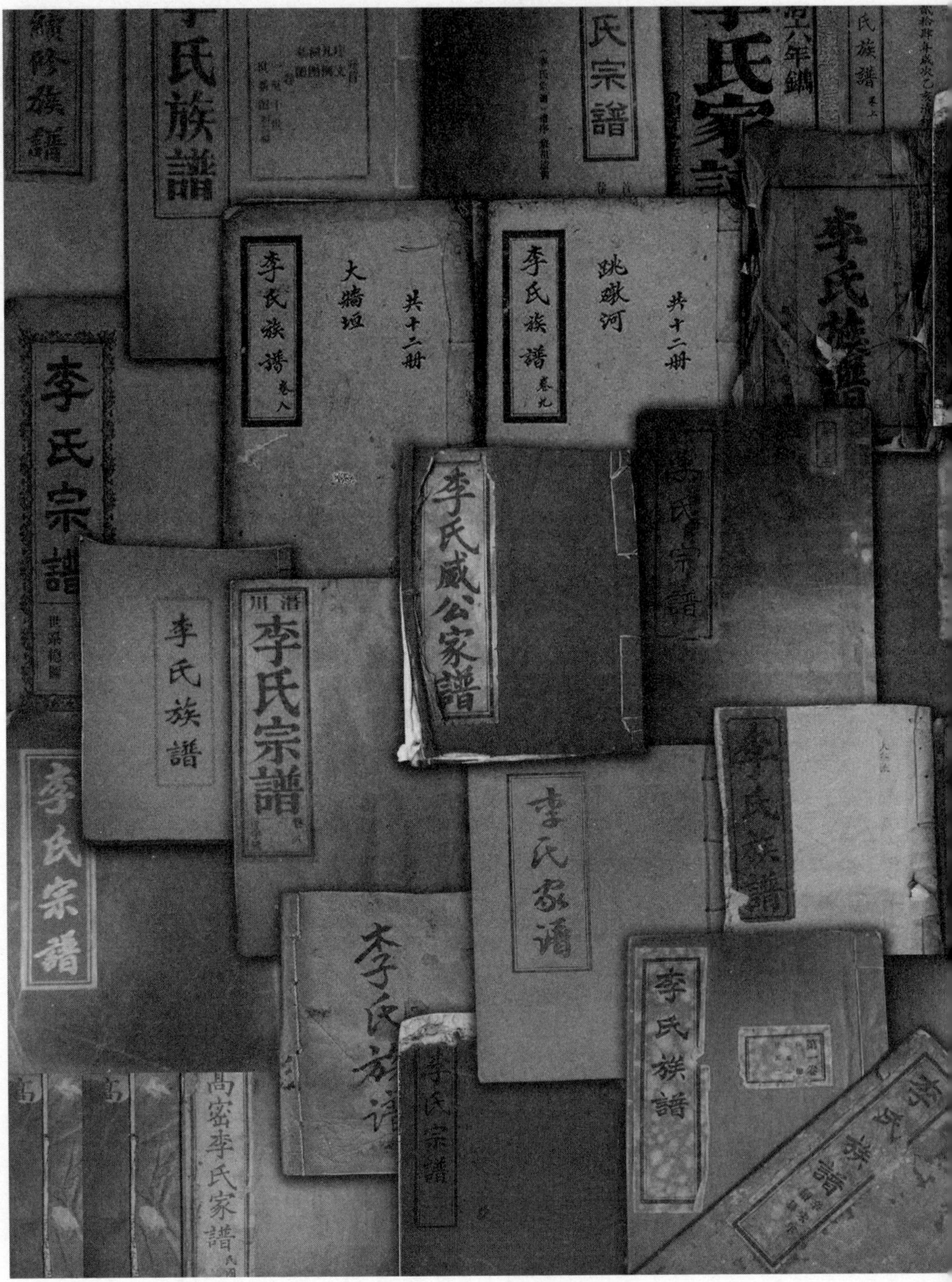
續修族譜
李氏族譜
氏宗譜
李氏族譜 卷八
大墻垣
共十二册
李氏族譜 卷九
共十二册
李氏宗譜
李氏威公家譜
李氏族譜
潜川
李氏宗譜
李氏家譜
李氏宗譜
李氏族譜
李氏宗譜
李氏族譜
高密李氏家譜

▲ 各地李姓家谱选登

来自大槐树·李氏姓氏字辈考

▲ 各地李氏宗亲活动现场选登

各地李姓续谱选登

来自大槐树·李氏姓氏字辈考

▲ 各地李姓祭祖活动选登

来自大槐树·李氏姓氏字辈考

各地李姓祠堂选登

▲ 各地李姓祠堂选登(一)

来自大槐树·李氏姓氏字辈考

各地李姓祠堂选登

▲ 各地李姓祠堂选登（二）

目 录

李姓迁徙分布 ··· 1
李姓郡望 ··· 5
李姓堂号 ··· 8
李姓家谱序言选录 ··································· 12

    安阳市林州市东姚镇李家湾村《李氏家谱》序 ············· 12
    濮阳市华龙区张仪村《李氏族谱》序 ····················· 14
    焦作市修武县承恩镇《李氏宗谱》序 ····················· 15
    郑州市新郑市东土桥《李氏家谱》序 ····················· 20
    郑州市登封市蒋庄《李氏家谱》序 ······················· 26
    郑州市金水区白庙村李氏《李氏家谱》序 ················· 28
    周口市太康县张集（丘岗集）李鸭庄（响场李）《李氏家谱》序 ··· 32
    洛阳市涧西区漷沱村《李氏家谱》序 ····················· 33
    泰安市岱岳区黄前镇李家庄《李氏族谱》序 ··············· 34
    泰安市岱岳区祝阳镇大梭庄《李氏家谱》序 ··············· 43
    青岛市平度市马戈庄镇坝口村《李氏族谱》序 ············· 45
    淄博市淄川区台头村《李氏家谱》序 ····················· 46
    淄博市淄川区昆仑镇泂村《李氏族谱》序 ················· 48
    淄博市临淄区《李氏族谱》序 ··························· 51
    菏泽市郓城县程屯镇肖南村《李氏族谱》序 ··············· 52
    济南市商河县商河镇西三里村《李氏家谱》重修族谱序 ····· 53
    聊城市临清肖寨村李氏光绪年祖碑记 ····················· 55
    沧州市回族《李氏家谱》序 ····························· 56
    沧州市青县新兴镇朱辛庄《李氏家谱》序 ················· 62
    邯郸市永年县前曹庄《李氏家谱》序 ····················· 63

邯郸市峰峰矿区和村《李氏家谱》序·····················66
石家庄市无极县无极镇户村《李氏家谱》序·················70
湘潭市杨嘉桥《李氏家谱》序·······················72
黄冈市麻城市《李氏家谱》序·······················74
安顺市《李氏家谱》序··························97
黔西南布依族苗族自治州兴义市鲁屯镇《李氏族谱》序···········105
张家口市《李氏家谱》序························107
晋中市昔阳县《李氏宗谱》序······················108
徐州市《李氏家谱》序·························111
安康市白河县冷水镇秧田村《李氏家谱》序···············116
延安市安塞县招安镇李家塌村《李氏家谱》序··············117
江西省李大畈支系《李氏宗谱》序····················119

李姓家训家规选录·····························122

李姓宗祠对联集锦······························155

李姓历代名人

先　　秦·································158
秦·····································158
汉　　朝·································158
三　　国·································159
晋　　朝·································159
南北朝··································160
隋·····································160
唐·····································161
五代十国·································163
宋·····································163
金·····································164
西　　夏·································164
明　　朝·································164
大　　顺·································165
清·····································165

李姓字辈分布

河南省

郑州市 ·· 166
洛阳市 ·· 166
开封市 ·· 167
漯河市 ·· 168
安阳市 ·· 168
新乡市 ·· 169
周口市 ·· 170
焦作市 ·· 171
平顶山市 ·· 171
信阳市 ·· 172
南阳市 ·· 175
鹤壁市 ·· 178
濮阳市 ·· 178
许昌市 ·· 179
商丘市 ·· 179
驻马店市 ·· 181
济源市 ·· 182
河南省境内其他支系 ·· 183

山东省

济南市 ·· 221
青岛市 ·· 222
淄博市 ·· 223
枣庄市 ·· 223
烟台市 ·· 224
潍坊市 ·· 226
济宁市 ·· 227

泰安市 ······ 230
威海市 ······ 231
日照市 ······ 231
莱芜市 ······ 232
临沂市 ······ 233
德州市 ······ 234
聊城市 ······ 235
菏泽市 ······ 236
滨州市 ······ 238
山东省境内其他支系 ······ 238

河北省

石家庄市 ······ 263
唐山市 ······ 263
邯郸市 ······ 264
秦皇岛市 ······ 264
保定市 ······ 265
承德市 ······ 265
沧州市 ······ 265
衡水市 ······ 266
邢台市 ······ 267
河北省境内其他支系 ······ 268

北京市、天津市 ······ 286

山西省

大同市 ······ 289
忻州市 ······ 289
阳泉市 ······ 289
长治市 ······ 289
晋中市 ······ 289

运城市 ……………………………………………… 289
　　临汾市 ……………………………………………… 290
　　吕梁市 ……………………………………………… 290
　　山西省境内其他支系 ……………………………… 290

内蒙古自治区

　　赤峰市 ……………………………………………… 299
　　通辽市 ……………………………………………… 299

辽宁省

　　大连市 ……………………………………………… 299
　　丹东市 ……………………………………………… 300
　　锦州市 ……………………………………………… 300
　　营口市 ……………………………………………… 300
　　盘锦市 ……………………………………………… 301
　　辽宁省境内其他支系 ……………………………… 302

吉林省

　　长春市 ……………………………………………… 304
　　延边朝鲜族自治州 ………………………………… 304
　　吉林省境内其他支系 ……………………………… 304

黑龙江省

　　哈尔滨市 …………………………………………… 305
　　大庆市 ……………………………………………… 305
　　双鸭山市 …………………………………………… 305
　　黑龙江省境内其他支系 …………………………… 305

上海市 · 307

江苏省

　　南京市 · 307
　　镇江市 · 308
　　常州市 · 308
　　无锡市 · 308
　　苏州市 · 308
　　徐州市 · 309
　　连云港市 · 313
　　淮安市 · 315
　　盐城市 · 316
　　扬州市 · 317
　　泰州市 · 318
　　南通市 · 318
　　宿迁市 · 319
　　江苏省境内其他支系 · 320

浙江省

　　杭州市 · 327
　　嘉兴市 · 327
　　湖州市 · 327
　　宁波市 · 327
　　金华市 · 327
　　温州市 · 328
　　丽水市 · 330
　　绍兴市 · 332
　　衢州市 · 332
　　台州市 · 333
　　浙江省境内其他支系 · 333

安徽省

合肥市 ………………………………………… 335
蚌埠市 ………………………………………… 336
芜湖市 ………………………………………… 337
淮南市 ………………………………………… 337
亳州市 ………………………………………… 337
阜阳市 ………………………………………… 338
淮北市 ………………………………………… 339
宿州市 ………………………………………… 339
滁州市 ………………………………………… 339
六安市 ………………………………………… 340
安庆市 ………………………………………… 340
宣城市 ………………………………………… 341
池州市 ………………………………………… 341
安徽省境内其他支系 ……………………………… 341

江西省

南昌市 ………………………………………… 346
九江市 ………………………………………… 347
赣州市 ………………………………………… 347
吉安市 ………………………………………… 349
上饶市 ………………………………………… 350
萍乡市 ………………………………………… 350
新余市 ………………………………………… 350
宜春市 ………………………………………… 351
抚州市 ………………………………………… 352
江西省境内其他支系 ……………………………… 352

福建省

福州市 ………………………………………… 352

泉州市 ······················ 353
南平市 ······················ 354
漳州市 ······················ 354
三明市 ······················ 354
宁德市 ······················ 355
龙岩市 ······················ 355
福建省境内其他支系 ············ 356

台湾省

台北市 ······················ 360
台南市 ······················ 360
台湾省境内其他支系 ············ 360

湖北省

武汉市 ······················ 361
宜昌市 ······················ 362
襄阳市 ······················ 363
黄石市 ······················ 364
鄂州市 ······················ 364
随州市 ······················ 364
荆州市 ······················ 365
荆门市 ······················ 366
十堰市 ······················ 376
孝感市 ······················ 377
黄冈市 ······················ 378
咸宁市 ······················ 380
仙桃市 ······················ 380
天门市 ······················ 380
恩施土家族苗族自治州 ·········· 381
湖北省境内其他支系 ············ 382

湖南省

　　长沙市 ·················· 385
　　株洲市 ·················· 387
　　湘潭市 ·················· 387
　　衡阳市 ·················· 388
　　岳阳市 ·················· 390
　　郴州市 ·················· 391
　　永州市 ·················· 394
　　邵阳市 ·················· 396
　　怀化市 ·················· 399
　　常德市 ·················· 400
　　益阳市 ·················· 402
　　张家界市 ················ 404
　　娄底市 ·················· 404
　　湘西土家族苗族自治州 ····· 405
　　湖南省境内其他支系 ······· 405

广东省

　　广州市 ·················· 411
　　汕头市 ·················· 411
　　惠州市 ·················· 412
　　揭阳市 ·················· 412
　　佛山市 ·················· 412
　　河源市 ·················· 413
　　阳江市 ·················· 413
　　茂名市 ·················· 413
　　湛江市 ·················· 414
　　梅州市 ·················· 415
　　肇庆市 ·················· 415

韶关市	415
潮州市	417
清远市	418
江门市	419
汕尾市	420
云浮市	420
广东省境内其他支系	421

广西壮族自治区

南宁市	434
柳州市	434
桂林市	435
梧州市	436
北海市	437
崇左市	437
贺州市	437
玉林市	437
百色市	438
河池市	439
钦州市	439
贵港市	440
广西壮族自治区境内其他支系	440

海南省

三亚市	443
海南省境内其他支系	443

香港特别行政区 ·············· 443

重庆市

万州区 …… 443
涪陵区 …… 444
江北区 …… 444
綦江区 …… 444
大足区 …… 444
渝北区 …… 445
巴南区 …… 445
黔江区 …… 445
长寿区 …… 445
江津区 …… 446
合川区 …… 446
永川区 …… 446
璧山区 …… 447
铜梁区 …… 447
潼南县 …… 447
荣昌县 …… 447
梁平县 …… 447
丰都县 …… 448
垫江县 …… 448
开　县 …… 448
云阳县 …… 449
奉节县 …… 449
巫山县 …… 449
巫溪县 …… 450
彭水苗族土家族自治县 …… 450
重庆市境内其他支系 …… 450

四川省

成都市 …… 453
绵阳市 …… 454

德阳市 ·················· 455
　　广元市 ·················· 456
　　自贡市 ·················· 457
　　攀枝花市 ················ 458
　　乐山市 ·················· 458
　　南充市 ·················· 458
　　内江市 ·················· 461
　　遂宁市 ·················· 463
　　广安市 ·················· 464
　　泸州市 ·················· 467
　　达州市 ·················· 468
　　眉山市 ·················· 471
　　宜宾市 ·················· 473
　　雅安市 ·················· 475
　　资阳市 ·················· 475
　　巴中市 ·················· 479
　　四川省境内其他支系 ········ 480

云南省

　　曲靖市 ·················· 485
　　玉溪市 ·················· 485
　　保山市 ·················· 485
　　昭通市 ·················· 486
　　楚雄彝族自治州 ············ 487
　　文山壮族苗族自治州 ········ 488
　　云南省境内其他支系 ········ 488

贵州省

　　贵阳市 ·················· 490
　　六盘水市 ················ 490
　　遵义市 ·················· 490
　　铜仁市 ·················· 492

毕节市 …… 492
黔西南布依族苗族自治州 …… 493
黔东南苗族侗族自治州 …… 493
黔南布依族苗族自治州 …… 493
贵州省境内其他支系 …… 494

陕西省

西安市 …… 497
咸阳市 …… 497
汉中市 …… 497
渭南市 …… 497
安康市 …… 498

甘肃省

酒泉市 …… 504
武威市 …… 504
张掖市 …… 504
定西市 …… 504
甘肃省境内其他支系 …… 505

青海省 …… 505

后 记 …… **509**

注：省份排列顺序按照明朝移民路线由近及远排列

李姓迁徙分布

先秦时期，李姓的活动由河南开始，到战国末，李姓的活动地域已扩大到山西、河北、陕西、四川、湖北等地。秦汉时期是李姓向各地迁移的重要阶段。秦始皇平定南越和西瓯时，李姓始入两广地区。李耳的后裔入甘肃，发展为陇西李姓的望族，居河北的成为赵郡李姓的名家。东达山东，东南抵赣浙苏，南面南海及北部湾。唐朝是李姓的鼎盛时期，陇西李氏王朝传19帝，历时289年，李姓贵为国姓，各地都有李姓的皇亲国戚，李姓人口迅速膨胀。唐朝初，李姓开始大批进入福建和海南。明朝时，李姓进入台湾。

明朝后，李姓人口流动的程度和方向与宋、元有了很大的区别，尤其是由东部向华中、华北的回迁已经大于由北向东南的迁移，同时，向西南和东北的移民已经成为重要的流动方向。

唐代是李姓族群的急剧膨胀期，赵郡李氏、陇西李氏、赐姓李氏、唐宗室后人多达官贵人，一夫多妻制的生活，使李氏人丁兴旺，在当时已成为全国大姓。但随着朝政的变化，在唐代即有许多李姓人物贬官南下，又有许多人为免遭祸害而逃至全国，使李姓遍及全国。唐代以后，出于多种原因，李姓迁徙更加频繁，分布得更为广泛。其中，迁徙人数较多的是宋朝"靖康之变"时的南迁。

元末明初的政权更迭以及明朝的"靖难之役"，主战场在山东西部、河北、河南北部的部分地区，迁延数十年，民不聊生，造成百姓得流就食，四散逃离，致使十室九空。

明廷在政权稳定之后，从山西平阳、太原一带（晋商首富李家大院族谱可以佐证当地富庶安定），向华北的荒芜地区进行了大规模的人口迁徙（《明代进士登科录》、阳泉《李氏族谱》等可以佐证）。

李姓迁徙至海外，始于明朝初年，去琉球国的都是福建人，定居于今冲绳岛那霸市近郊的久米村一带。据《明会要》记载，明洪武二十五年（1392），明朝曾赐给琉球国"闽人三十六姓善操舟者，令往来朝贡"，其中就有李姓。琉球国派往明、清的通事有许多人姓李，皆系自福建移居琉球的华人。

明末清初，四川经过多年战乱，康熙七年（1668），四川巡抚张德上书朝廷，要求朝廷动员全国人员往四川迁徙，川内李姓较多都是从湖广宝庆府等地迁来，便形成了"湖广填川"。清朝及民国时期，李姓族人移居海外者更多。

宋朝时期，李姓大约有560万人，约占全国人口的7.2%，排在王姓之后，为宋朝第二大姓。李姓第一大省是河北，约占全国李姓总人口的11.6%。在全国的分布主要集中于河北、四川、河南、山东，这四省的李姓大约占全国李姓总人口的44%。其次，分布于陕西、江西、山西、湖南等地。全国形成了围绕中原地区的新月形李姓聚集地带，这个地带由冀豫鲁、晋陕、川湘赣三大李姓聚集中心组成。

宋元明初期，李姓人口不但没有增长，反而减少，李姓总人口减少了10%。这与北方地区长期战乱，尤其是元朝的野蛮统治有密切关系。战乱和屠杀的受害群体首先是大姓汉族人群，李姓是北方地区的大姓，自然受到最惨重的损失。明朝时期，随着战争的平息，人口恢复，李姓人口也得到了发展。李姓大约有510万人，约占全国人口的5.5%，仅排王、张之后，为明朝第三大姓。江西为李姓第一大省，约占全国李姓总人口的13.3%。在全国分布主要集中于江西、山西、山东三地，大约占全国李姓总人口的32.7%。其次，分布于浙江、江苏、河北、福建、河南等地。宋元明期间，李姓的分布总格局变化较大，除了人口急剧减少以外，其人口主要由北方向东南迁移。全国重新形成了东南的赣苏浙闽、华北的晋冀豫鲁两大块李姓人口聚集地区。

当代，李姓的人口已达9200多万，大约占全国人口的7.38%。从明朝至今500多年中，李姓人口由510万激增到9200万，近18倍。李姓人口的增长速度高于全国人口的增长速度。在全国的分布，目前主要集中于河南、山东、四川、河北四省，大约占全国李姓总人口的32%。

其次，分布于广东、湖南、湖北、云南、安徽五省，约占李姓人口的25%。东北三省的李姓密度也较高，大约占10%。河南为李姓第一大省，大约占李姓总人口的10.3%。全国形成了中原、华北、云川、东北四大块李姓高密度聚居区。李姓分布很广，但不均衡。李姓在西南、华北是最常见的姓氏。李姓在人群中分布频率示意图表明：在云南、四川南部、豫冀鲁晋大部、甘肃中部、东北大部，李姓一般占当地人口的比例在8.8%以上，覆盖面积约占国土面积的18%，大约30%的李姓人口居住于此；陕甘宁蒙大部、川东、重庆、黔湘鄂、桂粤大部、苏皖北部、山东东部、辽宁等地，李姓一般占当地人口的比例在6.6%~8.8%，约占国土面积的36%，大约51%的李姓人口居住于此；赣浙闽台、苏皖大部、桂南、海南、粤东、新疆西北、甘西等地，李姓一般占当地人口的比例在2.2%~6.6%，约占国土面积的21.6%，大约19%的李姓人口居住于此。

李姓郡望

所谓郡望，即郡中的望族祖地，都是一些显贵的姓氏。姓氏郡望不仅是该姓氏发祥地的标记，也是氏族人口、经济实力、政治地位与文化影响力等综合族力的反映。据《广韵》记载，李氏有十二个郡望，也说十三郡望，实际多达30余个，陇西、赵郡最为显耀。李姓郡望有：陇西、赵郡、顿丘、渤海、中山、江夏、范阳、略阳、武威、广汉、代北、鸡田、柳城等。

▲ 陇西李氏郡望

陇西郡：战国时置郡，相当于今甘肃省东乡以东至临洮县一带陇西地区。此支李氏，开基始祖为秦司徒李昙长子李崇，堂号为"陇西堂"，因李氏望族出自陇西郡而得名。

赵郡：汉时置郡，治所在邯郸（古赵国辖区，都故址今河北省邯郸市西南郊）。此支李氏，为秦司徒李昙四子、开基始祖秦太傅李玑及次子李牧。

顿丘郡：西晋时置郡，晋武帝置，治所在顿丘（今河南省清丰西南）。此支李氏系陇西李氏分支，开基始祖为西汉名将李广孙李忠。

中山郡：汉时置郡，治所在卢奴（相当于今河北省正定一带）。此支李氏为赵郡李氏分支，开基始祖为李玑三子李齐。

广汉郡：汉时置郡，治所在乘乡（今四川省金堂东），东汉移治雒县（今四川省广汉北）。此支李氏系陇西李氏之分支，开基始祖为李广之父李尚。

渤海郡：西汉置郡，在今天河北省、辽宁省的渤海海湾沿岸一带。靺鞨粟末部为主体所建，先称振国（震国）。唐玄宗册封大祚荣为渤海郡王、忽汗州都督，遂名渤海。

襄城郡：治所在襄城（今河南省襄城）。战国时魏邑，秦置县。历代因之，清属河南许州。南北朝时北魏于县境置钟离、襄城、陈阳、石马诸县，分别属南襄州、西淮安郡和襄城郡，今城关镇为当时的襄城县治，以后历为州治、县治。

江夏郡：汉高帝置，相当于今天湖北省武汉一带，辖今豫、鄂各一部。三国魏吴各置江夏郡，吴江夏治武昌（今湖北省鄂城），魏江夏治上昶（今湖北省云梦西南）。晋灭吴，还治旧地，改为武昌郡。南朝宋移治夏口（今湖北省武昌），辖区缩为今武汉及其附近一带。

梓潼郡：汉末刘备分广汉郡，置梓潼郡，治梓潼（今属四川省）。隋废。唐有梓州梓潼郡，旧梓潼县。西魏改名巴西。隋唐时为绵州巴西（先名金山）郡地。

范阳郡：唐幽州范阳郡，本涿郡，天宝元年改置。治蓟县（今北京城西南），又为方镇名，本为幽州节度使，天宝元年亦改为范阳。宝应元年，改幽州节度使，并兼卢龙节度使。幽州本有范阳县（原涿县，唐改）。大历四年（769），与固安等县自幽州析出，置涿州，以范阳县为治所。

梁国郡：汉建梁国，治睢阳（今河南省商丘南）。南朝宋为梁郡，治下邑（今安徽省砀山）。隋曾以宋州为梁郡，唐为睢阳郡。

南阳郡：战国时秦置南阳郡，以宛为治所。隋唐邓州南阳郡改良穰县（今河南省邓州）为治所。元明清南阳府治南阳，即汉宛县（相当于今河南省南阳市一带）。

李姓堂号

历史上的名门望族大多有本家族的"堂号"。高大宽敞的厅堂上，悬挂着书写"堂号"的匾额，每逢年节喜庆之日，还在门前挂起书写着"堂号"的大红灯笼。

堂号作为家族的徽号和别称，是家族文化重要的组成部分，多源自本姓祖上某一历史名人的典故事迹或趣闻佳话。不仅有明显的地域特征和血缘内涵，而且带有浓厚的封建宗法色彩，既是对某一姓氏家族特色的高度概括，也是当时社会形态的反映。同样具有区分宗支族别、血缘亲疏的社会功能。它的产生、发展，多与修族谱、建宗祠、祭祀祖先、宗亲联谊活动同时进行。它产生的宗旨大致有三：一是彰扬祖先的功业道德，二是显示家族宗亲的特点，三是训诫子弟继承发扬先祖之余烈。

旧时的每个家族都会有本家族的祠堂，并给它取一个堂号，目的是让子孙们每提起自家的堂号，就会知道本族的来源，记起祖先的功德。

李姓，作为李唐时的国姓，自有其独特的体现。即走遍海内海外，凡李姓者，郡望是陇西，堂号都是"陇西堂"。在众多姓氏中，郡望、堂号均取郡名者，实属罕见。而堂号只有一个称谓者，也只有李姓的"陇西堂"而已。这是作为国姓的李姓，除被太宗李世民钦定的"郡望"等原因外，大概与中华民族世代相传的木本水源、敦亲敬祖的优良传统是分不开的。同样，堂号的命名方式有多种，李姓自然也不例外。如：

以地域命名堂号：陇西堂、赵郡堂等；

以传统伦理规范为堂号：如存德堂、忠贤堂等；

以祖上情操雅量、高风亮节为堂号：如唐代大诗人李白，号"青莲居士"，李氏族人中遂有青莲堂等堂号；

以垂诫训勉后人的格言礼教为堂号：如敦睦堂、世德堂等；

以封爵、谥号或旌表褒奖为堂号：如西平堂等。

■ 李姓堂号分布：

陇西堂（甘肃陇西）	棣华堂（湖北黄梅）
爱敬堂（浙江）	百忍堂（浙江诸暨）
报本堂（江西萍乡）	本立堂（江苏丹徒）
本源堂（湖南湘潭）	长发堂（湖南平江）
成纪堂（湖南）	承德堂（福建清流）
崇本堂（浙江宁波）	得一堂（湖南湘潭）
德昌祠（江西万载）	登龙堂（湖南桂阳）
绳永堂（江苏常州）	思永堂（江苏常州）
丁兴堂（江西萍乡）	笃亲堂（湖南浏阳）
惇睦堂（江苏镇江）	惇叙堂（湖南醴陵）
敦复堂（安徽旌德）	敦厚堂（浙江诸暨、暨阳）

敦伦堂（浙江龙游）	联辉堂（湖南邵阳）
恩本堂（浙江金华）	芳庆堂（浙江绍兴、山阴）
福景堂（湖南醴陵）	耕读堂（安徽凤阳）
古香堂（湖南长沙）	光裕堂（湖南岳阳、常宁）
函道堂（浙江鄞县）	合敬堂（湖南衡山）
恒鉴堂（湖南益阳）	鸿嗣堂（湖南浏阳）
花萼堂（湖南临湘）	怀本堂（江西萍乡；湖北黄州）
怀德堂（浙江开化）	怀古堂（上海松江、华亭）
会文堂（湖南常德）	积善堂（安徽石台、石埭；湖南）
集义堂（湖南浏阳）	继述堂（湖南）
见龙堂（江苏金坛）	介祉堂（江苏镇江）
景莲堂（云南）	锦心堂（湖南长沙、善化）
景星堂（湖南邵阳）	九如堂（浙江上虞）
礼义堂（湖南瑶田）	两仪堂（湖南湘潭）
柳汁堂（湖南元江）	龙门堂（湖南邵阳、益阳、安化）
龙湾堂（湖南衡山）	鸣凤堂（重庆）
睦本堂（湖南湘潭）	培嗣堂（湖南长沙）
培元堂（湖南邵阳）	亲睦堂（湖南东源、湘潭）
悫存堂（江苏武进）	仁义堂（江苏李宜兴）
三可堂（湖南）	三友堂（福建泰宁）
尚义堂（湖南浏阳）	慎泽堂（湖南宁乡）
留余堂（江苏常州）	绳正堂（湖南邵阳）
师礼堂（江苏盱眙）	世德堂（江苏武进、常州）
世怡堂（江苏通州）	树德堂（江苏无锡；江西信丰）

树伦堂（湖南湘潭）　　　树务堂（江苏镇江）

思承堂（山东即墨）　　　顺德堂（浙江诸暨、暨阳）

思敬堂（山东即墨）　　　思孝堂（湖南宁乡）

同善堂（浙江平阳）　　　文莲堂（江苏武进；湖南常德）

务本堂（湖南浏阳）　　　孝睦堂（湖南浏阳）

孝思堂（浙江奉化）　　　叙乐堂（安徽太湖）

叙伦堂（浙江桐庐）　　　懿德堂（浙江兰溪）

雍穆堂（江苏无锡）　　　友善堂（江西瑞金）

余庆堂（湖南安化）　　　裕合堂（河北饶阳）

正德堂（上海崇明）　　　湛露堂（江苏镇江、润州）

正元堂（湖南宁乡）　　　秩伦堂（上海）

致和堂（浙江萧山）　　　忠愍堂（湖北）

忠恕堂（湖南临湘）　　　忠武堂（湖南益阳）

登云斋（浙江诸暨、暨阳）

著存堂（湖南长沙、善化）

笃庆祠（江西宜春、萍乡、万载）

崇礼堂（江苏江阴李氏家谱、暨阳）

炽昌祠（湖南平江、浏阳；江西义宁州）

西平堂　百宦堂（湖北石首；湖南华容）

敦睦堂（安徽合肥、潜山；湖南醴陵、浏阳、邵阳）

永思堂（浙江绍兴、山阴、剡县、淳安、遂安）

衍庆堂（浙江、诸暨、暨阳、萧山；江苏江阴；江西萍乡）

敦本堂（湖南益阳、湘潭、衡阳；江西萍乡、万载；江苏无锡；浙江慈溪；安徽桐城）

李姓家谱序言选录

安阳市林州市东姚镇李家湾村《李氏家谱》序

闲暇，笔者寻本求源之心顿生。尊问本族长老，答曰：吾李氏大家族，本有传世《族谱》，不慎失落。呜呼！遗憾之至。半个世纪来，因社会变革，族人宗族观念淡薄，支派一浑。目下改革开放，晚辈图谋发展，外迁纷纷。久已，若有重返故土而追祖问宗者，奈何？

拯救宗族文化之使命，责无旁贷。四方问讯，悉赵老坡李氏与本族有同根之源，且其族上下和睦，望祖一心，近年新修《李氏族谱》一书。本人拜托松山前往，与赵老坡七仔会晤，述之缘由，其德行温良，宗族观念深厚，慷慨借阅，吾不胜感激。得其家谱，忘食废寝，手不释卷。予用心研读，抄录。时惑，夜不成寐。

至李家湾，三九天，手脚僵直，刺骨难忍，亦在所不惜。有幸拜见五世景佐之后裔——十五世孙增旺。展亲睦族，老先生和蔼可亲，将珍藏数十年的《李氏族谱》（手抄本）与之。如获至宝，复制；谨阅比照，补之遗漏。至此，始祖至九世，干支系列初显脉络。

吾李氏大家族，于一千四百年间，因此方战乱，地荒口减。明永乐，始祖昇，奉旨由山西省壶关县北石槽村，迁居于林虑李家湾村，始祖昇葬在村东扁山之下槲树坟老茔，五世祖景元迁居金盆堰，九世祖恒年迁居阎家堂，十一世祖承礼又迁居卸甲坪村。夫里数迁，同宗隔祖，居于异地，遍居各方，丁繁派大。

十一世之后，卸甲坪李氏如乱麻一宗，难缕支干。再访本族长老，知无不言，而言之有惑。遍寻祖上碑碣，顶烈日，踏积雪，披荆斩棘，或蹲，或卧，或趴，肢体麻木于不顾；走村串户，电话短信，收集资料，分支推断，点滴考究，求实论证，慎之谨严。

越三秋，克尽时艰，上自高祖，下至孺童，历时五百多载，跨越二十二世，统筹编纂，一一载谱。至此，吾李氏一部包揽最广、涵盖最完整的家书——《李氏族谱》（珍藏版）终于问世。吾之列祖列宗，按每五世分页，世系分明，承接了然。同时附有几则碑文，不妨审对，且备碑体自然风化或人为受损，以期流芳；访谈之中，笔者采集若干传世典故，撰作成文，以传后世。但愿本族同仁者捧读共赏，一览列祖列宗名讳字号，勿忘传统节日祭奠祖宗；缅怀先人遗德，传承前辈遗风，光宗耀祖，营造李氏和谐大家庭，乃在下修谱旨意也。因久之未续，十世祖尊号待考，十二世廓、朴两支去向无踪，今无文可考焉，予力所未及也。不妥之处，在所难免，敬请包涵、指正。

值此，本谱亦选录了李氏诸位文人，为续修李氏族谱所撰传世之序。拜读之际，可窥先哲含辛茹苦、溯源之初衷。其文笔流畅，墨迹清秀，功德无量，流芳千古，冀后世永久珍藏。

修谱亦体现时代理念："男尊女卑"渐被"男女平等"所替代，男女皆为传承人。尤其自二十一世始，孙男孙女均载本谱，此为外氏族谱不能彰显之亮点，或有同感乎？

"家书抵万金"，冀名门望族，妥善保存，以馈赠子孙，源远流长。"人生一世，草木一秋。"而子孙无穷匮也。若晚辈继者，予日之望也。

公元二〇一〇年元月岁次己丑腊月
十八世孙　卸甲坪村　林生　敬序

濮阳市华龙区张仪村《李氏族谱》序

李氏族谱，谱李氏族也。李氏出陇西而蔓延于天下，明洪武年间，自洪洞迁于开州北王家庄，后自王家庄移居清邑张仪村，是村之有李氏自此始。伏惟谱之作也，为亲作也，亲见于服；服始于衰，而至于缌麻，至于无服。无服则亲尽，亲尽则情尽，情尽则喜不（庆）忧不吊，如途人，然视如途人者，而不知其初兄弟也，兄弟其初一人之身也，悲夫以一人之身，分而至于途人，此谱之所以作也。己亥岁，有冠文、怀善、敬书三公笃志序谱，惜因咸丰年间，东匪渡河，屡遭兵燹，旧谱坠失。欲抗怀追序，十世之前恨无考焉。犹幸父老传闻口述堪凭，念自鼻祖肇基公，宅居兹土，嗣后分为三门，今关帝庙之左右其长门后也。庙之西与北拐西南庄次门居焉。寺迤西前魏家是为三门。始祖一支分为三支，分为数支，瓜延毵绵久而弥昌，要皆鼻祖积德之所致也。又忆前明，人文蔚起，如旺公于皇祖之年获补内翰，由乾清宫近侍转升御马监太监，又升慈宁宫管事、御酒房提督宝和二殿，历事三朝，忠荩咸著。春祥公职拜锦衣卫千户，亦身被皇恩。迄我本朝，如庚辛公荣叨黉门，逢吉公芹采泮水，振清公、天亭公青云得路，彬公、超公胶庠领袖，此皆光宗耀祖，彰彰一世者也。冠文等虑旧谱既失久难序，因与合族共议，倡为此举，十世之前虽无可考，十世之后编次详明，举凡支流派分，莫不排列精细。噫！如三公者，可谓永言考思矣。且为此善举者，访父老，考碑记，不惮烦劳，其意诚也。出公赀，办公事，其事正也。不畏艰辛，不避嫌疑，其志之坚且贞也。谱既成，索序余，余才疏学浅，不敢妄拟，特怜其意诚之诚、事之正与其志之坚且贞，姑成之耳。是为序。

邑庠生袁绍生猥序，增广生张体修校正
皇清光绪二十五年（1899）岁次己亥葭月下浣谷旦

焦作市修武县承恩镇《李氏宗谱》序

夫天地之间，物各有其本。参天乔木，必有其根；万里江河，必有其源。父母祖宗者，子孙万代之根本；子孙万代者，父母祖宗之枝叶。根深者叶茂，源远者流长。水

流木本，父母祖宗善其创；垂派瓜瓞，子孙万代永其嗣。家谱记载着同宗共祖本族世系等内容，其中不乏先人忧国忧民的爱国主义精神、自强不息的奋斗精神、追求真理的奉献精神、敢为人先的创新精神等。家谱虽属平民史料，但与正史、方志共同构成中华史学的三大支柱，是祖国珍贵文化遗产的重要组成部分，史学价值极高。

吾此支李氏，自继章公从怀庆府河内县上期城村，徙居怀庆府修武县承恩镇繁衍十世以来，多位先祖及宗亲数次考虑修谱。但时运不济，未能如愿。致使我承恩镇李氏二百余年，竟无完整族谱。然国重编史，族尚明谱，修谱大事，顾不重哉？

今逢盛世，国家倡导民族复兴。然家族振兴乃民族复兴之本，故当编修家谱，以强宗固族，维系亲情，尊崇祖先，以示追思。今继章公八世孙本人庆保及庆祥，考证出博爱县上期城村李氏同唐村李氏血脉相连之后，遂首次编修唐村至承恩镇李氏通谱正稿。

吾承恩镇李氏族谱，编修滥觞于同文公。同文公生活在二十世纪前后，擅长写各种文书和碑文，承恩镇玉帝庙部分碑文即为其撰写。当时同文公搜集整理出家族自继章公等数世先祖情况，用栗木做成神主牌位，油纸包裹装檀木匣内妥为收放。公元一九六二年，世松公从其族祖父同文公家中取走神主木匣，并挨家逐户从箱杆上、神主上等处搜集名单，整理出承恩镇李氏族谱珍贵初稿。之后，世松公同族叔重义公、族弟世明公等、族侄本人庆保等，经多次赴上期城村走访李玉阳、赴东冯封村走访李长荣等人，得到祖上一代又一代共同传说。早年秋，连降数日大雨，山洪暴发，水淹故乡上期城村。泥土沙石覆盖数尺厚，房倒屋塌。时承恩镇始迁祖继章公，带领全家老少二十余口奔逃至承恩镇安家，以开设染坊为生，后部分迁至附近张庄村，繁衍至今共十世。另一支到东冯封村落户，繁衍十二世。还有一支到沁河南定居。水退后及时返回故土上期城的尚有一支。继章公而上先祖世系，数十年来，世松公及吾等人无从考证。

公元一九九五年春节，世松公将编修家谱的重担正式交于本人。受命二十余年来，到上海出差时，购买李氏史料书籍；开书店时，注重姓氏家谱书籍的研究；有幸赴洪洞县时，和当地姓氏专家交流；建立全国各地李氏寻根群，参与编修吉林文史出版社出版的《李氏族谱》；闲暇之时，寻访附近村落李氏宗祠；过年之时，多次携子到上期城继续询问考证。但上述种种行动，均未实现寻根终极目标。期间，庆祥在恩村三官庙碑记上发现清嘉庆十三年（即一八〇八年）闰五月的集资碑记中有个叫李进贵的捐了一百文，明显同我李氏二世进宝公有关，按年代推算也基本符合。

公元二〇〇三年，博爱县孝敬乡唐村李氏老家谱发现。其中，关于太极拳起源于唐村千载寺，明末李自成起义制将军李岩、李嘉诚祖上李怀功、多达六十余名拳师简介，无极养生拳论，十三势行功歌等内容的记载，引起了国内外太极拳研究专家、明史研究专家及爱好者的高度重视。本人同研究唐村李氏族谱的博爱文史专家魏美智和李立炳，保持了越来越密切的联系和交流。然十余年来，承恩镇始祖继章公的名字，在上期城及唐村的李氏家族史料里，无法找到直接对接的具体内容。

寻根路上，时光荏苒。公元二〇一五年春节，世松公年已近九旬，吾承恩镇李氏族兄弟十余人齐聚族兄庆海家就餐时，将加快寻根、编修族谱的任务再次交予本人及族弟庆祥合力完成。

苦心人，天不负。公元二〇一六年三月五日，吾与唐村李立炳多次交流寻根事宜后，与庆祥及东冯封李广松和李有庆，在上期城李长富家见面。李立炳收集家谱资料时，唐村李氏族长李广献给他的一首诗，破解了恩村李氏的寻根溯源难题。诗曰："如松修道万寿观，八法五步造金伞。魁功章旌誉秀丽，五男二女继期城。"该诗明确显示了李如松有七个子女，分别是：继魁、继功、继章、继旌、继誉、继秀、继丽。唐村李氏家谱记载："北院如松行一，大清康熙十年，随父世鳌故原武、获嘉开粮行，迁徙获嘉县城东李村。"另据魏美智等人考证：如松成年后回千载寺学道，传拳赵堡，住持金伞山万寿观，著有《八法五步》和《道法自然》。

唐村李氏族谱，初修于五世祖讳明道公，二修于七世祖讳政德公，三修于十世祖讳元善公，今十八世立炳公正在四修。参考唐村及承恩镇李氏等史料，得出吾支李氏几次迁徙时间为：明洪武四年即一三七一年、清康熙十年即一六七一年、清康熙二十五年前后即一六八六年前后、清乾隆二十六年即一七六一年。迁徙线路为：山西平阳府洪洞县凤凰村、河南怀庆府河内县唐村、河南卫辉府获嘉县李村、河南怀庆府河内县上期城村、河南怀庆府修武县承恩镇。直线世系为：一世祖讳清江公行一、二世祖讳天顺公行一、三世祖讳地义公行一、四世祖讳廉君公行一、五世祖讳明道公行一、六世祖讳从谅公行一、七世祖讳政德公行二、八世祖讳春茂公行一、九世祖讳伦公行一、十世祖讳世鳌公行二、十一世祖讳如松公行一、十二世祖讳继章公行三。

家谱乃尊崇祖先、敦伦收族之本，中华民族素有至纯至洁敬重祖先之朴素信仰。家谱以血缘为基础，既维系今之亲情，又表示昔之追思，当重之、慎之、敬之。凡名字之称谓、生卒之年月、妻妾之姓氏、女子之适门，上而高曾祖父，下而子孙曾玄孙，本谱均相辨而晰。由始祖而下至裔孙，虽二十余世，如水之一源而流为众渠，既得各派有条不紊也。由裔孙而上溯至始祖，虽六百余年，如木之千枝万叶统于一本，有系而共贯也。礼曰："尊祖故敬宗，敬宗故收族。"非谱则无证无据，将何以尊之、敬之、敦之、收之乎？故承之以明谱系，为汲汲职是也。

斗转星移，沧海桑田。我先祖自山西省洪洞县凤凰村迁至河南省博爱县唐村，至今已逾六百年；而自博爱县上期城村迁至今焦作市恩村，也已二百五十余载。我先祖以勤劳立家，以宽厚待人。起家室于穷白，立基业于乱世。方有我李氏家族今天人丁兴旺、事业方成之大好局面。一部家族之历史，见证国家民族之历史；一部家族奋斗史，见证先祖创业之艰辛。本谱是承恩镇李氏子孙宝贵的文化遗产，应视为家族神圣之典，族众要珍惜保存。翻阅时，戒用手沾唾液。子孙常翻阅家谱，从中吸取先祖做人、持家、创业及为国为民奋发图强之精神。

值此编修家谱之际，惶惶落笔。抚今追古，万千心声，溢于言表。殷鉴不远，卧薪尝胆，淳厚家风，世代相传，祖先功德，谨记毋忘。

书之，是为序。

清江公十九世孙、继章公八世孙庆保沐手敬撰

公元二〇一六年四月吉日

郑州市新郑市东土桥《李氏家谱》序

序一

水有源，木有本，国有史，家有谱也。谱者，记家族世系、先祖名讳及家史，有聚心兴家之效也。家之无谱，败亡之征也。余幼好谱牒，久有修谱之志。今逢盛世，国富民盈，寻根问祖者日盛，立谱撰史者成风。为感先祖之荫德，念家祖之恩泽，应族人之众望，以修此谱。

余西安阎良耿东李氏先世居河南新郑市辛店镇东土桥。民国初，祖父凤岐公乞食关中，遂居于此，迄今近百年矣。

少时，尝览阎邑诸家谱牒，感慨吾家无谱，遂问家严新郑旧事，已不能述焉。二〇〇四年重阳，德顺伯回新郑故里省亲，得吾李氏家史之梗概。二〇〇八至二〇一一年，吾又四赴故里省亲祭祖，查阅碑碣、族谱，访于亲近耄耋，所获家史益详。

吾新郑东土桥李氏始祖讳东海，字裕万，晋中洪洞县民籍，永乐二年（1404）迁郑，迄今已衍二十余代，四孙遍布神州。东海公曾孙路为南门分始祖，传至十六世祖劝，乃吾祖凤岐公曾祖也。今劝公裔孙居三处：一曰新郑东土桥，一曰新郑人和寨，一曰陕西阎良。

吾族固有谱，岁远残缺。一九九六年举族修谱时，未获吾阎良一支音信，故漏续焉。二〇一〇年冬，余应邀归郑，参加李氏宗亲会第二届理事会，族人推余为东土桥李氏宗亲西安分会会长，理吾祖西安游子事也。次年春，族谱告成，吾家自始祖东海公至余子侄辈名讳昭昭然，甚以为喜。然又叹其易也，创修支谱之念生焉。遂于新修《李氏族谱》中择劝公裔孙亲近者记之，独成一册，故曰支谱。是谱分表、图、文三部分，详载吾支名讳、事迹。图片甚多，使子孙可知先祖祠墓、尊容，为它谱所不及。倡男女平等之新风，自十九世以下女辈名讳均记之，亦胜于它谱。今春归郑，于祠堂内碑碣抄录道光二年（1822）增修族谱序、咸丰元年（1851）《祠堂祭田记》，于族谱中录光绪年续修李氏支谱序，均附记于此，使子孙永志吾族先辈修祠续谱之功也。

支谱告成，幸甚至哉！窃愿族人，奋发图强，光前裕后，振兴吾家。愿吾李氏人丁兴旺，万世永昌！

辛卯年季春二十一世孙飞谨撰

序二

李氏族谱，谱李氏之族也。辛巳冬大雨雪，余在家甚无事，遂取旧谱阅焉，见其为乾隆二十三年（1758）事也。慨然曰："人生少得六七十者，今予四十有三矣。长来觉日月益促岁岁更甚，大都不过数十寒暑则无此身矣。数传而后，其贤者犹能志其先人仕不仕、娶某氏、享几年、某日卒；其愚者，无乃都不省记，如胡人话越人家事。"则谱之有叙，不自今日始也。于是约我子侄辈，使之参互□□，抄录校正。遑遑焉，唯恐有一支之坠，如甘棠之成垂败也；惴惴焉，唯恐有一丝之乱，如良苗之拔其莠也。其或□落他乡流离不归者，予生也晚，亦未必□能记忆。惟时一二父老视此番举动大佳事，津津道先人遗迹，指一树而告予曰，此其先人之所种也；指一水一邱而告之曰，此某童子时所钓游也，其离乡在何年，其现居在何地尔。其□素德，强健能□□走者，使之分支别居各处。缉访事虽难，尚可为也。余闻之，始□□为欢。夫今人过数百里入家，顾妻子语辣辣不能休，出门而则有离别可怜之色，此恐不可以辞遣也。继而喜为，喜夫，吾闻言者，不谋于力□，不告行于常所，往来咸行李具书，词问道所，由早发而去，果能相与以有，成也。

嗟乎！此举亦大易事，六旬以后遂葬□烟海，几乎无所指迷。非吾族人协力同心，予其有志而未逮也。今将共事名字开列于左，岂敢云芳，聊以示人云尔。

（庆云、景邺、图南等人名略）

庆云撰文　墀书丹
道光二年壬午三月十五日刻石

序三

族谱犹国之史也。

吾始祖讳东海，于大明永乐二年（1404）由山西洪洞迁至河南新郑土桥庄，于今传二十余世。数百年来，五次修谱。康熙四十四年（1705）先祖讳朝阳、建业二公主持创修。二次乾隆二十三年（1758）续修。三次道光二年（1822），十三世讳大忠、十四世讳庆云、十五世讳图南主持续修。四次光绪十四年（1888）十六世坤元续修。五次民国三十三年（1944）十六世鹍峰、思朝二公主持续修，时日寇入侵，被迫中辍。恐年湮日久，世系紊乱，尔后修谱遂以五十年为度，迄今已百余年，族人遍于华夏，倘以再度因循，后世将无法知其派系。

吾族族谱多以散佚，仅存数卷，且也残缺不全。吾族有志之士心忧如焚，倡议再续族谱，同族亲人热烈相应，踊跃从事，不辞辛劳，遍越外郡，查阅走访，追根溯源。例：密县观音堂东北八里许西土门乃土桥北李庄六世祖讳环之后裔；新郑城东北三十余里铁李系土桥北李庄四世祖讳秋之四子表的后代。新郑城南十余里岗李为北门九世讳之彦次子遑生之裔。西土门、铁李另立祖祠，并起新谱，岗李未续，三处本谱皆无。

　　新社会男女平等，凡招赘、承嗣、女子亦辑入族谱。世系脉络以始祖为则。论世分派，审证无讹，以原式汇编成册，业已告竣。此次续谱，历时五年，艰难奔波，可谓成之不易。望后人善为保存，如期继续以志，流传万世永赖，则亦聊慰先灵尔。

十六世振兴沐手拜撰
公元一九九七年三月十五日

序四

　　我李氏始迁祖讳东海，于明永乐二年（1404）携眷由山西洪洞迁居今河南省新郑市东土桥村，至今已六百余年。

　　水有源，木有本，国有史，家有谱。为感念先祖之功德，继承先祖之遗风，弘扬先祖之精神，激励启迪后人；为聚众人之孝心，兴国家之伟业；为宗次有考，世系分明，十一世祖朝阳与其族兄建业二公，于清康熙四十四年创修族谱，后我族中有志之士又多次续修，使得族谱延续数百年。民国三十三年（1944），十九世鹍峰、恩朝二公主持第五次族谱续修，时因日寇入侵，被迫辍止。

　　斗转星移，李氏宗支繁衍，不少族人或因生计，或因事业发展，或因投亲靠友，或因参军入伍，相继定居他乡。由于无人倡导组织，故族谱百余年无人再续修。十六世振兴，十九世西方，二十世国钧、福兴受族人之托，于一九九三年至一九九七年，组织第六次续修族谱。终因时隔久远，信息不足，条件有限，致部分族人漏续，众承续人对此深感不安。

为弥补遗漏，完善族谱，族众推我主持第七次修谱。这次修谱得到了族人大力支持，十九世中俊、拴柱，二十一世宗良、春芳、国平等及各村理事人，顶酷暑，冒严寒，奔波与我李氏分居的两省七县（市）十八个乡（镇）中的九十八个村（不含新郑铁李、新密土门支系），走访长者，搜集资料，编辑校审。十七世建营，十八世国臣、均定、鸿钧，十九世保鹤、建岭、佩南，二十世留顺、培智、俊峰等慷慨解囊，倾力支持，使族谱顺利修成。根据族人建议，这次筹资还修葺了祖庙，修建了碑林，开辟了庙前广场。在此，第二届理事会代表族人向所有为续谱和修葺祖庙、建立碑林、开辟庙前广场做出努力的李氏宗亲表示衷心感谢。

我李氏乃中国大姓，东土桥李氏乃中原望族，由于族谱的编纂涉及面广，原谱大多遗失，传世资料有限，仅找到人和村二十世振三珍存的光绪十四年（1888）十六世坤元主持续修的亲支近派家谱一本及许元村壬午之父一九四二年摘抄的部分老谱，也由于不少族亲工作或远居他乡，联系不上，加之有些参考无据和水平有限，错讹在所难免，敬请各位宗亲不吝指正，并请将遗漏部分告知理事会，以待下次修谱时更正补遗。

十八世西海谨序
公元二〇一一年三月

郑州市登封市蒋庄《李氏家谱》序

近年来本着记录历史、传承文明、服务社会、造福人民的目的，登封市档案局征集了一批家族宗谱档案。家谱档案通称家谱，也称族谱、宗谱、家乘等，是以一姓一族为记录对象，反映一家之史的一种专门档案。内容包括世系、世表、源流、宗派、诰、像赞、传记、墓记、墓图、墓志铭、祠堂记、祠规、家规、家训、家范、宗约、义田、义庄、艺文、著作等，是珍贵的家庭档案，也是研究社会结构、宗法制度、社会学、人口学、方志学、民族史、家族史、侨民史以及历史人物、文艺创作等方面的重要资料。这次征集到的家谱档案有豫章堂雷氏族谱、王氏家谱、蒋庄李氏家谱等，其中蒋庄李氏家谱多次修订，内容翔实，有很多出彩之处，现摘抄一部分，分享如下，并将定期更新。

临浩瀚之大海，当思高原雪峰下之汩汩山泉；仰入云之峻峰，当念黄土黑地之上微尘沙粒；扶参天之巨树，应忆巨壑深谷之稚嫩幼苗。追本思源，不忘先贤宗亲创业之艰辛；寻根觅迹，永葆历代圣祖兴家之功绩。故国有史则世代永垂，能使后人从中找出治理国家的经验，能看出国家的兴衰。家有谱，则本支常晰，可以明宗史，使后人知本识源，知兴识废，知荣明辱，知礼明义。树有根则枝叶茂盛，水有源则源远流长，人有族则世系分明。吾蒋庄李氏一族，由明初山西洪洞移民，首迁河南遂平，至七世"荣"再迁登封邑东四十里，箕山之阴，颍水之滨，蒋庄立祖一脉传承。六百多年来，世纪更替，繁衍蔓生，合族兴旺，枝茂叶荣。据不完全统计，已达二十五世六千余众。

现在时逢太平盛世，海晏河清，民富国强，人和政通。邀聚族众，共议再修家谱，缅怀先祖，追慕功德，传承遗风。

初修家谱历经两年有余方成，且多有断续，查考无凭。二〇〇〇年九月"李廷富墓志"蒋庄出土；二〇一四年三月在石门寺又发现明嘉靖二十九年（1550）和万历三十九（1611）年二块碑刻，为续修我李氏家谱增添了新的凭证。依据墓志和碑刻记载，查对原修的李氏家谱显现差误。今本着实事求是、有错必纠的原则，族人共同商讨查证，决定重修《李氏家谱》，对差误之处予以纠正。这次重修《李氏家谱》本着澄清源本、理顺祖系、略古详今、启迪后人的原则，仍以蒋庄为祖系发源地。往前追溯二世，尊始祖为"荣"。中间减免一世，山和林为同世合并。这次族人的世系统一往后延续一世，载入新添人丁。缺续之处仍无法弥补，实为遗憾。望后世有机缘之人进一步搜集资料，考证缺失，续全祖系，以偿前人之遗愿。

为了使族人能详细了解《李氏家谱》整修的全过程，本次重修李氏家谱时，将原《谱序》《李氏家谱整修序》重新刊印，以便后人详阅。愿族人以谱为本，铭记祖先功德。继承和发扬前辈优良传统，诚信为人，勤勉发奋，益智增才，守职尽责，为家庭，为家族，为家乡，为我们伟大的祖国作出应有的贡献，使我李氏家族的声名更加高扬，把我李氏之业推向新的辉煌！

是为序！

蒋庄《李氏家谱》编纂委员会

郑州市金水区白庙村李氏《李氏家谱》序

人本乎祖，万物本乎天，天有日月星辰，则各有系。程亿万载无破之规，无乱之系，乃谓天理。中华文明史载五千年，天下李氏家族户万千分支，分派各有其源，所有派系一脉相传，乃木本枝枝相连皆称族亲。白庙村李氏族亲有大明文字记载六百余年矣。分支长次两门俗称前门后门，两门人丁兴旺，而立信修德，门第相尚。其后朝代更替，时光荏苒，赀物变化，主见不睦。大清中后期，礼尚往来，生老病死，习俗有别。然长幼有序，从未贬尊同根同祖，各无异说，乃吾族亲文明素质之体现，更彰显祖先所留世系字辈之重要。简明准确至今，仍长幼辈分不乱。公元二〇〇六年秋，金水区人民政府对白庙村实行改造，百姓予以配合，村庄瞬时拆除。院落居住格局已破，传统生活随时代变化而变更，都市熙熙攘攘，村民新居星罗棋布，集中团聚并非易事。也甚至吾族嫡亲兼资文武精其一技者，全球谋职联系方式变化不断，久而久之，源本一脉之一系相见，陌如路人，些许出现谈婚论嫁，乃至因子孙愚知吾族根源而酿近亲婚约之悲剧，异辈重字重名诱发怨恨，尊称倒置，方圆变形，时弊难言，虽无生命之危，但远悖大雅体统，文明素质更无章法伦理。故我族亲有识之士，夜不能寐，甚忧此事惧矣。《朱子治家格言》有遗训，毋临渴掘井，宜未雨绸缪。基于此，续延世系字辈已成吾族首要之事。但要有据有序遵规依章，慎重挖掘其广意吉祥宽范之字，有益于后代。大号露世，金榜题名，雅而不俗。鉴于吾族谱在日军侵华乱世中遗失，故从前门后门先世实名辈分中，以及后门族亲献清嘉庆十六年（1812）分单为佐证。丁酉年初春，前后两门族亲一行十人实地考察，确认城东李南岗一支为白庙脉系。由乾隆年后期迁出，已二百余年。而厘清两百余年来世系辈字，本宗好学德思文清建章，现所用字辈只留余一二，并有明代职官志记载。一线光明且惯性极强，应因势助裔天意所赐，后续五言七句合拍于祖训："嘉子向安康，赟立尚应启，华宇庆吉祥，博士润久耕，开智廉锦程，仁孝道通用，天元堃方正。"吾李氏天祖从山西洪洞县大槐树下泣别亲人，肩担双筐，内坐二子家眷，随行结伴贾氏先人，一同越太行渡黄河，历尽艰辛，于明洪武初年迁民移至郑州城北十里铺，繁衍生息，子孙满堂。祖业兴隆，历经六代，勤奋耕读。先祖希哲生于明天顺六年（1462），且天资颖异，弱冠游泮，蹬入黉序，踔厉风发，于成化二十年（1484）甲辰科进京殿试考中三甲第一百五十八名御赐同进士，于成化二十二年（1486）至弘治十二年（1499）出任山东恩县知县，历任十四载。为官清正廉明，颇受当地士民之爱戴。兴废举坠，百度维新。士民思之不忘，今祠祀见于重修（山东《恩县县志》卷之十第六十四页）。先祖希哲于明弘治十二年（1499）衣锦还乡，为我家族兴建村西关帝庙。庙内尊奉者武圣帝君关羽及村中火神庙内尊奉者火正之官祝融，白玉奶奶庙内尊奉者送子观音。其寓意庇吾族亲五谷丰登，六畜兴旺，财源广进，延继香火，英才辈出，人杰地灵，简称白庙，沿袭至今。制定族谱是五言四句诗为世系字辈，治家之道，弊绝风清，通文习武，耕读不倦，以德为本，处世遵章，警示后裔。两百余年所用世系字辈，本宗好学德思文清建章乃先祖之文墨考证，先世实名证据而定论。今后续五言七句，厚重不减，重拟族谱，世系字辈，金科玉律气正韵，元处世有规拜官，有矩农文武商，其右有章，系后代绳。其祖武并喻示吾族亲博大襟怀，天道酬勤，家道酬和，道酬善业，道酬精商，道酬信学，道酬专客，道酬亲情，道酬真康，道酬养此人生，九道乃天佑人间正道至首善也。

丁酉年初春建字辈有福撰文

李氏祖坟变迁碑记

　　大明洪武初年，李氏初祖从山西洪洞县大槐树下，迁至郑州城北十里铺，世代耕读，勤奋不息。六世祖希哲生于天顺六年（1462），成化二十年（1484）考中进士，成化二十二年（1486）出任山东恩县知县，在志中，当地百姓赠匾"兴废举坠，百度维新"，弘治十二年（1499）离任返乡，筹建村中白玉奶奶庙及村西关帝庙，分别置办田产家业，城西五龙口村东，及城东青龙山以西，置买田产各百余亩，同修家谱，明示家规，传续字辈，五言四句诗二十字，尤其是庙内尊奉白玉奶奶，数百年香火旺盛，受方圆百里香客谟拜，络绎不绝，且庇佑子孙安康，故称白庙至今。

一至五世祖葬在白庙村东，现省武警仓库院内。六世祖希哲于嘉靖十三年（1534）仙逝，享年七十有二，为此后世子孙在五龙口村东，其置田内择风水宝地，建茔安葬，偿其夙愿。其后七至十九世祖也葬在五龙口墓地。岁月荏苒，朝代更替，大清光绪丁酉年春，京汉铁路开建，五龙口祖坟被迫动迁，另择新茔。

白庙村好武、松挺十九世祖，二支迁回村北，重择新茔，葬在现在文化广场。好智十九世祖，一支葬在村南园田小区院内。李南岗一支将十四世祖迁葬至其村西北祖茔，修大冢以示敬重。

好武、松挺二支之墓地，土改时为白庙村的机动地，给本村逃荒在外未归人的预留地，由陈砦红光大社划拨给市农业局园艺场种植果树育苗用地，一九五三年春，又迁到村北下河地安葬。随着河南科技市场兴起，东风路贯通及台商征地建百脑汇，前后两街祖坟陆续动迁，各支择茔安葬，居多迁至邙山五龙峰公墓。

前街一支二〇〇二年清明节，由清臣、清义携子孙，将好武显祖即十九世至二十五世迁邙山五龙峰。

后街一支一九八六年春，由长辈心法携子孙将祖茔大部分迁邙山五龙峰，少部分迁东风渠畔。

注：大明进士李公神道碑，落款为嘉靖十三年。青石材质，碑通长四尺五寸，宽一尺五寸，厚六寸，字迹工整，

笔力苍劲。

一八九七年四月至一九九二年，历经六代人，近百年一直在好武之七世孙建中家中保存，且尚好无损，本人多次观瞻，亲录碑文。

之后由好智之五世孙文杰运其家中，至二〇〇六年秋，金水区政府对白庙村拆迁改造时不慎遗失。

白庙村李氏建字辈有福撰文
丁酉年初夏吉日

周口市太康县张集（丘岗集）李鸭庄（响场李）《李氏家谱》序

中华民族具有五千年的悠久历史，是华夏文明之所在。自古就有谱系之说，谱是叙世代之源流。家之有谱，犹如国之有史。数千年来，李氏家族，繁衍生息，励精图治，成为当今中华第一大姓氏。在这个极其庞大的李氏家族中，英才辈出。有一支明朝永乐年间从山西洪洞县迁至河南太康张集（丘岗集）西南二公里的李鸭庄（响场李）定居的李氏族人。他就是我们的祖先一世祖，名讳李勤俭（字本）。

这片沃土孕育了我们，给了我们生存的空间，使我们不断地发展壮大、繁荣。清康熙初年，第八世祖兄弟三人，应贤公行一，应臣功行二（无嗣），应候公行三。应贤公生于顺治八年（1651），娶张氏（生卒不祥），生四子，长子金榜，次子金田，三子金彪，四子金海。金榜公迁至东一公里处的现李庄村，金田公仍居家，金海公、金彪公迁至距家西南约八公里处的西东李楼村居住，历经沧桑，风雪云雨。应候公清康熙二十年（1681）因家庭琐事、生活所迫，只身去了安徽省长丰县水湖镇李圩村定居，在那里三百余年，繁衍后裔三千余人，本族共计近万人。涌现了许多杰出的仁人志士，他们是我们本族人的骄傲和自豪。

由于多年战乱、灾荒等原因，族谱和墓碑均已失落。为弘扬我们民族文化，承上启下，对李氏后裔起追思先人、启迪今生、激励后人之意，树君子之风，行仁义之举，奠万世基业之功效，也为使本族人知谱系，勿忘祖宗之根源，今逢盛世，由圣字辈牵头，特续订家谱，以使我们保持联系，协调各支系之关系，彰显勤劳、友善的李氏家族的地位与才能，对未来更充满智慧与自信。

由于水平有限，本序如有不妥之处，请族人批评，提出宝贵意见，予以修正。

编　委
二〇一五年五月

洛阳市涧西区滹沱村《李氏家谱》序

清道光十八年（1838），十四代孙仁杰公，为首修祀庙工程告竣，后因兵荒祀庙被洪杨火焚，基础谨存。至光绪十七年（1891），十六代孙族长万波公又突发起重修祀庙之念……依照原址又将祀庙修筑聿新。万波公承先祖志纂修家谱，因究始祖迁居之由，惜无谱可考暂止……于甲戌年冬修谱完成……

……考得知，我先始祖亘元，字明春，大元庚子科孝廉，祖居山西省洪洞县西阁里。始祖行五，葆初字全仁，明洪武十三年（1380），奉诏徙豫居洛宁余庄镇，长门四代祖钦公一子田丰，由洛宁余庄卜迁洛阳西南路漆沱村……转眼距第一次修谱已六十年……

十九代孙 会建 二十一代孙 义谦谨 序
公元一九九六年

泰安市岱岳区黄前镇李家庄《李氏族谱》序

序一

今日为国族竞争之秋，故民族之议起，吾国民族必推本于家族者，天性之亲，磐石之宗也。孟子曰："天下之本在国，国之本在家，家之本在身。"左氏传以卿大夫之贤者，类称为保家之主。既为卿大夫则当效忠于国，能忠国而后能保家。由是观之，家族之义广矣，大矣。历观古代世族大家，国存与存，国亡与亡，此其明证。即以李氏论，或以武功显，或以文德著。若汉之世将，北史之南祖，宋之东李西李，莫不保世。滋大功在社稷，为国干城，民国与帝国不同。民国之保卫其国家与共存亡，与帝国之世家无异。近世沾染欧风者，有废除家族之说，而民族惧，于是纷纷起而修谱，此以知国事日亟，民族保家之念固。而保国之志弥坚，因之修谱之事一发而不可遏，其意以为家谱不修，则家族散而无纪，散而无纪则国族因之而斁矣。泰安李氏以理学世其家，世敦孝友，李氏多贤，老友冼陈抗爽，有侠气，公义所在，不避险阻，前保鑛之拳近，军事之纷扰，皆能以一身折冲周旋于其际，为地方捍忧患，李氏族谱有志纂修，以事未逞。今少闲，始召集族人编辑告成。批阅已过，知以宋监察御史讳宏者为远祖，以伯旺为始祖，皆葬于庐山之侧，后散居崖下、沟头、山口诸庄，分为三支，各有一世祖。四百年来，伯叔兄弟行辈征之碑记顺而有序，自下、上推至一世祖，昭穆厘然不紊。自一世祖，下推祖讳失考。有三世者，有四世者，均详列世系图，冼陈引为缺憾。尝考各族世系，多来自明初，均已始迁祖为始祖，以上则茫然也。祖讳失考之遗憾，岂以远近而异乎。然汉族，上追炎黄，犹是一家，数千年继继绳绳，播迁变乱，其失考也。固宜然国族之立贵以神，不贵以迹，数千年远祖无稽，数千年远祖之精神常寄也，国性不失，河山犹故，非中国家族所维系而谁为哉。家族之制与生俱来，性也，人道也，天道也。北崖先生，体念天地，伤躬范俗，修齐治平之法也。少崖先生，继父征理与气，凝气随理运，弥留之际，犹曰，不睹不闻道之体，无声无臭天之体。今日群起修谱，不谋而合，岂非人人出于自知自觉。夫自知自觉必有默示于声臭之外者，盖即北崖父子，天人一贯之学，之实征也。吾人不守祖训，是谓蔑祖；不敦睦宗族，是谓弃大弃天者。天且弃之，更何家国之与有。今何时乎，殷忧启圣，多难兴邦，合全国家族为一体，则尽人皆保家之主，即尽人负保国之责。李氏以理学觉世，各族亦不乏明达之士，勋著家国，功绩垂名。教正宜祖，述其德业，发扬其精神，以求所谓人人亲其亲，长其长，而跻身太平之世。更渐进，于人不独亲其亲，长其长，而跻大同之世。然后充家族之义而无憾。

莱邑亓因培养斋甫敬撰

序二

余幼时即闻我李氏之老茔在黄前庄之北，庐山之阳。凡我泰安东乡李氏，似均系此茔一脉相传。

而我族之最以道德文学显于世者，为寿登期颐，诏赐粟帛，我北崖祖与崇祀乡贤理学名儒之少崖祖也，且著有关乎圣教诸书刊行于世。余时正在髫龄，闻于耳印于脑海久矣。然自我祖父信堂公移居城中，春秋告祭，及冠婚丧礼皆赴支茔奉祀，而庐山老茔从未足迹，一至实为莫大之憾事。迨至民国八年（1919），因庐山老茔事起纠葛，适值清明节，当随诸父老赴茔祭祖，询之巅末，始悉初居茔西之李家庄，继则散居崖下、沟头、山口诸庄，嗣由三庄迁移他处者更不知凡几，幸均有可考，心始恍然。凡我泰安东乡李氏均系本族，乃想象之词耳。当其时也，茔事甫平，即萌在山口创建李氏家祠之意。

盖以本族有距离老茔三四十里，或七八十里者不等。强壮者，固可勉为跋涉，而老弱者，甚恐力与心违，殊非慎终追远敬祖之旨。祠堂若成，拟令强壮者赴茔公祭，老弱者就祠蒸尝于祀祖，告先之中隐存敬老恤幼之意。内奉远祖宋监察御史宏祖之位，以始祖伯旺祖并北崖祖少崖祖之位，所有族中先人应行设位，按次序列。每于公祭后，开一次全族大会，宣扬北崖少崖两祖之道德学问，借以激发我族众子子孙孙咸知敦品厉行亲亲长长之道，无论为士为农为商为工佥纳于轨道之中，永无浮薄之气。不意事竟中止，此余之耿耿在心，至今犹未泯者也。

此次发其创修统谱，初由族叔竹轩公宿志于先，继由其孙长明侄赓续于后。商诸余而谋，诸族族众如宝文叔、东泰连登中铭诸弟及侄辈清智、正珂、正伦等，邀聚一堂，伸明追远报本之意，流寓他方星散异居者亦得以考其世系，而不至名字莫稽，支派混淆也。与夫曾玄云礽而不能茫然不明也。此议一倡，众皆翕然策划进行，迄今已逾二年矣。採访、复查、缮写已毕，家祠之事于此，益觉兴感天如假我以年事，必抱有志竟成之念，并望我族中后起之英以助之。庶几全我敬祖睦族之愿耳，谱稿告成，行将付梓，爰缀数语，以期后来者慎重其事也夫。

十五世孙　恩泰　洗陈甫谨志

序三

吾李氏相传始自枣强迁来，初居黄坂前庐山迤西之李家庄，即在庐山之阳，卜葬立茔。远祖宏，曾为宋监察御史，即卜葬于此，见伟祖墓碑所载。而沟头庄之茔碑亦然。

庐山祖茔内有伯旺祖之墓，墓前立有元泰定戊辰春二月所立之碑。虽载有子三人均娶妻室，惜未列其孙何名，以致中断难考，故根据各碑推尊宏祖为远祖，伯旺祖为始祖。再查崖下一支所立明天启七年（1627）之谱碑，以讳三者为一世祖，以行辈推之，迁居沟头庄一支之玄清祖为沟头庄之四世祖，迁居山口庄之重仪祖为山口庄一支之五世祖。非不欲于玄清、重仪两祖之上。追本溯源，乃以讳久失考，不能不将玄清祖以上之三世祖，重仪祖以上之四世祖于总世系图与分系图均空而不书，属不得已之，而位置仍不可缺，正所以昭后世之慎重，以备将来也。

　　是谱与修支谱不同，支谱以本支为主体，并不涉及他支，故考查尚易，遗漏亦少。全族之谱非追本溯源不可，但动辄百年始修一次，即屡易。而由庐山祖茔外迁，初则崖下、山口、沟头诸庄，继则由此三庄复移外县外省者不知凡几，调查殊费周折。但事关敦宗睦族，不厌求详，亦不能含糊从事。迁移外县外省者，或由邮函告，或派人往查，如非庐山祖茔所出，概不能擅录，确有可考者，方准列入，所以重一本之义也。

　　李氏旧谱既早遗失，年远代演。而我族各庄孰为长次，殊难悬揣，兹照各庄初迁居所立碑名讳，最高者列前，次者列末，分为三支，崖下庄为一支，沟头庄为一支，山口庄为一支，以资按序分列。

　　是谱，仿欧阳文忠公谱，例五世一截，如列二十世为四截，每于五世摘书上方横目内，为六世之宗。余类推，俾统系易于考也。

谱内祖考之名讳，既书祖妣之姓氏亦当详载，惟以世远年演，难于稽考者，不能不写某氏，实出不得已也。

垄墓子孙所世守，凡已逝世者，拟于名下，或祖茔新阡各书葬地，虽多历年所不难按籍而稽也。

命名祖讳，宜避即弟犯兄，侄犯伯叔，亦非理之所宜已，往者不可更，后之卑者、幼者，理宜改正，以昭慎重。

吾族命名，向分崖下一支，沟头一支，山口一支，共为三支，皆各自命名，行辈虽无差异，而命名之字实多重复相犯之处，兹后，全族一律往者不能究，拟自十九世起，另拟二十字列于凡例后，用寸书大字俾易醒目注意。凡我同族，务各遵守，不许妄自更易，以为日后续修族谱便于稽查，而免紊乱也。

夫妇为人伦之始，必书配某人之几女，或娶某人之几女。如尚未迎娶者，只书聘字，并详载其家长里居，继室亦然。如已出嫁者，必书适某人之几子，某如尚未出嫁，书字，某或曰"待"字"未"字等至婚家之里居姓名亦应详载，以使后人按谱而稽考，庶知某为姻亲，某为表亲，历历可考也。

户口日繁，有迁居他村、他县、他省某处者，均应于名下注明，使远近族人皆悉。虽地异，而情同也。

撰文表志，皆祖宗懿行，悉宜裒辑，以志前徽，其言行端，方族党素所推重。而未有传表者，宜注小传于本名下，以昭世德也。

序传、墓志等，凡应行列谱者，均以尊卑先后为次，惟关于是谱之统系，各碑文准予列前。

是谱，本系合修全族之谱，而各庄支茔谱碑以及传序均不应列入，恐小宗各自为谱，致蹈数典忘祖之愆。惟我全族旧谱刻已七百余年变乱无存，此次修谱，依据崖下、沟头等庄支茔谱碑所叙。由庐山祖茔分居由来，故得将碑文采入，以资考核，而昭将来。

凡继兄弟之子为嗣者，应先于其生父下书其名，并书出嗣之父名下，较易查核，不致混混也。

同姓不婚，古有明训。谚云："五百年前一家人。"本县李氏固不宜联婚，即外省、外县亦不应结亲，往者不可谏，嗣后应各遵守，以重宗族而昭古训。

我族自宋朝迄今，虽代不乏人，而族中不宜功名富贵显耀于当时，而以道德学问品格流传于后世者，厥为我族之北崖祖躬行于前，少崖祖继承其后，笃志在圣贤之学，诚心发阳明之旨，当时著有远朴心声诸书行于世，并创育英书院于崖下庄，以为讲学之处，惜叠经变乱无存，板以演没，院址亦失刻，以创修族谱，百方搜求，仅获北崖少崖两祖各遗文三篇，拟将林碑各文并志乘各传分别拍照，刊为铜板，与遗文汇集成册，另本附诸谱内，借以示我族后人永为圭臬，如能将其著作广为搜求，更所盼祷。

是谱，此后以每届三十年续修一次，幸勿逾越，后世子孙切当记之。是谱，此次创修，以年代中隔甚远，采访恐有不周，如有疏漏错误，即请随时调查，详注谱内，以便续修时重行补注更正。

是谱，此次调查时，务将所到各庄，凡确属我族之人，应将其里居，人口数目，分男性女性，逐一查清列册，以便修谱时另列人口表，借以觇我族之繁衍，及人数之多寡，而备日后续修之凭核。

李氏族谱始末记

族之有谱，犹国之有志，名称虽曰不一，体裁亦各有别，而其理大致则相同也。族谱为追本溯源之基，又为敦宗睦族之举，关系极为密切，采访不容轻忽。然我李氏之居泰也，父老传闻，曩自枣强迁来，有谓自明初或云明末，相传不一。及经考查，当时本族初居黄坂前（即今之黄前）之李家庄，卜葬庐山之阳，茔内有伯旺祖之墓碑，并有元泰定戊辰之碑可考。此墓之前后，尚有坟十冢，因无碑记，不敢妄指为何祖于此，证明非明代所迁确无疑矣。且山口庄西，有迁居崖下庄支茔之碑，系明天启年间所立，以宋监察御史讳宏祖为远祖，内云卜葬庐山之阳，而迁居沟头庄支茔之碑亦云如此，且载自枣强迁来，卜葬庐山之阳，继而散居山口、崖下、沟头诸庄，均系一脉相传。又有清嘉庆十四年（1809），族祖作义公联合族众整顿茔田，丈量立界，由此三庄族人出名勒石，是此三庄同族乃自彼至今。此三庄族众人口日繁，贫富不等，迁移他处者更不可胜计，乃行辈称呼从无舛错。惜阖族家谱迄今数百余年变乱，屡易，早经失没，而全族之众散居四方而同本一木之枝叶，同源一水之分流，他日异地相遇，恒觌面不识，难免有视如路人之诮，况对于庐山祖茔，以路远关系，照顾难免简略，此应提倡修谱之最大原因也。幸本族竹轩叔不特对庐山祖茔竭力维护，继承作义族祖之先志，而修理族谱一事宿志已久，兼有本族中诚兄、正方侄协助相随，每逢春秋告祭之期，必先事于人，风雨无阻，足见慎终追远之诚，堪作我族矜式。惜族谱兴修未逮，而先后竟弃世。呜呼！痛哉。当此时代潮流所趋，国家以新生活运动为急务。换言之，即提倡旧道德，恢复旧礼教也，此正追本溯源之际，倡修谱之时，况竹轩公之孙长明侄屡向余提议，立劝出而倡之，借以完成其先祖之志。是于二十二年秋，赴沟头庄商诸，族众莫不赞同。当公推族叔汇瀛总其事，定期来年夏历十月初十日，函知各庄族众，推举代表，公议办理。孰意汇瀛叔竟于是月初九日长逝，何不幸之甚如此也。旋接讣闻，余顿足而叹曰：乃竟失吾族中之栋梁乎？随挽一联云：读书取法圣贤虽新潮屡易致死不苟无愧孔门佳弟子，睦族贵修家史惜有志未逮平生遗憾仍望李氏后英才。本表悲痛之感，以激发族众之忱。旋经另期开会，议决进行，复推举族孙增林暂为担任，清智副之，宝文叔、焕东孙、长明侄，不下二十余人，分别担任采访、抄录。甫年余，草稿将竣，增林亦染病物故。事至此，余虽才学谫陋亦碍难推置，不问族众亦踊跃将事。初稿缮写毕，遂为复查，详加核对，刻谱已告成，将付剞劂，因书颠末以记之，庶使后世续修，无替李氏子子孙孙期共勉旃。

十五世孙　恩泰　沐陈甫谨记

泰安市岱岳区祝阳镇大梭庄《李氏家谱》序

世间万物，水有源，木有根，人莫能例外。族之有谱，犹国之有史，名称虽曰不一，体裁亦各有别，而其理则大致相同也。国之有史，所以明兴衰更替之因；族之有谱，所以动木本水源之恩。

惜我泰安大梭庄李氏家谱迄经数百余年变乱，早经失没。据父老长辈传闻，有谓自南山（徂徕山附近）某村迁来，而在此之前系在明代由山西迁来之言，亦有部分长辈言或与范镇沟头李氏相近，且曾同明代时由河北枣强迁来的范镇沟头、泉上、苏庄等村李氏续修家谱，然由于多种原因未能续上，未便强续，故作罢。然考察我村，本名大苏庄，明末清初之际，回族及部分汉族由章丘迁来，民国时，改名为大梭庄，而观我村大部分姓氏，盖于清代由章丘迁居于此，而我村李氏是否亦由章丘迁来，已无据可考。而观辈分，则与居于桑疃、满庄、漕河等地的明朝开国丞相李善长之后和石碑成德堂李氏相近也。然无论自山西迁来，还是河北枣强之后，仰或他地迁来，我泰安大梭庄李氏均为尧舜时皋陶之后，商纣时李利贞之裔也。

余乃泰安大梭庄李氏之后，每每祭扫先祖之坟冢，想我泰安大梭庄李氏先祖，跋山涉水来此土，斩棘拓荒，建宅修舍，人杰地灵，享运畅达，恩德厚重，耕读传家。尝闻木有本，本固枝荣，根深叶茂；水有源，饮水思源，源远流长。每每念及此，常为我泰安大梭庄李氏家谱遗失，致使后人不知家族之根源，族众不知先祖之艰辛而日夜嗟叹，忧思难寐，唯恐长此以往，列祖之英名遗忘于历史长河，列宗之伟业埋没于九泉之下矣，岂不悲乎？其他宗亲谈及此事亦常有此感，而徙居异地他乡，如南张、北禅、泰安城、莱芜、济南、新疆、东北、青海、四川之宗亲，心系故土，魂牵梦绕，更恐多年之后与族之本源失去联系，致使同本一木之枝叶，同源一水之分流，他日异地相遇而不相识，岂不痛哉？故我大梭庄李氏漂泊在外之游子此念更烈。

　　欣逢盛世，社会和谐，国家昌盛，物阜民丰；而余乃历史学专业毕业，对国史、族史颇感兴趣，适逢远在青海西宁的族叔李继源回来祭祖探亲，对创修家谱，极为关切，足见其拳拳游子怀乡敬祖之心，因此在征得居于老家的家父李继才及族叔李继河的同意下，在各位居于老家的家族长辈李和义、李和玉、李和平、李玉成、李玉海、李玉河、李传祥、李润普、李润发、李传□、李继前、李继军等的鼎力支持下和远在异地他乡的宗亲的热切鼓励下，在各位宗亲李传华、李传军、李润东、李传□、李传□、李传□、李海刚、李继斌、李继□、李良、李奇、李奎、李君等的大力协同下，为唤起族人敬先祖之仁德，仰先祖之礼仪，学先祖之勤劳，崇先祖在天之灵，承先启后，继往开来，斗胆为我大梭庄李氏家族修谱立传，以缅怀先祖，昭示后人，团结族人，孝亲敬祖；和睦乡里，奋发图强！是为余及族人之夙愿也。

泰山巍巍，铭记列祖英名；汶水荡荡，传唱列宗伟业。泰安大梭庄李氏先祖千古！

辛卯年四月泰安大梭庄李氏之后代序

青岛市平度市马戈庄镇坝口村《李氏族谱》序

序一

吾家与李氏邻而世世戚者，其族中明经玉图兄与余为笔墨文字之交者五十年矣，晤对时事无不言，言无不尽，一日以修谱一事与余相商曰："敝族自洪洞迁坝口，又自坝口迁此，年久失续，今欲先自修谱牒，将何以发端乎。"余曰："既先暂自续其叙既迁于此，即以迁于此者为始祖，自此则按代按支叙成册本，以待他日与坝口族人再叙通谱，有何不可？"明经深以为然，喜曰："敝族谱牒已与君言相符矣。"约数日，持两卷来，嘱序于余。余展阅一过，观其自序，乃知由于我福田姻丈翰卿姑丈先有此志，而明经承两公之志以成之者也，因不揣固陋，率尔命笔聊赘数行于简端而为之记其事云。

同里附贡生毕崇兰沐手敬书
光绪庚子霞月冬至后三日

序二

李氏汶邑望族也，自鼻祖以迄耳孙其间，本支之分昭穆之序，诚有不容不辨者，李君光普之欲修谱以明世系也。

亦固其所独是生民之初荒略而莫考也，久矣而论者以皋陶作理官，后世易理而为李，老子生李下，当时因李而作李遂以李氏，所自始第世远年因，即有木本之思，奈坠绪之茫茫何哉，虽然往古固无可考近代犹有可征闻君。始祖叔兄弟十八人，胞兄弟四人，原居山西平阳府洪洞县野雀蜗，自明初同迁于汶，散处四方，惟君之始祖与其四胞弟手足相依聚于斯，为其弟卜居汶河北，自居汶河西岸，因名其地为李村，当时惟以忠厚培基，耳迨其后，土地日益广护口日益繁，或读书孔孟，或业习孙武，或观光于上国，或发轫于营宫，族众递衍盛不可纪，此皆世德培植克昌厥后，故历十余代而振振犹是也。今日者君欲敦亲睦族，休戚与之共，好恶与之同，将和气致祥，自有莫可量者，吾知钟灵于汶水，毓秀于崑峰，必有齐人杰士应运而生，行见秋飘桂子之香，春泛桃花泛浪，大能隆世第而振家声矣，不益征君之德而并长哉，兹因修谱乞文于余，余以不文辞，不获，故为之序云。

古中都庠生王之荣拜题
时乾隆三十四年（1769）岁次乙丑孟春望日

淄博市淄川区台头村《李氏家谱》序

世间万物，水有源，木有根，人也不能例外。族之有谱，国之有史，名虽不一，体裁亦各有别，而其理则大致相同也。国之有史，所以明兴衰更替之因；族之有谱，所以动木本水源之恩。

源远流长的历史文化滋养了我中华之民族，培育了一门勤劳勇敢、仁爱智慧的李氏家族。李氏家族是当今中华民族中的第一大族，数千年来探天人之道，穷古今之变，畅时事之运，励志自强，建功立业，英豪遍神州，美名扬天下。

吾李氏始族于明朝洪武初年，由北直枣强县迁至淄川县台头村，李氏世谱由此而存。又有二十一世孙隆茂，历经周折从台头请到完整氏谱一部，精心保存，免遭"文化大革命"洗劫。然而自第九世暨十世祖化显移居博山黄连峪后，六世单传。十五世暨十六世之第二支崇有迁至淄川区东桃花泉村，第四支崇禄迁至博山大桥村居住，原本四支皆存的氏谱由此断续，致使百年的四大家族之宗亲后代谱中无法记载。

二十世纪九十年代初期，由二十二世孙钦超携带家人多次造访黄连峪，寻找根源，共同商议，续修族谱。急不可待，义不容辞，功在当今，益在后世。为尽快使李氏家族再获团聚，供后代子孙理清脉络，经二十一世孙隆惠、隆新，二十二世孙钦和、钦超、钦树、钦富，二十三世孙遵太、遵孝、遵学、遵亮等人共同议事，为续修李氏世谱做了铺垫。

续修期间，整理人员，齐心协力，不计报酬，无私奉献，驱车西行黄连峪、桃花泉、岭子南坡，北寻台头，一路采访、搜集、整理、校对失散的文献。为使后代查看迅捷，在原谱的基础上，决定改用宝塔式版本，禁用繁体字，凡是二十二世后所生之人，女儿、女婿、配偶的姓名和籍贯均续写谱内，直呼其名，以备后续。

此次，氏谱续修完全是人性化的编纂，因新世纪周易起名的风潮，多人不按氏谱排列之辈分，漏字、添字、重名者甚多，为不使该名误用，在编辑时做了明确的注释，望其谅之。

拙文不足以抒写对祖宗先辈恭敬、向往之万一，唯恐才疏学浅，有负重任。人生征程漫漫，唯愿吾辈及后人以忠孝礼仪之心，行仁义礼智之举，创李氏之大家、彪史册之伟业，上告敬慰祖宗，下慰族人，天地此心，日月可鉴。

二十三世孙遵孝作序

二〇一三年公历四月

淄博市淄川区昆仑镇洄村《李氏族谱》序

序一

国有史邑有乘，征实之书也，架空不得，凌虚不得，然必拘焉泥焉。史与乘皆归无成，夫焉得而征实。是故讨论之，后继以润色变化之，极通乎神明，古之秉笔纂修者类皆然矣。即谱牒何独不然？吾邑马头庄李氏之族谱，毁于兵火，并无副本。甲寅之春，李君滋泉将欲踵而修之，名讳阙如世次无传，其可考者惟近代七八世，疑难百出，落墨维艰，乃商榷于余。余曰，编纂之举开创之端，若斯之类，不一而足，诚能可征实者则征实，是即讨论之说也，需变化者则变化，是即润色之说也，子于是举，亦勿拘焉泥焉，可矣。抑尚有说焉疑焉而必传，非诬则妄信焉而不传，非私则隐。是故，信传信，疑传疑，古之善教也。准此以纂修，可以为谱，可以为邑乘，为国史。

同邑惠卿袁鸿恩录于长春园

序二

家之有谱，犹国之有史，国不可一代无史，家岂容一世无谱，且谱者，普也，遍也，谓举一本同气之谊合书一谱，普编靡遗，如木有本水有源，使后世子若孙展卷而考，了若指掌，仁孝诚敬之心油然而生，敦宗睦族之念肃然而起，谱之所系顾不重欤？吾家世居山左长邑城北之马头庄，原有谱牒，后因兵燹将谱失迷。嗣后欲修，始祖名讳茫然无传，下及数世亦语焉不详，因是欲修而不果，修者屡矣。诚以生乎数十世之后而逆邀数百年之前，孰为昭孰为穆，因无可因，事出于创，予小子有何德能敢肩斯任？但前谱既失，后复无考，自兹以往，将历世愈远益形难稽。后之人欲起而从事焉，较之今不倍有难焉者乎？遂商族众共成斯举，其世代弗详者阙其疑不敢附会，惟确然可据耳目所及者则按次而列叙焉。于是勤心采访，按支编次，自声字文字秉字等辈叙起，自甲寅之春以迄于今而谱告成，自今而后，凡我族人念。祖宗之渊源，知先后之一体，士勤于读，农力于耕，商贾各安其业，共矢仁孝诚敬之心，以承先启后是则予之厚望也夫。

十九世孙元隆谨序

序三

　　盖闻国必有史而家必有谱，国有史而庆兴志年代考焉，家有谱而世系著宗派明焉，则世谱之关系诚非所缓图者也。吾族自十一世以前，祖讳失传皆无证明，是吾族中以前因无谱可考，即为后世子孙一大缺陷之事也，明矣。而吾也有鉴于此，苟不再为后图，将来支派繁衍，虽长幼不可乱，无何而兄袭弟名矣，虽世代不可紊，无何而孙蒙祖讳矣。如是相习相传，乌知后日之事有不甚于今日者乎？故曾于去岁以是告之族众，而族众聚议，即以创立族谱之专责付之于吾。吾虽不惮烦难而才学浅陋，幸赖族兄凤翔与诸侄协力相助，即遍搜各门家藏草稿，又加心采访一年之久，方成卷。呜呼，吾起念之初，若觉甚易，举事之后，殊属实难，而后知修谱之役非一人之力，亦非一日之举也。谱成，分授各家以便展览，自兹以往，庶可绵绵相继，世世传流，至于后世之再能编辑与否，亦有根据，是即吾之所望于后人也，故援笔以记之。

十八世孙永沂谨述

序四

　　盖闻莫为之前虽美弗彰，莫为之后虽盛不传，凡事皆然，而世谱尤为显著者也。吾李氏世谱创修于民国乙卯，与族间伯叔兄弟探采多方，始得绪而纂辑焉。然失传以后合谱无处，支派亦无所考，始祖以下数世名讳莫可考稽，长次亦未敢臆定，今为谱系所以各为支祖按昭穆长次叙列合为族谱,然自十一世。族方声公下支派世次名讳一一胪列,盖恐失讳之如前世也。夫人迷其先世之支派而原委之辨浑焉,夫人忘其先世之名号而讳避之敬,哀触犯之嫌起焉,非皆其心之不敬也,惟谱牒失次先后不明故耳。谱之修岂容已哉?于是遍询族党,详考家乘,编辑成帙,藏之箧笥,庶不至久而无征也夫,数典忘祖,古人所讥,饮水思源,先民有训,谱成而后世子孙于释典之时,少长咸集,庶几按世系溯源流,知夫一族犹一身,百世犹一世耳,某支某派,吾先世之苗裔,某音某释,吾先世之名号也,讳避既明,触犯自无,于尊祖敬宗之意或有当乎?至于化忿争兴敦睦,使一族之内雍然有仁让之风,蔼然识孝敬之谊,是又作谱之厚望也夫,谨叙。

民国四年(1915)岁次乙卯榴月
二十一世孙安鸿谨叙

淄博市临淄区《李氏族谱》序

修谱之事,功在当代,利在千秋。这次修谱是以1991年我李氏族谱为蓝本编写而成,并且还以其他族谱为参考,使其更具完整性、真实性等,完美地呈现出我李氏族人的历史原貌。

本次修谱从明朝洪武二年(1369)开始,下限为2004年10月,其中主要内容共可以分为九卷,主要记录和反映了我李氏族人的精神风貌和重大事项,由于历史年代久远,其中有不少事是编者估算出来的,仅供参考,希望大家谅解。本次修谱采用的排列方式为辈分,其中不包括健在的人,所以并不能完整而全面地展示我族的风貌以及对社会作出的贡献。

本谱在文采方面比较出众,提倡百家争鸣,对列祖列宗名讳和重大事件力求做到准确无误,更具有真实性。由于受到资料、事件、篇幅以及水平等方面的原因,所以仅仅编写了知道的人和事,在内容方面不够完善,所以需要补充,使其更加完善。

通过此次修谱,我认识到了李宇、李新义等人,虽然我们都已过而立之年,但是随着年龄的增长,我们对家乡的感情越来越亲切,对先祖的历史也越来越想亲近,虽然,今天李氏的前辈一代代地远离了我们,但是我们应该为前辈真实地记录那流金岁月,这是我们的责任,同时也是我们的荣耀。

此次修谱,虽然在财力、物力等方面需求量巨大,但是在李氏族人的共同努力下,终于得以圆满完成,此举不仅是对先祖最好的慰藉,同时也为子孙留下宝贵的财富,时刻激励和教育着李氏族人要做一个对国家、对社会有用的人才。

菏泽市郓城县程屯镇肖南村《李氏族谱》序

开天辟地以来,至寅而人生。溯李氏生民之初,荒杳难稽矣。自洪洞来迁者，则为始祖伯当公。吾祖仰止公叙谱，谓其迁在前明洪武中，而吾参互考证，大约在永乐年耳。何也？盖燕王靖难兵起，在建文时，南北构兵，南兵大军追袭，则自南而北，北兵胜，大军犯阙则自北而南。想尔时，或杀，或剐，或逃，东西六七百里，南北近三千里，几为丘墟焉。始祖之迁其在燕王即位以后乎！燕王安鼎，号永乐，下诏迁民，以实无民之地，北京南、南京北两千余里间，偶与之语、其先自洪洞来者居多，兹不具论。近者，族叔瑞昭公深致其水源木本，尊祖敬宗之想，不诚加人一等哉！乃自出钱购纸数册，时商于祖、曾祖，序升公遂为之亲笔誊写，虽近八旬，不辞劳以襄盛事，盖义举之感人，所以廉不乐事赴功也。继自今族谱或赖以传，昭程不致或紊，胥是举之力也。钞既成，同序于予，余虽固陋，亦为之书，以告来者，是为序。

时　光绪二十年（1894）岁次甲午暑月邑庠生商登甲字握魁序

济南市商河县商河镇西三里村《李氏家谱》重修族谱序

余尝思，木有根且水有源，根之深者枝必茂，源之远者流必长。观木与水知人亦同理。考吾李氏，远祖出自嬴姓，系黄帝之后裔。自皋陶任尧大理始，历舜、夏、商三代，故以官命族为理氏。商末，理征因直谏殷纣而遭害，其子利贞随母避难于伊侯之墟，靠采食树果充饥得以保命。为感木子之恩，又因理、李同音通用，遂改理氏为李氏。故李姓血缘自皋陶，得姓自利贞。利贞垂今数千载，李姓子孙播迁四海，落地生根，瓜瓞绵延，分析愈众，遂为天下姓氏之冠。唐时李白即慨然叹曰："我李百万叶，柯条遍中州。"

根深生千枝，源远流万脉。吾始祖子实公于明永乐年间自京东遵化州石门村迁居商河城南三里河，立宗创派，五世同堂，人丁兴旺，子孙繁昌；分支行雁，户口绵延，几遍商土，广涉陵德，远徙海内外。若大若小，或显或微，繁衍六百载，洵海右之名门望族，历代不乏匡世济时之贤臣、精忠报国之良将，更拥有勤劳善德之庶民。八世祖诚明公称一代鸿儒，名扬四海；嗣后三代翰林，誉满朝野；九任县令，纵横官场；功勋载于史册，光照人间；业绩有目共睹，世代流传，乃吾族之荣耀自豪耳。尊祖敬宗，报本追源，承先启后，继往开来，惟有谱系永传。吾李氏族谱，自民国廿四年续，迄今已六十年矣，其间人丁巨增，分布愈广，且经"文化大革命"之乱，各支各派之谱失之八九，幸存甚微。每念及此，倍觉族谱之重要、修续之迫切。吾叔祖纯祯公在日，时常叮嘱于吾，诉失谱之憾，传续立之道，训教日后若有承其举者，汝务必努力以成之。使吾每每念念于怀，不敢忘也。时值国泰民安，经济繁荣；天晴气和，遍地瑞光。境内宗族往来便利，海外游子回归有期，重修族谱，正逢此时矣。吾叔祖纯久、族祖纯爱二公，念生灵之繁众，思补续之宜急，不顾年事已高，不负族众所望，依然以修谱为己任，奔走乡里，洞察舆情，组织族人，合族上下莫不鼓舞乐从。愚虽历短资低、才疏学浅，怎敢不竭己之所能，殚己之所力，与吾族精明强干、知多识广、不辞劳累之士，同心协力，再展吾李氏宗族之雄风，再显吾李氏族谱之辉煌，使吾族世世代代、祖祖辈辈纯以忠孝倡世运、全凭仁德振家风也。

余谨抒重修族谱之感慨，不敢称序，勉为记。

行雁云归会故乡，溯源追本话繁昌。

祖德垂裕传家远，宗谊流芳继世长。

离散千年如一日，遥隔万里若同堂。

谱牒书就芝兰茂，喜看神州玉树昂。

公元一九九六年岁次丙子仲春仲浣
二十世孙忠湖薰沐谨撰

聊城市临清肖寨村李氏光绪年祖碑记

开天辟地以后，至寅而人生。溯李氏生民之初，荒杳难稽矣。自洪洞来迁者，则为始祖伯当公。吾祖仰止公叙谱，谓其迁在前明洪武中而吾参互考证，大约在永乐年耳。何也？盖燕王靖难兵起，在建文时，南北构兵，南兵大军追袭，则自南而北，北兵胜，大军犯阙则自北而南。想尔时，或杀，或刮，或逃，东西六七百里，南北近三千里，几为丘墟焉。始祖之迁其在燕王即位以后乎！燕王安鼎，号永乐，下诏迁民，以实无民之地，北京南，南京北两千余里间，偶与之语，其先自洪洞来者居多，兹不具论。近者，族叔瑞昭公深有致其水源木本，尊祖敬宗之思，不诚加人一等哉！乃自出钱购纸数册，时商于祖，曾祖序升公遂为之亲笔誊写，虽近八旬，不辞劳以襄盛事，盖义举之感人，所以靡不乐事赴功也。继自今族谱或赖以传，昭穆不致或紊，胥是举之力也。钞既成，问序于予，余虽固陋，亦为之书，以告来者，是为序。

时光绪二十年（1894）岁次甲午暑月邑庠生裔登甲字擢魁序

沧州市回族《李氏家谱》序

序一

沧州回族李氏一族，原籍西秦咸阳。初祖李天保事明成祖至南京，历任靖难将军、光禄大夫、金吾右卫指挥、安远将军、轻车都尉、锦衣卫前所千户、武节将军。原配孔氏，诰封夫人，生四子，名仁俊、仁杰、仁善、仁美。明永乐间，长子以功授金吾右卫指挥；次子授锦衣卫前所千户；三子经商，为易州巨富；四子仁美，于永乐十五年（1417）随父奉驾扈从北京而来幞沧，赘于曹门。成化八年（1472），以子贵敕赠征仕郎、易州燕山左卫经历司经历。被沧州回族曹、李二姓尊为始祖。

序二

尝谓人之有身，当详其之所自出。不于先世而实叙之，是忘本原也；不于族类而并列之，是轻先裔也：皆非所以尊祖敬宗意尔。第有务夸诩者，多援引上世神明之胄，窃附之以为荣。殊不知气脉不同，非类不享，亦何益之有哉！昔杜正伦不与通谱，狄青却梁公像。彼一武弁者流，犹慎世代之重，矧佩儒业、明礼义者，岂可忽其所自始哉？

我李氏，西秦人。初祖讳天保，携四子至金陵。明永乐间，长讳仁俊以功授金吾右卫指挥；次讳仁杰授锦衣卫前所千户；三讳仁善，商留易州而雄于囊资；四讳仁美，侨居沧州而赘于曹门，即我讳仁美公，吾辈遂尊为始祖焉。至兹绵延九世，繁衍众盛。因于各祖而别其派，亦于各派而分其门，使亲疏远近，悉知其所自来，皆知尊其所自出也，非但为吾一门一人计耳。故编成帙，公于阖族，世世为遵守云。

时万历八年（1580）岁次庚辰孟秋吉旦
六世孙时蓁谨识

序三

盖闻万物本乎天，人本乎祖；但祖德渊源、世泽殷遥莫识其所从来，又孝子仁人所不容已者。于是立谱以纪之，若为昭，若为穆，若有传，若无传，自一世二世以至数百千世，展卷了然。虽祖宗不可见，见祖宗之子孙如见祖宗焉。余李氏一族，产自西秦，逮明永乐间始迁于沧。慨自乡国一别，河山万里。臂肉离别，还同塞北之凫；老成凋谢，虽似辽东之鹤。而余二、三兄弟又从事诗书，日咕毕于家庭，不能出函谷、走咸阳，展拜先垄于崤山渭水之傍，盖不胜歔欷而涕零也！虽然，产于秦者既莫可稽，而迁于沧者幸犹可考焉。

始祖仁美公赘于沧之曹门，虽云异姓，谊胜于同胞，因卜居于此。后人版籍，列户口，迄于今历三百载，传十余世。子孙繁衍，科第蝉联，书香不断，莫不由此一人所自出也。凡属后人，思一人之所自出之进德修业，绳武元宗，以显扬祖考，下之黍稷薰高，馨香燔燎，以志气相升降，以无声无形相听闻，使人人各知所从来，咸尊一人以为始，庶念切同源，袭遗芳而化德，情深共瓜，怀好音以无尤，又奚虑紊其尊卑，乱我先列，至于相见不相识，喜不庆，忧不吊，相视如途人，如老泉之所云哉？呜呼！

谱自仁美祖始，而不及秦之祖。非不及之也，世远地殊，渺乎其莫可追也。凡秦之同姓衣冠科甲，虽贵而不敢附者，疑有所必阙也。凡沧之同族，子女大小，生死婚配，虽微而必载者，亲有所必笃也。猗欤休哉！

自此谱之出也，吾知亲虽近而世系皎然，期功袒免可问服于百年，人虽盛而昭穆定矣。祖祢云扔，遽伤情于同姓，以厚宗族而睦人伦，使人人不忘其本，殆犹万物之始终，而大归于天乎！

康熙二十年（1681）岁次辛酉春月上浣之吉

八世孙士华谨识于友石斋

序四

盖闻不有作者，谁为传后而守先；不有述者，谁为开来而继往？逢墙见口，精神所贯注，道脉尚可以相通；作室析薪，弓冶所留贻，家传犹赖以不坠。

我李氏一族，产自西秦。明永乐间，运际风云，履职禁近，其世系来历前序备矣，小子何敢多赘？然承先人后者一脉相传，贵心心相印，不以世代分，不以亲疏判。祖宗之创造，经子孙之法守，方可流传；子孙之钦承，本祖宗之贻谋，方为根底。诚如我允吉八世胞叔祖序中所云"以志气相升降，以无声无形相听闻"。斯言也，所以贻后人者，可谓至深切矣！念我李氏自始祖以甲胄起家，以诗书继世，绵绵延延数十世，诗书垂裕，雍雍济济，五百载庠序相承，庐墓而进孝思，旷代享馨香之报。

允修祖庐墓六载，须发皓然，抗节以维风化。明嘉靖庚戌年举孝友人忠义祠。熙朝照隆表之荣。八世胞叔祖母王氏，明崇祯十一年（1638）骂贼殉节，年十九岁，至我朝入节孝祠，《安州志》记载甚详，荣节其略。虽流传已久，时事变迁，其间家道不少兴衰，人丁不无离别。殆功名富贵皆外至之荣，盛衰靡定；至礼义廉耻存于心者，未尝一日或泯。自上世以来，秀者横经，朴者负耒，迄今五百余年，仍共守耕读，永为家法。仰见我祖宗历代栽培忠厚之意以相维持于不敝者，有由来也。

荫荣兄弟三人，俱生于古北任所，荣自七岁从先父旋里。先父学规祁严，闭户攻读不出户庭。又吾阖族伯叔兄弟，或散居沧城，或移居他乡未获，数相往来，常蒙教诲。先父尝云，昔弱冠时曾以修谱商之润峰二伯父未果。以后即赴古北，历籍行陈宦海，髀消者亦有年。至晚年旋里，诸事草创，日不暇给，遂以此任责之先兄树南。

先兄因遵照旧谱接代排叙，凡同辈者，无论亲疏共列为一代，开卷便自了然，诚至当也。自始祖仁美公至我高祖斗南公，系十一代。及身为十五代，详核数载，费尽心思，缮写草稿。惜天不假年，寿同颜子。呜呼！伤主器之遽亡，嗟子季之孱弱，每一念至，未尝不欷歔而涕零也。然功以创而难成，事以因而易济。昔班孟坚著《汉书》未就，而曹大家董成之；彼一巾帼者流，尚能继父兄之志。荣也不才，夙承提命。怀雁序而形单，池塘幼梦；读鸰原而饮恨，搏浪误追。意当此孑然者形影、藐然者子侄，若又淡漠相遭因循，将事几何？不令先正典型及身而俱失耶？遂与竹泉九兄、墨林二兄、苍林八兄共同商议，遵照旧谱，按代排叙，另誊新谱，各枝共藏一部，传之无穷。呜呼！采访难周，抚遗编而抱憾；渊源有自，念祖训以兴思。羌异流分同源，本分条而共树。合吾祖之亲疏远迩，荟萃于一堂；念先人之命脉精神，宛照临于在上。懿于是，诚我家剥极必复、分久必合之一机矣。

时光绪十三年（1887）仲春
中浣吉旦书于板厂胡同椿宅礼贤馆

序五

吾家族谱，自明万历年间一序，至国朝康熙间再序、三序，迄今不序者二百余年矣。《礼》曰："亲亲故尊祖，尊祖故敬宗。"故收族谱不序、族不收，一脉几等路人，相逢、相值不知谁何矣！我李氏由鼻祖以来，户口繁衍。载在旧谱者，西至西秦，南至金陵，北至塞外，东至渤海，势艰家喻户晓而联属之。然远者无如何，近者复置，岂亲亲之义乎？昔范文正公曰："吾吴中宗族甚众，于吾固有亲疏；然吾祖宗视之则均是子孙，固无亲疏也。"第亲者非疏，地远则疏；疏者非亲，地近则亲。爰即沧盐近境处族户，分门合编，勒为谱书，若于百千户口萃于一堂。老苏曰："观吾之谱者，孝悌之心可以油然而生矣。族谱者岂具文哉？"或赞曰："君家今昔屡此，瓜瓞绵绵，上下将五百年，乡党称道，可谓望族。"非也，世所谓望族者，贵极人臣，富可敌国，震人耳目，如晋王谢、唐韦、杜耳。吾本田舍家，何以当之？念昔先人世传家法不过两语，曰："处世不忠厚者，非吾子孙也。"因之子子孙孙世守，不敢得罪于先人，故不敢得罪于乡党。然以为望族，则非也。或又曰："古云忠厚可以长春，今观君家，非昔全盛，天理似未可凭。"又非也。岁有寒暑，日有昼夜，家有盛衰，循环否泰，理有固然。熙耳目隘甚，见闻所及，同邑同郡，一时显赫，倏而泯灭。谚云："其声如雷，其败如灰，不百年间不可胜数。"而吾家业经两朝，读书力田者尚自如故。岂非主佑？忠厚本于孝悌，孝悌源于亲亲。范文正公又曰："若独享富贵而不恤宗族，异日何以见祖宗于地下，今何以入家庙？"于是置义庄，人日食米一升，岁衣缣一匹，嫁娶丧葬皆有给焉。亲矣，仁矣！熙犹及家世奉行岁逢腊粥日，俾族中贫乏皆来门，男女老弱当不下数十百人，人各粮一斗。力不及文正，且存遗意。又先型所著捐学田以资寒峻，公讳士晋，助脉恤以济荒年；公讳钧，敦孝友以式乡邻。故合族与吾门最敦亦最爱重。光绪戊子岁，吾本枝始祖之十六世孙鹏翱倡议于沧盐两地祖坟修墓、修碑、修旗，唯时合族响应，聚资鸠工，不日而成，云集游墓。足证水木源本，人有同思。遂议修谱，莫不乐从。任采访者又本枝始祖之十七世孙宣勤，谨遵体例，依次编辑汇稿效封，刻期誊清，成帙告竣。诸如此功，熙皆无与，谨述颠末，敬传。祖训，用之族人咸知尊祖敬宗，收族相率亲亲以承先启盾。诗曰："昭兹来许，绳其祖武。"又曰："孝子不匮，永锡尔类。"而族谱岂具文哉？"绳祖武"在斯，"锡尔类"亦在斯云。

光绪二十九年（1903）癸卯孟春
十六世孙应熙熏沐稽首谨序

沧州市青县新兴镇朱辛庄《李氏家谱》序

盖闻大明永乐建都于北京，迁民于南省。李氏始祖原籍山西省洪洞县，迁至青县朱辛庄。居住迄今，代经两朝，年逾四百，亦可谓本固枝荣、源远流长矣，惜乎，无立家谱！祖宗之名号无传，支派之远近未著。致使后世子孙欲避其讳不知所避，欲亲其亲而莫识所亲。犹可恐者，宗为婚而罔觉。呜呼！无谱之弊可胜道哉！则家谱之不可不立也昭昭矣。是以我等三人及新正月之间暇，集族人之老幼，议立家谱，莫不欣然而称善焉。我等不辞劳悴，朝夕谋划，而谱以成矣。自今以后，或五年一序，或十年一序，记载详明，俾阅者一目了然。父传子，子传孙，绵绵不绝，虽至万世。庶不蹈前言之弊矣，其不甚善是为序。

时大清光绪十八年（1892）春正月

文童李凤、文生李绍白共立

邯郸市永年县前曹庄《李氏家谱》序

序一

万物本乎天，人本乎祖。其在诗曰："无念尔祖。"或曰："率乃祖攸行。"人之有祖，诚水之有源，木之有本也。久人生于世，而不明乎身之所自出，与其身之所挂，是犹探水而不知穷，其源植木而顿忘其本，于此而欲求其源远流长，本深末胜，盖必无之理。予家本山右辽州，遵有明迁民之例，越在兹土。经今数百年矣。世远代迁，渐浅祀宗。予间率族人创立家庙，岁时飨祭，俾后世子子孙孙各浅其大宗小宗、远近亲捉之别，都谓为有礼。今岁丁酉正月方完元旦上祀之仪，又庙传柑飨献之节。适有客叹扉而丐言者，询之则迤府西曹庄李君，永建家庙崇祀文也。子世而叹曰："是真天德民奖之不容已于人心而知水之源，知木知本者乎。"李

来自大槐树·李氏姓氏字辈考

君三元，字述人，其先今山右洪洞人，洪洞实隶平阳，其地襟山带河，为三晋要地，跨国迁民，类多出此。至今吾邑之林林总总保聚城邑者，犹群拍尧都，而顿首也。李氏出洪洞县洪善村，其初迁之祖讳顺，妣王氏。相传相衍以迄于今。闻先世脉，遂至湮没。长凿闻杜固冒附汾阳。不自浅其祖，而乃指他人为祖，其于木本水源之洋，岂有当乎。自今以往，为麟趾为螽影，将不可纪极，不及今为之釐定其宗支，处共其祭享，将数十年百余季后，即有肖子贤孙，又孰从而知其源本之所自来也，而无宁兹也。家庙立，则家之分定，而家之礼以兴，由是冠以示成人，婚以正男女，长以哀亲祭，以追远，凡人道之纪纲，世不缘足而修，故李君此气真仁人孝子之宗，而李氏兴起之式也。其详未易番悉指要，在随时而更订之无费当也。而予之不能已于言者，特嘉其务本之意，与予光后有同心焉。因不揣固陋，而乐为之序。

时康熙五十六年（1716）岁次丁酉端月上元吉旦

酉科举人吏部拣选候知县滏阳（系据传乃苏里村人）

王应辰撰

序二

听远者，闻其疾而不闻其舒，望远者，察其貌而不察其形，故孔子之作春秋也，之乎定哀，以指隐、桓之日远矣。盟密阙疑，夏五传疑，慎也。况族谱之作，以云仍而溯始，祖宗脉之今合其疑尚有滋甚者，倘非族而族之引躁而亲乱也。族而不族不之推，亲而躁悖也，惧其乱又不惧其悖，其为真宜迂如哉。

吾永邑李氏素称巨族，居曹庄村者，云遵有明迁民之例，迁自山西平阳府洪洞县洪善村，今谱中所纪讳顺者，其始迁之祖也。又迁自山西沁州武乡县墨镫村者，尤以苗庄一支，其源似乎分矣。遍访洪洞县究无所谓洪善村者，洪善村，实在武乡县境内，而洪善村李氏与武乡李氏，实为一族，未有异也，即曹庄李氏与苗李氏，旧志自知其同出一源，但考之山右里居解错，考之邑谱牒失传，则又焉能深悉其源之所以合也。是则所谓疑也。古自明初以迄今，兹无过三百余年，历世益久，生齿益繁，水源木本，渐不复析，却一支之中要知不若今之曹庄与苗庄，疑信相恭而源流不可通晓者乎。

于是曹庄李君沸仁，乃阳□而兹惧焉，于其谱之缺考增之，误者正之，世不所纪，宗旨支所列，行宜官资，秋□具辩，而至苗庄一派，不敢合而为一，恐其至于乱也。而又必详其源委，庶几免于悖也，有是哉，其有得于圣人，阙疑传疑之旨者矣，支谱之作也，不忍没其先，而紊其族，乃详为纪之，使统系相接，世次可考，上以传先人之烈，至孝也，下以广锡类之仁至慈也，而独李氏之谱，更有得于圣人，阙疑之传旨者性也。是为序。

时维雍正十年（1732）岁次壬子夏五月上浣之谷旦
同邑金振声撰

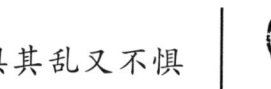

邯郸市峰峰矿区和村《李氏家谱》序

国有史，家有谱，由来如是。李氏一族究竟何时从何地迁来而定居和村，原家谱无记载故有待稽考，但自始祖仕名公定居和村至今，历元、明、清、民国和中华人民共和国五代更替，已近七百年，其间六世祖一廉公于明嘉靖三十八年（1559）首立家谱后，直至清咸丰二年（1852），先祖们又前后相继修谱三次，使我李氏家谱基本臻于完善。

由于历史原因，1949年以后，续修家谱工作曾一度沉寂，直至改革开放，政通人和，国富民强，作为民俗文化的一朵奇葩，修谱工作随着全国文化事业的空前鼎盛，也相应繁荣起来。二十一世纪初，上海档案馆经过若干年的收集整理，出版了《中国家谱大全》，非常遗憾的是，我辈信息较滞后，致使我和村李氏族谱未被收录。

其实，二〇〇〇年前后，李氏后人已经有许多人先后分别在做族谱的收集整理工作，如李岗西村已经整理出本村李氏族谱并重建祠堂，也因此被峰峰矿区命名为区民俗文化村。其余各村各支，也有许多后人在同时进行着收集整理工作，如双玉泉村李本文父子，西和村李会所、李一斋，东和村李福林等。直至二〇〇九年秋，热衷于家谱工作的有识之士，终于聚到一起，形成了一个组织，由二十代李福林牵头，召集二十代李会所、李一斋，二十一代李合德、李增林，二十二代李顺廷、李三祥，和双玉泉村二十一代李本文，二十二代李君昌、李君祥，李岗西村十八代李来玉、李广国，二十代李一文等人，共议续修和村李氏家谱事宜。由于年代相隔久远（距上次修谱已有148年），且族人迁徙外地分域居住者甚多，故工作量大且繁重，困难颇多，所以，采取先易后难，分片包干的办法。

为了提高族人对重修家谱的认同度，从而激发广大族人对续修家谱的热情，使各股各支能踊跃参与，于二○○九年十月二十日和二十九日，分别在西和村、东和村召开了各大股头面人物参加的动员会，会议开得非常成功，族人普遍拥护此举，这也更大地鼓舞了修谱小组的信心。

此次续修家谱工作，值得一书的有几点。

第一点，是老谱的保管。自一八五二年以来，老谱一直保存在十九世李汝训家中，世世相传，珍爱有加。"文化大革命"中，造反派搜出老谱，拟于付之一炬，十九代祖母祁巧英不畏强暴，据理力争，终使家谱安然无恙，并得以完善至今，我李氏后人今日方能一睹先辈们的虔虔真迹，此乃我李氏家族之大幸，鉴于此，我修谱小组全体李氏后人，向为李氏家族做出贡献的前辈行揖拜大礼，诚示致谢。

第二点，李岗西村李氏系我二世祖荣之后裔，至五世祖迁徙岗西繁衍至今，其间在清道光二十七年（1847），由十三世祖凌云和十四世祖文渊共同整理出了岗西李氏家谱，"文化大革命"中，也妥善保存了本村李氏家谱，并于二○○○年前后，成功续修家谱暨重新修葺李氏祠堂，成为我和村后裔续修族谱工作的排头兵，理应得到我李氏后人的赞誉。

第三点，武安市双玉泉村本文父子，系我二代祖通之后裔。初从和村迁至武安大水，又辗转至矿区豆腐沟村，最后落户于武安双玉泉村，本文父子寻根问祖，情真意切，先到山西洪洞寻根未果，后得知乃和村李氏后，激情倍增，积极参与续修家谱工作，先后驱车累计数百余公里，几年走遍武安、磁县和峰峰矿区李姓聚集村庄，对完善李氏家谱续修工作起到了举足轻重的作用。去年下半年，本文父子又在邯郸市内成立了和村李氏文化研究会，联系省内外李氏宗人，积极从事我李氏文化的挖掘工作。

族人中许多仁人志士，对家谱的工作也竭尽全力，如大水村的李兆武，大沟港村的李一秀、李一琪、李一昌，上拔剑村的李玉祥、李玉太，何庄村的李来顺，武安崔炉村的李正耀等。

为尽力完善家谱，不使一户一人漏册，编修小组经常走村串巷，访耆问宿，不管是在相邻咫尺的近村，还是到数十里之外的远落，只要是遇到李氏族人后裔，即使是平生素未谋面，也都是热情有加，昭穆有序，接辈称呼，且端茶递烟，酒饭招待，凸显出我李氏一族高度的凝聚力，更彰显出我李氏家族数百年来崇尚礼法、孝悌为先的美德，这些优秀传统已扎根于我族后人心中，且薪火相传，生生不息。这也印证了几百年前"异族耆老"和"四邻亲党"对我族人的赞誉"邑南之望族，郡北之名门……"

此次修谱，摒弃封建糟粕，吸收现代社会新理念，实行男女皆可入谱的原则。在版面设计上，一改老谱竖排为横排形式。辈序排列，仍按先祖改进后的先排长门，及至再排次门，以此类推，名字后面括号内阿拉伯数字表示出生年月日。另收录老谱中未收录的碑记若干，并增加《科举时代仕宦表》《现代人物表》及《学历、职称、任职（曾任职）一览表》。

我李氏家族历来人才济济，科举时代登科入仕者众多，我泱泱大族，饱学之士不乏其人，大专本科更仰俯皆是，本人文墨平平，本无资撰文，但福林叔父几番命嘱，本人安敢违逆？故搜肠刮肚，斗胆为序。序既草就，但心绪未平，即兴吟律一首附庆。

李姓家谱序言选录

　　拜读老谱得律
　　谒牒始知七百年
　　五朝兴替瞬时穿
　　名门自古诗书继
　　望族由来礼法诠
　　济世解囊二代祖
　　逆鳞诤谏九先贤
　　吾侪幸著煌煌日
　　薪火绳绳当凄然

二十一代孙 合售 量文
公元二〇一一年二月二十四日
农历辛卯年孟春下浣

石家庄市无极县无极镇户村《李氏家谱》序

序一

盖闻源之远者流必长，积之厚者发必光。李氏族姓，由来远矣。

我始祖系江南海州人，前明洪武间武状元。永乐间，扈从成祖北征，携带家口，卜居无极之佛堂村，为入籍之始。尔时，虽名字失传，而村西坟茔固在，至于今奉祀不绝。嗣后，天顺年间，迁居于房家庄，康熙年间，又迁居于户村。二百年来，生齿日繁，族运昌盛，读书成名者接踵而起，而族未有谱也。窃思无谱之弊，不可胜言；日久年深，同姓至不相识，或等于路人，昭穆竟至无分，或不能稽考，甚至同姓联姻，良可慨也。爰商之族长，请教名人，俾示以叙述方法。于是，就名字传闻，以迁居房家庄讳学孟者为始祖，二世单传至三世，祖廷擢公过养田氏一子，本生二子。其本生二子次者，传一世而无后。至今遂分为两门。用方纸界以乌丝定为五辈，其五辈书后，复于后面题清某门某支，顶格在写，庶可一目了然也。其无后者，必书以某人之子承嗣，则支派犁然就序也；有功名者必书，则读书之志愈殷也。复于清明、十月一日两节，合族以食，名曰"吃会"。庶几族人毕至，少长咸集，一堂雍穆，使我祖宗之灵，顾而乐之，知我为子孙者，能敦宗睦族也。

十年一小修，三十年一大修，庶不至于考核无据也。绵绵延延，永世无穷，子孙奉行勿替也，则幸甚。

序二

宗族之重,由来久矣。是故宗者,尊也,有大宗小宗之分;族者,凑也,有聚族合族之义。诚以为水源木本,虽年湮代远,终为一脉之亲;椒衍瓜繁,虽派别支分,犹是同根之谊。然而,族姓繁多,分门莫记,村庄异处,觌面为艰,积而至于数十年数百年之久,或至于同姓等于路人,宗属联为姻娅,所失岂浅鲜哉?此族谱之设所由来也。

岁在同治壬申,余秉铎魏昌本属司书李金声者,年近六旬,性情笃厚,事亲极孝,教子有方,其子若侄,皆列弟子员,诚敦厚人也。

岁在癸酉季秋,始送考常山,在寓无事,李司书因进而有请,自言其身世渊源。盖自有明永乐年间,扈从成祖北来,因卜居斯邑,传闻其上世有武状元者,因无家乘记载,以至名字失传,科分莫考。因慨然有修谱之志,而未识其规模,因乞余指示。余念其人可嘉,此举尤为盛事,因为之详细指明。该司书唯唯而退。

越甲戌乃乙亥季春,而《李氏族谱》成。呈阅于余,因乞为之序。余观其叙述有体,支派分明,上自迁房家庄为始,则统承有自矣;下至幼稚不遗,则脱漏无虞矣;各茔地及家堂必记明,则后日争端悉泯矣;为外人承嗣者必书,则归宗之日有据矣;有功名者必书,则读书者愈奋矣;一年两次合食,则族姓不至不相识矣。斯诚敦宗睦族之盛举也哉,是为序。

道光癸卯科举人无极县训导瀛海孔炉氏王元铸序

光绪元年(1875)岁在乙亥季春上浣 谷旦

湘潭市杨嘉桥《李氏家谱》序

天地生人，上必有祖宗所创起，下必有子孙所流传。若吾李氏，出自嬴姓，皋陶之后，世仕大理，以官命族为理氏。商纣无道，理征犯颜直谏，不容于上。其子利贞逃难于伊候之墟，食木子（李）以全，又因理、李同音通用，遂改理氏为李氏。故李姓血缘自皋陶，得姓自利贞。征之文献，李氏传人文臣武将，名士大儒，彪炳史册，灿然有不可掩者。巾短不足以举其万一，然同姓有荣焉。所谓根深则叶茂，源远则流长，利贞垂今数千载，李姓子孙播迁四海，落地生根，瓜瓞绵延，分析愈众，遂为天下姓氏之冠。唐时李白即慨然叹曰："我李百万叶，柯条遍中州。"而以当今万万之盛，虽曰"我李亿万叶，柯条遍五洲"，亦无愧矣。

至吾青树坪李氏一脉，由乘龙公于明洪武元年（1368）自江西豫州肇迁湖南湘乡，居杨家渠李子园，于是繁衍八代。复迁黄田铺（今青树镇黄田村），繁衍十有七代。垂今数百载矣。其间战乱频仍，天灾人祸，而吾李氏香火不绝，人丁茂盛，产业增益，实祖宗庇佑故尔。凡孝子顺孙中，虽乏缙笏垂绅之贵，亦鲜千仓万箱之富。然吾族人所重，盖读五车而撰文，穿七札而奋武者也。斯则大有人矣。复有淡功名，敦实行，志超群类，望重乡评者，不可谓非一时英杰也。

窃闻立人之道，莫大爱亲；睦族之方，必先修谱。今夫家有谱，国有史，犹木之有根、水之有源者也，所以昭信纪实，重本笃亲，使世世子孙不敢忘所自。虽沧海桑田，人事变迁，代远年演，坠绪茫茫，若有谱可考，则宗族流脉，文献足征。使不书于谱，则将数世茫然，莫知祖考。子曰："慎终追远，民德归厚矣"。慎终，兹世之所重；追远，后世之所思。谱之要义，即在追远也。吾侪炎黄子孙，亲情灌注，血脉流传，诸神诸佛，祖宗为大。诗云："以嗣以续，续古之人。"垂教深矣。且夫族谱者，形一方之风，系一族之事，与县志、厂志等同为文化建设之一环，共续中华文化之传统也。一姓一族之谱为社会史之一斑，若不抱偏颇，则读之必有脾益焉。

故既创旧谱于前，自必重修于后，以笃源本之恩，庶几祖德宗功不忧湮殁，左昭右穆无虞紊乱。吾族族谱初成于清，复于民国三十一年（1942）重加修辑。兹时乱世，先人尚能告厥成功。而今国泰民安，吾侪躬逢其盛，族谱乃历多年未缮，不亦有愧乎？故族内诸公鸠商斯举，纲罗散失，一一考证，汇入谱牒，了无疏漏，然后此心乃释耳。欲使后之观阅者了如指掌，亦知前代之本本原原，后人之绳绳继继，坟墓之累累可考，谱系之凿凿堪凭。斯不与家之乘，国之史，同为百代所珍存耶？族人属余作序，自愧才疏，承乏斯任，勉为其难。唯念自兹以往，凡我宗人，齐志睦族，以联子孙。功在斯世，利在千秋。是为序。

黄冈市麻城市《李氏家谱》序

序一（明代墨谱）

旧所传李氏所自，亦远而可溯矣。然既已远，历数百载得之于所传，虑以无所征难绍旧也。且自麻肇祖，即以始迁之祖为始，则自始迁祖以上，未敢考述矣。

始祖季八公，当宋末金人肆毒中原，江之右尤受酷虐，祖自南昌提兵避居麻城。祖妣熊氏生谷中、元中。谷中公以耕读为业，诗礼自守，妣何氏，俱葬决断山尹宗明地上，后失之。秀才公谷中生振声公。振声公以人才选举多学有臂力，受元提领官职镇守蕲黄，妣杨氏淑安，亦葬决断山游龙聚会地也。提领公生省一、省二、省三、省四、省五、省六、省七、省八，而族始分焉。坝上本祖省一公，妣欧杨氏生宗甫。省二公生清甫、义甫，居樊桥。省二公葬新店黑沙洲青茨林朴树咀，欧杨外家地也。省三公生秀甫，居冈邑滋潭，葬南山。省四公迁河南固陵，葬县之望城岗。省五公、省六公迁于浙江，葬天台县之东卧牛山。省七公、省八公复迁江西，祀守先茔，葬丰城县（今江西省丰城市）之红花。

仰本祖宗甫公，妣袁氏，生秀实、秀卿，亦葬朴树咀。清甫公为池州节度使，随明太祖战陈友谅于鄱阳湖，卒葬本邑南关塔儿桥。义甫公居四川成都府，卒葬不知何址。秀实公字有德，妣丁氏，考妣合葬喻家园。

噫！自南昌出徙至三世提领公脉分八派，本支至七世思敬公，又分六房。此系皆季八公之一体而分者也。厥后殉忠烈，掇科名，应荐游泮，读书读律，隐市隐山，各不乏人，亦随择而处之。之所遗者，唐宋以来，旧有谱牒，年远兵燹，废失无存。会本据先人传述，辑之以为后观。

十世潮（士信）氏谨记

按此：始祖、二世祖、三世祖，俱葬决断山，后失其墓者久之。今决断山尚有简家冲人亦传说，有李氏老坟在其中。十八世峰同、元鼎、元敏及族子侄求觅之，终不获以无征无如何也。

又按此：四世未言明葬所，五世本葬青茨林朴树咀，其后失之，惟六世葬喻家园至今奉祀，后人欲展春秋之敬不缺。呜呼！祖宗之墓至于废轶，憾何所终。亦因明时邑多兵难所致耳。后之人以前之抱憾者为警戒。其余各祖墓，当何如之保守周至也。

序二（万历庚辰谱）

余侍次都下，得海内俊彦合并，麻城李知吾先生交尤相亲密。日与究竟前圣宗旨，至忘形迹外，遂出家谱嘱余叙之。余谓今之世家必有谱，因是而推原，其所以为谱者，谱与宗法相表里，所以济宗法之穷也。先王知钜族之中，人情异趋，气习异齐，不有以约之，则易于为乱。故就至戚之中，立之五宗，假以禄秩。俾五宗之人咸听其约束，不敢以至戚临之，此宗法也。然自封建废而仕无世禄，井田废而民无世田。无世禄则宗法废，而天下无世族矣。秦汉以降，二三大家所以衍奕叶于不替者，惟世谱一事。自上古至今，明其世系，联其亲疏，合五宗之人而并录之。五宗之有贤、智、杰出于中，睹是谱而慨然兴思曰：族皆正人，其初因一人也！合族之中，有不协于礼、不由其义者，是皆吾人之责也，必思所以表率之矣。有所表式，则耳目之视听，心志之趋向必有所归，而不至于为乱。所以济法之穷也。宗法尚统率，所以贵贵，临之以势也。谱法尚表式，所以贤贤，约之以道也。此谱与宗法相表里。今之有谱者，不知此意。惟侈其世族之盛，名位之显。盛者，胃原援势，真伪不分，踵讹承弊，而世系不明，并其谱亦忘之矣。有识者，宁不致意于斯也耶？！

今观李氏先世派出唐太宗第七子庐陵王之后。宋金之乱，有季八公者，自江西迁麻城。至提领生八子而族始分焉。其次子省二公生清甫公，乃明太祖高皇帝死难之臣，知吾先生厥祖。其后代不乏人，世称李氏右族，人文诗礼之隆，班班可考，因而谱之。其中行谊可嘉，心术可法者，又详录之，正所以示表式之意也。若更有杰豪者出焉，倡以道术，默为维持，以济宗法之不及。自是族之人视听之所习，趋向之所归，咸相率而尊信之，不至慢其统纪。则李氏之族，世世称右而谱意不虚矣。

余与知吾先生知己通家，乐为之叙，以冠其首，其后李氏大其族，有明公杰士出，当不以吾言为迂，是为序。

时万历八年（1580）岁在庚辰秋九月重阳之吉
赐进士第广西按察司副使前刑科给事中侍经筵官宛陵泾川毅齐查铎书于金台之行精舍

序三（天启甲子谱）

士君子读书服古，身列朝端，固足以扬名声显父母矣。然非以君心为心，不克敦人心而厚风俗，而以君心为心，要必以亲心为心，而后不独亲其亲，不独长其长。故经曰：孝可移于君，弟可移于长，道固然也。昔范文正公翼载：先天下之忧而忧，后天下之乐而乐。而于宗谱尚亲贤悯无告，制义田俾子侄兄弟，咸食先人之福，岂非以亲心为心，乃克以君心为心哉。

李大司徒孟白先生立朝耿烈，煊赫人寰，平国经邦，知其钦者君心矣。近因艰归萃族人而语曰："若知吾宗自仿乎。自季八府君避南宋金乱，由江右始迁于麻城，流离沦丧，世系之在江西者已无可据，至足悲矣。忍令始迁以下复有遗忘乎。今吾与若或为始迁之仍云，或为仍云之元曾亲尽服杀，势固使然。然自季八公一人之心视之，皆其子孙也，有异视乎。合众子孙之心，仰体季八公一人之心，皆同怀兄弟也。忍异视乎。脱无谱牒以序昭穆之次，联亲疏之谊，安知代远年湮，连枝并蒂之人不有如明允所云：喜不庆，忧不弗，涂人视之者乎。夫事必垂诸可久，法必晓以易明。欲同宗之众，由本亲以达旁亲，嫡长至于远长，一如枅屋而居，同器而食，则族谱之编祖洽宗亲所宜，亟亟也。"

爰据礼家宗图史氏年表辑订既成，命涟一言弁首，涟自释褐登朝，植志扶身，以先生为望。今阅谱而验先生之灵。承洵有本矣。其通海运而壮辽边，则提领振声公之镇守蕲黄也；其鹰郇宣而绥豫章，即方伯正芳公之怀柔三晋也；

建勋猷而不有荷,宠眷而若惊大参,靓公之急流勇退何异焉;辑流民而抗疏,吁赈恤以回天,主政文祥公永保天命何异焉;至若练达敏干,则户部公之精勤、太守龙桥公之安越也;包罗笼盍,和煦宜人,望而知为休休大人者,则太翁工部公之在宥深矣。是数十年委蛇朝右,一德一心者,莫非乃祖乃父世笃忠贞之心也。既以身彰前人之蕴,又以谱绵世绪之长,孝子仁人之用深以微哉。阅斯谱者,见夫位上位下,昭穆秩秩,当思世德,作求无忝所生也。先长后幼,伦序彬彬,当思兄弟,既具式好无尤也。家之孝子国之忠臣,何非此一片丹心绵绵,团结于千秋百世也哉,后之有心之人,其亦可以兴焉。

天启四年(1624)十月望六日
赐进士都察院左副都御使应阳年家乡眷教弟杨涟顿首

序四（康熙辛酉谱）

　　今天下大一统矣。薄海内外,同轨同文,罔不宾服。孝义节廉,岩隐谷栖之士,罔不拔扬。将臣相臣,揆文奋武,罔不戴高厚。兴仁义之思,发忠孝之感矣。

　　皇上犹念阀阅之家,幽光潜德沦没,不克登诸史册,特诏直隶各省采辑舆图风物,搜罗故家谱牒,纂修大清一统志,贡之秘阁,以备史馆笔削传于无疆。典至渥也。

　　予时节制两江,延子鹄李三先生于幕代理章奏,李君与予有通家之宜,出其兄子石先生所修宗谱问予,予曰:于戏根深者,实遂源远者流长,不信然哉!自其季八公由江右迁于麻城，耕读立业，诗礼自守，历元暨明。一世至六世，以佐命功，锡田坝上。至七世创书院，延儒士，乐施善与，固知其功德，所留贻方兴未艾矣。厥后掇巍科，登仕版者，指不胜屈。且考其先贤明达，或本道德为文章，擅贾董之卓荦；或本慷慨弹权幸，著史汲之公忠；或劲节清操，风高范介；或筹边裕饷，勋茂萧曹。即有数奇不遇者，著述名山，亦超超然饱邺架之图书，标谪仙之丰概，猗欤盛哉。岂但以清华门第，禄位崇高，夸耀人寰已哉。然于兹窃有感矣，莫为之前，虽美不彰；莫为之后，虽盛不传，履殷盛之余而继述无人，致祖泽宗功委诸草莽，史册无闻，当亦孝子仁人所抚膺而悼叹者。李君昆季，孝笃于家，才名于世。辑先世疏章，胪列事实，支派源流，了如指掌，升之柱下，编以彤管。庶千秋万世，前之美更彰，后之传更盛，岂不足以仰体。

圣天子褒崇颁锡之典，下贻贤子孙，光前裕后之思哉！则斯谱也，可以观，可以兴矣。

康熙二十年（1681）壬戌菊月
总制两江年家子弟于成龙拜撰

序五（康熙癸亥谱）

吾家保姓受氏，其最先邈哉不可考矣。唐宋以来，英贤辈出，较陇西为第三。然谱牒散轶，阙焉勿详敢据以为实。故编次犹无稽焉。

元明之际，我祖以佐命功，得锡邑北之坝上地。至怀宗末年，贼焰未毁时，令旨犹存也。我祖居坝上，子孙日益昌炽，以力田读书弟姻睦邻为本。故宣正嘉万百数十年间，科甲冠盖相接者，十有余代。逮我高曾伯祖父，为世明臣，诸父兄通籍载仕版者，指不胜屈。家声用是益大，岂非诗礼清白之贻，久而弥光。故能永保福禄，克昌厥后欤。

中素不孝，不幸早孤，不能奉承先人教令。顺治初年，方始总角。每岁时伏腊以童子侍先人及诸父兄侧，窃开教诫，一以力田读书孝弟姻睦为务。三十年来，家益中落，诸父兄渐见凋背。每岁童子试，于邑者不数十人，于郡道者不数人，乡闱者数人，公车无闻已六十年，而试于乡闱郡邑者，又皆颁白髫龀。每榜案当出，屈指期吾家者不一二人，又岁时伏腊及晏会侍诸父兄弟，所言逐末趋利之意为多，务本力学之志渐减。秀者聪明别骋而不用于诗书，拙者负贩为工而不施于畎亩，无怪乎科名久绝，竟等衰宗。中夜自疚，可不为寒心乎？！

甲寅之秋，于大夫子仰我先世清德令闻，遣索谱牒，大兄中黄因纂辑要略以进。癸亥秋，中素随侍金陵会修大清一统志，凡世家旧族，显功名制作于廊庙者，例得载在志乘。素出家谱，大司马谓宜付梓，素不肖不敏，景先人创业积德之难，深后人衰废放弃之惧，谨书剞劂之后，以奉我诸父兄弟。尚祈各体先世孝弟耕读之训，以振科名，勋望于勿替，垂千百系传于无穷，以慰先人之灵，实所深愿。夫不读书贱之本也，不力田贫之本也，父兄之教不先，子弟之率不谨，倘富者仍以贩负为得计，贫者以无力不能习诵自诿，徒矜门第而自趋于贫贱，恐再迟数十年，并此家乘亦无视者。是谁之过欤，是谁之过欤！？

康熙二十二年（1683）癸亥九月
宗子中素百拜识

序六（康熙甲子谱）

国之史，原于家之乘。家之桢干即国之柱石也。气运初兴，必有名儒良弼开创于前，迨其后，英豪杰出振作其关，翊辅气运张。子曰：贤才出，国运昌；子孙贤，族将大。故国必有史，家必有谱，无二致也。

予世居安邑，泸州刺史李公，予外祖父也。幼侍先慈，亲见其先人，敦本务实，学深养纯，家规肃穆，可亲可畏，寤寐不宜。予兄弟九人，叨列缙绅无忝官箴者，得外家风范居多。且予与子鹄，以中表结为朱陈，由其敦伦睦族，经济才华，允继前休，为一代闻人所仰慕，乃其修此谱也。犹殷殷以孝悌力田为本，以趋利逐末为戒。恐先绪之将湮，惧后人之莫缵。论何其正，意何其深也。能体新志者，奉先型，屏时习，以复其家之盛。庶几令子贤孙显，得为圣时有用之才，乘风云际会可也：安名山修道，亦可也。

不揣固陋，妄引数言，异日时青史流传，俾于名亦附其末，光庸非厚幸与。

康熙二十三年（1684）十一月二十四日
黄安卢绾薇圃题

序七（乾隆癸酉谱）

原谱称吾祖自宋高宗时由江西迁麻。今以时代考之，恐未必然。高宗至宋末，一百五十年。我三世祖，以才人举于元。始祖、二世祖岂能以两代历宋南渡百余年耶？且云：避乱迁麻，意必江西多故。金败于元，光黄一带尽为元有，反称安静，弃故土而择地图存，必非金袭。洛阳主臣扰乱时可知矣。今阙时代，亦郭公夏五不敢传疑耳。

省二公子讳清甫，为池州节度使，助洪武战陈友谅于鄱阳阵亡，得佐足。葬邑南关，虽碑石剥蚀，刻谥忠烈，犹可识认。讳本芳者，亦系次房，中成化乡试，因樊桥一支概未登录，遂未载入耳。九世伯祖彦硕公长子讳濂甫，登贤书，与胞叔能芳公同上公车，春闱方毕，疾作南归，至通州复返于京，时年三十有二，临危嘱安城翰林院刘公讳宣者为作墓志，语甚清劲焉。方伯公时在部，即挽子诗四章，至今不堪卒读。九世祖彦淳公，谱载处士，以胞兄方伯，胞侄大参缙绅之族，蝇头名亦复何难，品行高卓见一斑矣。

视明相九我之弟，度量之越，为何如哉？滕芳公未遇时，曾为藩吏，作论鼓匠票云"务要紧绷密钉，晓暮同音，轻击远闻，阴晴一韵"数语，宪大奇之，试以文艺，即为援例太学，是科中试。虽才学之异，抑所谓一人知己，可以无憾者与。沐祖少赘于新店，往来坝上、新店之间，默然作文一篇，至陡坡山石桥，成其半，抵舍篇竟，率以为常。后人念其苦志，呼为李沐官人桥，载入邑乘。迄今小溪山绕烟雨迷离。每过其地，兴感久之。

若检斋冢宰二公，立朝梗概，俱载明史。然旧谱所纪小节，亦见生平不可泯没。检斋公春试，南宫适公外戚邹公来学典司，会主预以题示，即入如言，因托疾出闱，次科成进士。与宰相万安之孙宏璧同科传胪，前一日安嘱璧邀公至家，延款殊厚，论以附己，第一人可得也。因嘱题雨鸠图，公援笔："鸠一声兮鹊一声，鸠呼风雨鹊呼晴。春来风雨平常事，莫把天恩作己恩。"遂拂衣而去。安卸之，即谪贵州，过洞庭有"天下山川临此险，古人忧乐未深谋"之句。其余议词句甚多，安得鸠工梨枣贻传于后耶。冢宰公为京兆时，呵趋道中，忽酒家帘坠，竿触公额，吏逮其人请罪，公释之。经略熊公廷弼，威武异常，见者多失。公亲运海饷至辽，熊公欲试公，噪万骑震之，公殊胆定。熊公曰：此侍郎有如许胆耶！亦服公雅量。为东抚时，大旱，公亲登坛指挥，雷雨滂沱大沛，民因顿苏。投符救火，风旋火灭。诏发三十人援师，择日布阵，令从生门出，及归，未损一人。

前人做事，术业亦精于此。可见此皆谱中遗迹，拈笔摘补虽属万一，然见闻之实，不忍听其忘也。

时年乾隆十八年（1753）正月朔
十八世孙霁堂甡敬识

冢宰公（李长庚）造癸酉、丁巳、丁丑、壬寅。
台湾公（李中素）造戊寅、乙卯、丁亥、癸卯。
逸楼公（李中黄）造己巳、己巳、己未、丙寅。

磊庵公（李廷对）造丁巳、己酉、己巳、甲戌。

磊庵公配卢孺人造乙卯、戊子、丁酉、甲辰。

霁堂（李尌）公造丁丑、壬子、庚寅、丙子。

补堂公（李崋）造壬辰、辛亥、丁卯、壬寅。

偶从简中检出一单，系祖父磊庵公所推记，因附于此，用识不忘。（录入者按：疑为愈达公所记）

序八（嘉庆丙寅谱）

周礼奠世系，此谱所由始也。史公列世表，此谱所由式也。谱法出而一本之源也，分支之派易明，昭穆厘然，而长晚亲疏之毕见也。且先代之德行、文章、科名、事业，与夫坟兆之殚扦、子孙之迁徙、祀产之购置，无不于谱备之。谱何如之重大哉。苏子曰：三世不修谱为不孝。范文正公废餐寝而求宗法，良有以也。嗟乎！人本乎祖，莫不有祖。而李氏之族，岂林林者伍乎。

自念先世，德不止一身一家，而以国计民生为任；文不止抒情纪事，而以经世辅教为功。科名则居人臣之极品，而且悉数之不能终；勋业则为当时所安全，而且垂式之无或外。更得饮荷圣朝，恩眷于我，先人之记载于国史，崇祀于乡贤，斯光荣尊显，迥异常家。其为谱何如重大也。

达自登第后游踪泮天下。东而日观峰头，北而蓬莱海邑，南而虎邱龙井，阳羡钱塘，舟马山川，家居日少。年来得栖林下，今岁秋杪，通族叔伯兄弟，咠以谱事，噫美哉！斯举也。忆兹谱，康熙年间，先曾祖台湾公续之，越乾隆癸酉，伯霁堂公与大兄慕端公续之，今又以达再为修辑。达虽不文，敢不以此为兢兢，为跃跃欤。规式如旧先昔藤系，其既阙者，远而难征无所续入，昭其慎也。其绵嗣至二十余世者，按老谱有名之丁接续。悉照各房长公议，与各送丁簿录入，无敢滥，不忍遗也。谱成，睹瓜瓞繁昌，使人思先泽之长，且使同根同气之念频生。聚族之余雍然而和爱，秩然而敬谨。所谓孝悌之心，由此而生，宛然俱动也。亦何幸与！亦何幸与。故达窃有说焉，语云：莫为之前，有美弗彰；莫为之后，虽盛弗传。常见缙绅大家，当其先赫赫朗朗，乃或数传或十数传辄寥落湮没，侪于卑下，不知其先代为何等是，岂盛衰真有数欤？抑或德泽之必有尽欤？毋亦后人不克缵承而光大也？毋亦未念尔祖而自忘也？

今试家奉一谱，展而读之，见先代之封诰，则必思所以荣亲；见先代之尊隆，则必思所以去贱；见先代之直言疏奏，则必思守正不阿；见先代之崇论宏章，必思奋心诵读。虽前人未可遽及，而修其身，守其道，力其学，历其功，能之所可，几必不致以萎靡，苟且自安。不致以狭下卑微自托，其亦不失旧而流于下也。又况恭际圣朝，苟自振拔，又何必古今人不相及哉。此因未可人尽期之，固读书有用之士以此自求，且以此旁言而众谕，使之鼓舞激发。朴者安于田，其习必端。秀者业于读书，其心必正。吾知祖之循循有礼，森森上进，必不致胥原栾卻之降，更不致大贤之后有不肖也，是则咸重有谱，岂但以人丁之接续为绳绳继继者乎。

维时首举谱事，族叔伯兄弟子侄，踊跃齐心，侄士英以精心实力督其事，历年未举之大典，赖之以成。是为克继霁堂公之志也。族之长若廷玉、光智、光灼、光玉，兄辈元懿、元琚、元琴、元武、元宝、元愈、元义，侄辈士云、克绳、士益、嗣吉、士荫、嗣汗、士颂，孙永胜，殚心在祠襄事，功足记焉。

嘉庆十一年（1806）丙寅十一月吉旦
十九世孙愈达起轩敬撰

序九（嘉庆丙寅谱）

自祖父学正公乾隆癸酉辑谱以来，越五十余年矣。丁男继继绳绳，派益绵支益众，而年高者记博之老，渐次无人。此时不修谱，必至繁而莫辨，远而难征也。

今年秋，通族长咸集于祠，举兹大典，谬以英为董事，不获辞因，不敢惮力，日厕祠中襄理一切。其前刊载老谱者，有出之支，递传而下，接新续之名。无出之支，仍照旧不遗。但既无传，即不得以老谱无名之人接续。其新续之名，系各房之长，各自开列送局，亦严为查察，恐有抚养异姓混入。其中异姓不得为嗣，律有明文。如有混入，则房长之欺心而欺祖也。相续之丁，不可遗失一名。同气连根，此时或遗而不入，再越数十年，人越数代，难知其为的实，宗支必有降祀失祊之患。再三责令各房，搜寻周密，以各房登注本房之系，有无缺漏，易如昭知。且此时出费刊刻，无论贫富，但按男丁生者一名出七十文。所出非有难给，何至有一夫不入也。倘有坚执顽愚，自甘忘本，持名簿屡邀而不入，后来失谱，固非因此时局内疏遗，各房人现在耳闻目见，乃彼自作之孽也。

嗟乎！谱之重大溯本源、辨昭穆，其要先严冒滥。昔年有人认某房祖，经查谱系实系绝支，始得屏逐。今日亦有冒名顶入，经查谱系实无传出，终不混淆。谱何如之重大哉！至于谱刻望丁，为未生子预设。但从前有不明大体之辈，抚异姓顶前刻之名，今虽六房公同汰去，汰于后不如不刻于先也。查旧谱中，曾有异姓混承族祀者，今查明属实，六房公同削之。不得以昔叨混载谓，为此日更张也。大抵此事，必失公失慎，不可一毫偏私，不可一时疏略。一人未得，周知众察，斯无隐蔽。此次修辑，局中惟以各房所送之簿登入。各房踊跃照办，亦更稽查完密。如从前之朦，局内绝未有也。

上而敬宗，下而收族。各房之长功甚钜焉。英不敏，特缕述之，使后知其要。且为后之修谱者法也。是举也，借以继祖志，且远继台湾公之志。得告无过，亦何幸与。

嘉庆十一年（1806）冬月
二十世孙士英敬撰

序十（道光乙巳谱）

吾族谱牒之修，已历两朝矣。后自嘉庆丙寅岁续修，迄今垂四十载。子侄云仍里居星散，尚有老成数辈，不于此时续辑，迨至迁徙无凭，繁衍莫考，伊谁之咎欤。

客冬永都侄因董理户事，欣然以续谱相商。予曰：嘻，此予心也，虽衰老，亦不得以倦勤辞。因与士伟弟共肩厥事。士传弟诚笃温文，借以执笔，士杰、士游、士颂、士龙诸弟，襄理编修。其运筹各费，则永庆、永都之责，及嗣旭、永铭、永志均与有劳焉。校对则有恒亭二叔。士翰、士楠，暨永锡、永笏、永高、贞荣辈，咸在祠中尽心考核。各房房长采辑丁名稽查详密，殆无遗漏。而徇私冒滥之弊，差堪杜绝，诚上下数十年一大快事也。

惟琥祖纯芳公房嗣旭、永胜，采得冈邑诵祖一支，本祖善公浒祖房士鲁、士恒采得安邑忠公一支。论此两祖非特老谱均注明迁所，即族众亦历知为本房宗支，各本房往来密切，岁来致祭，联谱亦固其所第。前两次续谱，未经联合。而今忽合，似与前异。然谱之修明，以祖为重。尊祖则敬宗，敬宗则收族。昔之所以未合者，采辑之未周也，今之所以复联者，归宗之念也。霁堂公谱例有云，吾宗外徙甚夥，因隔县远竟未附谱，展阅之下实深于悒吾子孙，有能参考补订者，敦本睦邻是所厚望。今此两支，遥遥世系，一一详明。既念本源，思乡井而不忘先人丘墓，以来归则与之笃宗盟，收之入谱牒，安得谓非霁堂公之遗意也哉。用是质诸族众，靡不贴然服焉。夫谱者普也，所以广其隘。谱者聚也，所以萃其涣。试上由初祖一人以推之子侄千百人，由千百人上溯初祖一人，所谓自仁率亲，自义率祖，为轻为重，莫非先人之精神血脉所遗留而贯通者也。故稽其生卒兆茔，可以愀然生感。志其爵秩名位，可以穆然兴思。览其忠孝、节义、德业、文章，垂诸史册，光于家乘，可以跃然知勉。视族裔之继承繁茂，又可以蔼然相亲相爱，缠绵悱恻，雍雍而应盛朝仁孝之风。呜呼！此恩谊所由，明作述所由，茂宗法所由，不散也欤！吾宗子侄，其兢兢守之，勉勉承之，保世兹大，以慰列祖在天之灵可也。自客冬始事，越今新秋告竣。爰略叙原委，以纪其事。俟诸后起者，本支百世续修于勿替云。

道光二十五年（1844）乙巳岁秋日
二十世孙旭峰士俊敬撰

序十一（同治辛未谱）

族事之最难理者，无如兴修谱牒。而续修固自易，易而无所谓难。然而我族之续修谱牒，又有甚难而不易者。惟不畏其难，亦未必不易而难于成也。

溯自季八公由江右迁麻，历宋元明迄今，年经数百，世纪数十，苟非谱牒记载，且亲疏紊乱，甚至高曾祖以上，莫能举其名讳，以辨其称谓者有之。先十世祖士信公循流溯源，而逮及乎支分派别，为之总汇其图，而分纪其略，则难莫难于此矣。嗣是孟白公续修一次，鹄山公续修一次，霁堂、起轩公及堂伯旭峰公连次序修，皆率由士信公之旧章，成之甚易。由旭峰公续修后，今三十年矣。子孙繁衍生生未艾，正须查悉累载。况值兵燹连年，前谱散轶，续修其能已乎？然而乱离之余，经费不充；加以各居星散，采辑非可以日月计；而司笔墨者，又不及从前之大备。诚恐有同姓不宗，素未共祀者冒入。且查考无据，与嘉庆丙寅年所修之谱牒不对者，倘不删去，以为敬宗收族，实则滥族而忘宗也。

哲不敏而年老力衰，久辞户事未理，尚能胜任此甚难之任哉。爰以续修之事，商之户首永先弟，即与永振永灏两弟，鸠同族中之夙学老成，诚笃勤慎不懈者。暨各房房长，幸皆踊跃从事。惟采访责之各房房长，其余或运筹经费，或司督理，或司编辑，或司校对，彼此稽查确当，罔敢徇私。于当载者不使遗失，于不当载者不得收留。执正秉公，众擎易举，蒇事无虞，哲不过乐观厥成，抑亦深为之幸也。是以据事直书，更直告族间子弟，各宜恪遵祖训，以读书为首，务力田次之，于以继先人科甲之盛，不难也。此哲之所厚望也。是为序。

同治十年（1871）冬十月
廿一世孙克明永哲敬撰

序十二（宣统辛亥谱）

原夫姓者，生也，取本支百世而有相生之义。氏者，别也，取子孙千亿而有各别之称，其大较然。

故我族自十世祖士信公创修宗谱，以姓所同也，姓总于卷首，一如史之列纲焉。名所独也，名布于卷中，一如史之有目焉。举凡族中累代之德行文章、科名事业、人才显晦、品望优隆，以及茔兆山向、人丁迁徙，莫不备载。遗为后人观感兴起之资，嗣是而续修者，不一次煌煌乎大观也，似无容复赘矣。

间常纵观古今天下之大势，一代兴起必有一代之制作，徽号、服色、文章、法度、权量、器械，此其尝变者也。父父、子子、兄兄、弟弟、夫夫、妇妇，此其未尝变者也。虽然际世运，升降之会，未尝变者，纲常大节，周因殷，殷因夏，虽百世可知，君子不能不惧焉！何也？杞宋本夏商苗裔，文献尚概无徵，侯乃鲁国懿视，异姓犹然争长。况我家至今日族益大、丁益繁。脱无重修之谱以序昭穆、以正尊卑、以明少长、以别夫妇、以续断绝、以联族属，其流弊正不知何如耳。若第为其夸门第侈声华，则祖宗之责，望子孙者当不仅此。葛藟而庇其根本，草木侈而同其臭味，百世未艾。谱牒之关击为何如哉。概自同治辛未续修后，于今越四十年矣。朝廷变革多端，天之将丧斯文。族中老师宿儒亦寥寥无几，倘再迟以岁月，将五经扫地，谁识之无。勿论修辑无人，即后来老谱间存，且有翻阅一过而莫知为何物者，又何论人人亲其亲，长其长，皆晓然一本同源之义哉。

去年春，惠因仰祖上租稞，会同户房各长暨族中诸尊长后进，集祠商议重修谱事。惠以绵力薄才，滥膺族中委任，势不得已，遂忝附主编。绍源、绍庚执笔。绍金、绍芝、世淇、昌彩辑稿。士槐、绍槐、庆鸿等费。昌庆、昌泰理赈。昌潮、绍年、庆玉诸君子，在祠两阅寒暑，谱乃告成。视从前有加无损。然后族间之涣者萃，断者续，无者有，真者进，伪者退，幽者显，谬者正。炳炳朗朗，一如老谱。盖依然日月星辰之丽于天也，山川岳渎之亘于地也。则其笃前光而招来许者，不在兹乎！不在兹乎！后之览者，可以作继往开来之据乎！否也？！

宣统三年（1911）岁次辛亥桂月吉日
二十三世孙昌惠敬撰

序十三（民国乙酉谱）

自周官小吏奠击，世辨昭穆而谱学兴。魏晋两朝置中正，立选格而郡望重儒流之述祖，各纂专书，铨曹之注。官时参谱牒，若王肃家传，陆煦家史，述旧德也。范汪世传，明灿世录，纪族望也。王俭诸州谱，王僧孺十八州谱，传方舆舆著牲也。贾氏要状，累宇内之群总也。若此之伦，未易悉数，类皆心存继述。竭敬宗收族之诚，义取劝惩寓培才化俗之旨。系谱之义大矣哉！

吾族自理官受氏，柱下开基，绵历汉唐，笃生贤哲。逮始迁祖季八府君发祥江右，占籍西陵，世次三传，曾孙八辈。省一府君，则坝上之祖，省五府君则本支之祖也。丁口日盛，殆甲邑中，俊彦云蒸，独推坝上。列正史者二老，捷礼闱者七人。天瑞公讳文祥之骨鲠，酉卿公讳长庚之德业，著于明史者也。彦硕公讳正芳之政绩，景安公讳宁之才识，士清公讳靓之孝友，子鹄公讳中素之德艺，见于方志者也。合有明凡十四帝，登贤书者十六人。逊清继统流风未沫，贻谋不忒，世德相承，明显当时，泽施来叶，不独绍休世绪，群仰大宗，既尽力先茔，亦推巨擘。盖季八府君之兆域，远代难稽，赖坝上宗人之咨询，佳城始定。崇封马鬣，有同宣圣之葬。防世系婵娟，不比安生之哭墓，凡诸同姓应志殊劳。

乃者乙酉纪元，宗谱葳事不鄙，末学谬为弁言。窃以谓，论世局既趋于新，泥宗族似邻于隘。虽然同易之类族辨物，取象同仁；尚书之平章协和，肇基睦族。因旧俗而变通尽善，庶新机之布非难。是以讲仁爱而推本亲，孔子之教人有序。尚国族而先存家族，国父之垂训相符。终始之宜，古今无异。独是缵承先志，贵乎兴学培才，丕振宗风，期于化民成俗。昔谢庭玉树，列在阶前。杨氏铜盘，餐于别墅。此陪才之道也。周燮结庐，陇亩绍龄亦尚清廉。王烈行义，乡间盗贼自甘刑戮。此化俗之效也。今之人才，不逮乎前，毋乃培之未善？风俗未还于厚，毋乃化之未周欤？果如臆度之辞，宜谋弥合之术。谬成原谬，敢献狂愚。若乃侈述前徽，赘陈义例，或泥旧说，或贡谀词，殆非诸君见委之初衷，亦乘大雅立言之达道也。

中华民国三十四年（1945）三月
省五府君支下裔孙秋敬撰

序十四（民国乙酉谱）

昔者，我十四世祖冢宰长庚公创修宗谱，当时迁徙外省州郡者多。远则如江西、浙江、四川、河南，不及详载。近则如黄冈、紫潭，本县之樊桥二支，亦本末不具。盖阙疑难严，冒滥重大，宗昭之慎也。然逊清以来，迄今三百余年，科名、仕宦、德业、文章，后世子孙不如先德远甚。而子孙繁衍，户口日增，则数倍于明朝。夫子孙日众，则贤愚贫富，人事之不齐，社会经济之演变愈大，区区坝上一隅，不能容纳合族子孙，以长以养，生聚教训，其势然也。

今坝上旧谱，七世祖思敬公世系，如琥祖房诵公一支迁居黄冈；洈祖房忠公一支迁居黄安。从前老谱二次中阙未载，至道光乙巳谱附载补辑。其他迁移本邑，散处各乡，离坝上宗祠远窎者，或因丁单力弱不读诗书，询以高曾祖之名讳而不知者，岂知谱牒为何事。或因采辑不详，不慎无故遗漏者，盖又不知凡几矣。当忆宣统辛亥，续修宗谱，余方弱冠。各乡族人未入谱牒者，纷请入谱。当时族中诸君子，重于阙疑，迄未补入，予甚伤之。民国成立，政治学术为之一变，民族思想传播于人，各宗联谱之议盛行一时。近如吾族省五公一房，已与迁入河南囙陵之省一公一房联宗合谱。盖时异事殊，学术与政治相为转移，宗法亦因而损益，又何必拘守明清时代之宗法，而不稍变其谱例乎。

岁在乙酉，吾族八次续修宗谱，谬以毅昌为督修，昔时未入宗谱者，今又纷请补辑。予与族中诸贤协议，各从其始迁之祖，分房分地以为世系，联为一谱，名曰李氏支谱，以与坝上宗谱有异焉。盖亦因其年代世系之不同，不敢妄为冒滥也。然收族敬宗之义，庶几近焉。

中华民国三十四年（1945）乙酉月
二十三世孙毅昌谨序

序十五

族之有谱，犹国之有史也。史载传绪，世次兴废，以示方来垂鉴戒。而谱者，籍录也，家乘以纪世族系统，衍奕叶于不替矣。自宋欧、苏两公创体例，而宗法以明，且隐寓劝惩，规范一族之人心，使之诵先芬而知观感，守祖训而戢乖张，继祖志而奋发向上。实有陶冶政教法律之先，推而广之，修身、齐家、治国、平天下之道寓焉。由是观之，谱之有益于社会、国家，岂不伟欤？！

李族自落籍麻城，撰修家谱，代代相传，振族风，荣乡梓。先十世祖潮士信公，寻根溯源，逮及乎支分派别，总爱其图而分纪其略，斯乃吾族谱牒之所由始也。继潮士信公之后，明万历八年（1580），十四世长庚冢宰公续之；越四十四年，明天启四年（1624）中黄子石公续之；越五十九年，清康熙二十二年（1683）中素子鹄公续之；越七十年，清乾隆十八年（1753）對霁堂公续之；越五十三年，清嘉庆十一年（1806）愈达起轩士英公续之；越三十九年，清道光二十五年（1845）士俊旭峰公续之；越二十六年，清同治十年（1871）永哲克明公续之；越四十年，清宣统三年（1911）昌惠畅卿公续之；越三十四年，中华民国三十四年（1945）毅昌敬臣公续之。自民国乙酉年续修至今，垂五十载矣；其间，不但子孙繁衍，骤增倍余，而派益绵支益众，前谱散轶，而年高博记之老，渐次无人，斯时不再续修，必至繁而莫辨，远而难征也。恐先绪之将湮，惧后人之莫缵。值此国泰民安，政通人和，改革开放，百业俱兴之际，族中有识之士，倡修家谱。乙亥仲春，族中知名人士二十四人，于老屋湾进行商讨，与会一致赞同，续修家谱，承前启后，继往开来。并制定方案，拟出续谱六条原则，发表致李氏族人书。五月十日，有各地代表协商组选续谱成员，推文负责。文才疏学浅，年逾古稀，唯恐有辱此命，辜负众望。在不胜惶恐之余，亦愿庶竭驽钝，共襄此任。然时代即将跨入二十一世纪，人类之文明，社会之进步，科学之繁荣，经济之发达，国家之强盛安定，人民生活之富裕安康，远非往昔，随之而道德观与价值观亦发生质变。故宗法之精华，必须弘扬，封建之糟粕，理应剔除，倡男女平等，重人格尊严，爱国尊祖宗法服从国法，乃此次续谱之大旨也。

麻城肇族，远代难征，不敢妄拟，贻笑后人，遵循旧制，以始迁祖季八府君为始祖。据老谱记载，季八府君派出陇西，支分江右，转迁麻城，自五世祖宗甫公以佐明太祖而功勋卓著，锡田坝上。自此丁口日盛，殆甲邑中，俊彦云蒸，堪称右族。合有明凡十四帝，列正史者二老，捷礼闱者七人，登贤书者十六人。逊清继统流风未沫，贻谋不忒，有官参政者，有荣巡按者，有居州牧者，有晋将军者。名官贤宦，文经武卫，世泽绵长。近百年来，余坝上李氏子孙，恪守祖训，积极投身民族民主革命运动和抗击外来侵略斗争，以李成芳为代表，跟随中国共产党，高举红旗，参加黄麻起义，为争取劳动人民翻身解放，为保卫祖国，前赴后继，勇于牺牲，据不完全统计在册烈士一百一十九人，成芳、庆柳、庆兴、庆楠居将军之职，功勋卓著，誉满九州。在社会主义现代化建设中，工作不同，奉献卓越，涌出国内外享有盛誉之大学教授，景顺、正良，晋升高级职称者、中级职称者、县处级、师团级干部二百四十七人。皆堪国家社会栋梁，族人乡里之楷模。

由是观之，吾族落籍麻城，人丁瓜繁椒衍，硕彦达士辈出，有先哲之典范可效，有时贤之勋业可慕。今族中诸公，赓修家谱，搜译遗篇，访求近事，集腋成裘，虽不及仲尼述祖，孟轲讲说，然上传祖宗祢源，下至子孙支派，裨吾族之史，脉络流贯，世系珠联，千秋一线。亦可以继述前修，遗示后嗣。务冀后世子孙，恪守祖训，继承祖志。为政则清清白白，刚直不阿，先天下之忧而忧，后天下之乐而乐；为人则堂堂正正，光明磊落，孝悌为先，伦序彬彬，言必行，行必果；处世则内不失己，外不失人，刚柔相济，执圆适度，其责己也重以周，其责人也宽以约；教子则以读书为本。读书当专心举业，刻苦勤奋，善于探索，勇攀高峰。语云：业精于勤荒于嬉。又云：科学有险阻，苦战能过关，斯乃至理名言。诚于斯，上则可以慰先人之灵，亦编委与文之所厚望也。是为序。

二十五世孙成仁（学文）敬撰 二○一六年四月

安顺市《李氏家谱》序

国史、方志、家谱，国之三史也。国之有史，可以录其实，载其事，以警后人；族之有谱，可以详源流、叙世系、志功德、辨昭穆。稽吾族之源，旧谱以大明开国丞相善长公为始祖，其世系歌云："善长祺芳顺进庸，祯瓛承祖爵实公；绶传应芳元亨继，长次两房分枝同。春派衍来仁派续，呈启国运到明终；大清一统承天运，草蕃山秀两峥嵘；士子盈庭永垂后，派系另缵在人翁。"自善长传至士信诸公，凡一十有五世，历四百五十年，然善长公以上世系，谱未见载。今考之，见《明史》艺文志有《韩国公家乘》一卷，惜已失传。

考李氏诸谱，得湖广鄂州《寿昌李氏宗谱》，此乃善长从父弟茂七公支谱也，康熙六十年（1721）十三世光京公等二修，善长公以上世系详刊于内，其云善长公之父讳万一，字原蕃，元季徙定远，生善长为大明开国丞相。寿昌乃万二公后也，万二生十子，寿昌开基祖茂七、茂十乃第七、第十子也。

《序》云："至正年间，红巾乱起，我祖不得已徙寿昌，而我族依然隶江右，……我祖茂七公来自江西，溯其同时，茂元公迁仙桃镇，茂六公徙江南，茂八公徙蒲圻。"其云吾祖源自大唐太宗世民公，太宗十四子，其季讳恪，封于吴地，是为吴王。

吴王恪生四子，曰仁、玮、琨、璄，琨赠吴王，即我祖；琨生祎、禟、禠、祗，袿，祎即我祖，生峄，峄生远，远生元，元生涛，涛生承休，承休生仲宝，仲宝生景圭，景圭生衡，避乱徙江右南康军建昌邑，隐居磨刀里黄师公李师母家；衡生轩、辕、鞯、辂，辂公即我祖，为后唐之平江令，遂迁武宁樱田，生德正、德权、德培、德衡、德辉、德新，德培即我祖；德培生让、晖、陶，晖即我祖；晖生琛、璠、玛、珩，琛乃我祖，琛生璨、祚、霭、谅、辙、辑，霭即我祖；霭生天福、天禄、天寿、天庆、天爵，天福即我祖；天福生清、澄、泳，清即我祖；清生从善，从善生大川，大川生时靖、时安、时泰、时和，时和即我祖；时和生亮节、亮义、亮操，亮节即我祖；亮节生宗荫、宗佑、宗发，时值南宋，兄弟迁南昌之合山；宗荫乃我祖，生若仁、若德、若信，若德即我祖；若德生瑾、珞、瑜，瑾即我祖；瑾生汉炎、琼炎，汉炎即我祖；汉炎生本初、本性、本善，本初即我祖；本初生季盘、复盘，季盘乃我祖，时至宋元之交，元人南侵，荼毒江佑，公携家避湖广；季盘生万一、万二等七子，时蒙元失道，天下大乱，兄弟分而居之。我祖万一徙濠州之定远县，生善长，是为大明开国丞相。万二即寿昌之祖，徙湖广之寿昌神仙乡龙王桥西，生十子：名茂一至茂十。旋，茂十迁永乡一里永寿山村大屋基，茂七迁福里。万三裔徙黄冈，万四裔徙蒲新、嘉渔、咸宁，万五、万六裔徙江南，万七裔徙鄂州。

万一公字原蕃，元为定远县丞，遂迁定远，娶张氏，生二女四子，长次为女，分适王、杨二姓，行三者讳善长，行四讳存义，行五讳存贤，别名进，行六讳存某，别名顺。善长公，字百室，生于元延佑元年，即一三一四年。公少有志计，饱读经书，广习法家之言，策事多中，里中知名。当元之季，政纲不举，危机四伏，公无意科举，遂从外祖经营茶道，往来江淮。元末大乱，群雄并举，公知天命将改，避于东山静观时局，思得明主辅之。

元至正十三年（1353），明太祖略地滁阳，道经定远，公披书生服间道迎谒，呈定国之策，太祖喜而留掌书记，时年四十岁。大明定鼎，功封第一，除中书左丞相。四弟存义，以恩擢太仆寺丞；五弟存贤，元至正十四年（1354）甲午从军归明太祖，从征双沟、五河、濠州，洪武十七年（1357）累功升指挥佥事；六弟讳顺，元至正中从军归明太祖，洪武十五年（1355）累功升指挥佥事，调贵州前卫。公原娶定远王氏、名儒王濂之妹，所生子嗣失考，史见一女，许与程姓，生一女，是为公之外孙女，适配卫国公邓愈长子邓镇。继娶朱氏、樊氏，朱氏二子，长曰祺，字子祺，洪武九年（1376）七月尚太祖长女临安公主，是为驸马都尉，次讳祯，字子祯，是为吾祖。存义娶樊氏，生二子，长曰伸，次曰佑；佑娶嗣丞相胡惟庸兄女。存贤生二子，长曰仁，次讳不详，小字神舍，行六十，娶周千户之女、胡惟庸义女。顺娶某氏生子忠，世袭贵州前卫指挥。

明太祖起于濠梁，旧部乃淮人，多以军功位列公侯，深为浙派及新党所嫉，欲除之为快。善长公既为濠梁诸公侯之首，知处危局，洪武四年（1371）春，以病请辞还乡。十三年（1380）春，定远人、继左丞相胡惟庸以谋逆罪伏诛，新党拟借势扳倒江淮旧勋，上不许。十八年（1385），新党以郭桓印花税案再请查胡党，矢指存义以倒善长，上又不许。二十三年（1390）初，新党疏请再清胡党，剑指善长公。时上见太子朱标柔弱，恐日后生变，拟假以胡惟庸案杀功臣，故旨准奏。是时朝里朝外，大抓胡党。善长四弟存义之次子李佑乃胡惟庸侄婿，五弟存贤次子神舍又妻胡惟庸义女周氏，于是首当其冲，父子及家人被执下狱，严刑逼供，直逼善长，进而刑讯善长家奴乃至妻妾。公为明之重臣，功封第一，身居六公之首，受辱于筱小，愤然自缢于府中，时洪武二十三年（1390）五月乙卯也。

公既死，家亦倾，存义公父子皆亡，驸马祺徙江浦，以公主恩授长子芳留守中卫指挥佥事，次子茂旗牌卫镇抚，存贤公充军戍边至贵州都司都匀卫，咸卒，旨以祯公嗣其职，调普定卫，世袭指挥佥事，封明威将军，是为吾入黔始祖也。《贵州通志·职官志》云："普定指挥佥事李进，直隶定远人，洪武十七年（1384）功升指挥佥事，二十四年（1391）充都匀卫停，复职调本卫（普定卫），天顺二年（1458）四世孙璿功升指挥使，嘉靖十一年（1532）七世孙应芳升指挥佥事，沿光春袭。"

旧谱云：善长生祺、祺生芳、芳生顺、顺生进、进生仁（庸）、庸生祯，谬也。军籍黄册所记皆世官之秩，以第一任为第一世，第二任为第二世，勿论父兄子侄，与家谱世系迥异。军籍黄册户名李进，是为第一世，进公卒，以子仁嗣，是为第二世，仁公洪武二十四年（1391）故绝，以从弟祯嗣，是为第三世。后人修谱，不识军籍所记，误以祯公为仁之子、进之孙也。祯公生于元至正二十年（1360），善长公继配朱氏次子、驸马祺之胞弟，洪武二十四年替从兄之职为普定卫指挥佥事，守备旧安顺州，宣德六年（1432）七十有二致仕，卒葬旧州之陇灰。祯生璞、璞生承祖，均以功历升挥使，封昭勇将军，承祖生爵、实，爵正德十一年（1516）袭父职，寻以给职字九百五十二号诰命授指挥使，封昭勇将军，妻陆氏淑人，封致仕父承祖昭勇将军，母淑人，嘉靖六年（1527）病故，泛嗣，以实子绶承桃。实生绶、绮、绘、缙。绮生秀成、秀应、秀光、秀时，绘生应龙、应虎、应科、应通，缙生应南、应瑞，其裔散居旧州、平坝、西屯、广顺、归化等地。

李绶出嗣伯父爵，生眉、鼎、晟。鼎为西屯始祖，卒葬西屯（墓碑误书为李顶），生三子，曰文德、文祖、文宗，文德生东陪、东阵，文祖生东陶、东际，文宗生东阳；东陪生增仁、增艳、增荣，东阵生增龙、增虎、增凤、增阳，东陶生增献、增志，东际生增伦、增件，东阳生增辛、增彩；增仁生现贵，现贵生国静；增艳生现文、现章、现昌；现文生国安、国泰、国富、国强；现章生国统、国治、国华；现昌生国军、国毓。增荣生现安、现金，现安失考，现金生国耀。

晟为定南朱官堡祖，生大学，大学生逢春，万历三十四年（1606）以黔州学正例授文林郎，明末迁定南之朱官堡，生经宗、经天，经天出嗣姨父郑朝，经宗崇祯间以文才出仕云南，生允繁、允达、允盈、允升、允殖。清康熙初吴三桂平西堡，改土归流，徙汉民入夷地，时允繁为把总，与袁、陈、江、谭诸姓购得西堡沙氏补止地，遂筑寨于窑顶关，是为补止寨，生茂和、茂时，康熙二十三年（1684），西堡土司沙天祥复职，阴使平远流民盗取地契，强夺补止寨，至死三人，土司贿赂府县，八姓屡讼不胜，反被下狱，八姓流离失所。茂实生尚林、琼林、潘林、贵林、世林；茂和先于补止窑娶曹氏生仲富、仲贵，迁底冈枝再娶杨氏生忠林、秀林、幺闰。允升康熙十一年（1672）以荫出仕云南宣威，遂家焉。允达、允盈、允殖居朱官堡。

　　受命理先生点化，眉公更名应芳，是为菖蒲苑之祖，嘉靖十一年（1532）出幼袭祖职，历升四川行都司、云南都司都指挥佥事、贵州思石参将，初封昭勇将军，名载四川、云南志，万历二十五年（1597）卒，生元、亨，分两房，元为长，生光春，万历二十五年袭普定卫指挥佥事，亨为次，生先春、占春，光春生显仁、舒仁、纯仁，先春生近仁、宏仁，宏仁卒于明宏光元年，占春生育仁。显仁为嫡长嗣，生呈英、呈璋，纯仁生呈锦、呈伟，宏仁生呈祥、呈秀，育仁生呈奇。纯仁、舒仁、近仁、育仁，天启中避安氏之乱外迁，子嗣失考。天启初，光春公拟告致仕，疏至未复，二年（1622）三月，水西宣慰同知安邦彦反，兵围普定卫，呈英公代祖出北门迎敌，战殁于北山，时年未及冠，呈璋以兄功袭祖职，升授定南参将，南明时历升副总兵，封护国将军。呈璋生国珍、国珮、国瑞，呈祥生国琼、国瑶。呈锦、呈伟、呈秀、呈奇乱中携家外徙，子嗣失考，旧谱言有国璠、国玲、国玫为呈锦、呈伟、呈秀、呈奇子侄，时皆外徙。

　　我族自祯公入黔至今六百余年，繁衍二十有五世、族裔数万之众，有明十二代祖人，袭卫指挥者八，将军、士子，不乏其人，文韬武略，忠孝仁义，见诸于史，祖德宗功，斑斑可见。

古人云：从来树大则枝分，源远则流长，故木不从本以相植每徒劳而无功，水不从源以相浚必泛滥而鲜注。有明以来，吾族人四处播迁，谱鲜续而派未定，而今知其祖源者微微也。乾隆五十八年（1793），十三世天纪公于安南学正致仕归里，孙士明、士信、士纯等请命续谱，是时仅见国珍子天宠居袁家屯、天恩居白果寨，国瑞房居普定蒙坐，国珮房居坡头上，国瑶房居菖蒲苑，余者不可考也。

诸公尽收家乘遗诰，分列历代祖人名讳，修成墨谱一卷，缵定四言八句共三十二代字派，派曰："时来大用，有志长兴，年远继世，万枝发生，德泽运祚，文明景新，昌繁一本，望启达人。"命士信等草成数册分藏四房，是为吾族之乾隆墨谱也。道光二十六年（1846），国珍房畅时公、国珮房荣时公续修本房谱，是为《仓李谱》道光本。今吾族所传即此谱也。

然两番修谱，傍支因迁徙无考而大宗之谱皆不载，各房亦因鲜修支谱而失其源。因无统宗之谱，以至吾泱泱大族，干失其枝，流失其源。呜乎，痛哉，痛哉！予少时，家祖文清公每逢佳节团聚，必向予辈讲述善长、存义、祯公故事，示以族谱。国朝岁在丙申，家祖寝疾，呼予近榻，授予墨谱，嘱予不可忘祖忘宗，予谨记于心。未几祖殁，悲痛之余，细读谱牒，见世系间断，于是矢志详勘。后与从弟工作之余，走村串寨，阅览李氏谱牒牌位，尽收吾族世系；翻山越岭，查遍李氏祖茔墓地，广收碑帖铭文；夜以继日，详读史册馆藏，收集李氏资料。行程数千里，历时十七载，终有所获。今百室公以上世系，终与江南对接；旧州、西屯、定南诸房考证具详。谱既成，族以收，吾族之幸事也。是以为序。

时二〇〇九年岁次已丑季春月
新苑分李钺拜撰

黔西南布依族苗族自治州兴义市鲁屯镇《李氏族谱》序

闻之物本乎天，人本乎祖，祖固身之所自出欤！故君子知祖，知祖以谱人，而无谱则不知身之所自出，而涣若凫雁，谱之时义大矣，其不容不修明矣。然，谱者，家之史也，尚乎记实，信以传信，疑以传疑。直以使子孙有知，不以夸矜为耀，藉令稍有未确，其不类于崇韬拜汾阳之墓，正伦凿城南之河者。几希，是故修谱难，修吾家之谱尤难。

吾家先世本江苏淮安府山阳县人，明初洪武时，吾始祖员外郎讳文明随平西侯追谥黔宁王沐英南征到普辟土开疆，世袭普之右所锦衣掌印千户，惜未回籍颁请宗牒，而山阳之世系茫无可稽，所谓修之难者一。员外传九世，代有隐德，至吾高祖讳国忠承掌所篆，王事贤劳，浩封武略将军，追念先泽，遂以家乘为急，奈适当时之未造，举事未遑，仅留奉祀纸榜一轴，而支分派别，生卒名行概未之载，所谓修之难者又一。以故迩来吾缵辑情殷，窃恐稍有舛错，难免祖宗怨恫，兼闻昔欧公有云，作谱在子孙之贵显者，使贫晦有所仰，吾自返行能，无可录箅而又止列乡科何堪，受兹重任，以贻后世羞。虽然，避其难而遂不修则后人益无所据，泯泯棼棼又何解，于涣若凫雁之说。

吾爱是谨按先正谱法，自吾将军高祖以降，尊而详焉，以明最近且亲之意，由高祖以上至员外始祖知有可考者注之，其不知无可考者，姑阙之，非敢忽也。盖以五世玄孙自别为世，凡远者疏者例得略之云尔。若由始祖进而溯之，受姓之初，虽出于皋陶之苗裔，世为虞夏殷理官，以官为氏，迨周时有讳耳者，方孕时，其母逍遥李下而生改姓李，为周守藏史第耳。后无征则不敢牵合附会，惟以山阳为宗国，以员外为吾普始迁之祖，而大宗小宗之分，一一准之。员外后之继别，别子以为断，不使有系毫棼紊于其间。

呜呼！谱者，家之史也，在六经则如书如春秋，在后世则如纲目诸书。无良史才敢谓其中，书法动合典型，然发凡起例，勉厥无知，而所以重本始辨亲疏，昭世次明尊卑，敦宗睦族之道，已备于此。愿吾族子孙振振绳绳，知所尊重，以俟后之贤能冗宗者拾遗补缺，加厉增华，缮成全书，以为传家世宝，则尊祖敬宗木本水源之意，世世笃洽，奚翅吾之厚，幸如谓君子，知祖而吾之任是役，亦窃附于君子之林。是则，吾又滋愧矣。

此谱系乾隆五十四年（1793）余将请咨赴铨时所作藏于文契匣内，封固交先庶慈收存。五十六年（1795）余授四川隆昌令，见彼都寅好，高朋颇多，窃原就正，特专差回取。

初,不料先庶慈竟不拆封开锁,将文契全匣并将差人赍署,余接阅时,尚有谓先庶慈,不慎重之意。迨嘉庆二年(1797)苗匪滋事,族中文契被其焚毁者累累,独余之文匣在川,片纸未失,始知先庶慈前此之全匣送署者,乃祖宗使之然也,兹故附录于此,俾后之子孙知祖宗在天之灵,无不可以一诚感格尔。

清·道光福建汀洲知府　李明心

张家口市《李氏家谱》序

"家谱维系的,不仅是一个家族,更是一个民族。"

一部内容丰富形式多样的《李氏宗谱》终于付印面世了,这是我张家口李氏家族值得庆贺的一件大喜事。

《李氏宗谱》的面世将在教化族人爱国爱家、遵纪守法、尊祖敬宗、知根睦亲诸方面起到教科书的作用。相信它所产生的巨大影响力是无法用语言来形容的。

我张家口李氏家族有谱可查最远可追溯到明嘉靖六年(1527)。本次为第四次续修。

我李氏始迁祖仲良公系皇明诰授武德将军。洪武二年(1369)从"东城云内直隶"迁来朔州城东北三十里处张家口村,至今六百三十六年,传二十四代。连同播迁、散居全国各地者,人口达几万。纵观整个家族史,历代无不以"耕读传家,义方教子",从而使张家口村赢得了"朔县文化村"的美誉。我们每一个家族成员都应珍视这一美誉。

求学者要发奋学习，为官者要公正廉洁，务农者要勤劳致富，经营者要诚信待人……总之，我们李氏后代要继承列祖艰苦奋斗的精神，不断提高自身素质，走向全国，走向世界，为社会多做贡献。

本次《李氏宗谱》在编纂过程中运用了历史唯物主义和辩证唯物主义的观点，既沿袭了旧的模式又不受其束缚，在原谱基础上增添了不少新的内容，使之成为一部反映我李氏家族真实面貌的族谱。总的原则是实事求是，详今略古，回首过去，放眼未来。

整个编纂工作由第四次续修《李氏宗谱》理事会组织安排，六十多人分头积极参与，自二〇〇四年八月份着手到二〇〇五年底完成初稿，历时一年零五个月。

谱成，我受族人嘱托，写了这篇短文，聊作前言。

晋中市昔阳县《李氏宗谱》序

水必有源，族必有宗，是为至理。传，源远流长，根深叶茂，棋布于世，盖祖荫也。作为皋陶后裔之学坡楼底李氏，代代相本族至今已有数百个支派，仅山西省晋中市昔阳县境内就遍布东关、西大街、洪水、石龛、寺上、金石坡、后龙凤垴、西固壁等四十余个村镇。山西的平定、和顺和外阜河北获鹿、赞皇、关东以及河南彰德府、大明府、湖北公安县皆有族支。旧残谱志，我李氏家庙约在大清康熙初年始建，位于山西省晋中市昔阳县城学坡街。家庙坐南朝北，计有正室三楹，旁室六楹，门三楹，正室门前建有大月台，大门两边两尊石狮，庭院内两株参天古柏，煞是恢宏壮观。由于家庙正对城墙上的奎星楼，故我李氏的家号亦称楼底李氏。

谱志远祖讳智，六传至亨云，乃至彦良小先及荣。荣祖以上支派不详难据考证，故谱中立荣为一世祖。现存残谱志述：族谱于康熙二年（1663），由七世祖盛期、偕、瑞、璟和八世祖承业、承祯、承芳、承化修成。康熙二十四年（1685），九世祖云翱、笃禧、郁文、云翔、云程、楚槐等续修，历时二十余年告成。时隔百年，到清乾隆五十二（1787）年，十世祖鹏翰，十一世祖董芦、兴枝、怀新、掌发、宗儒、根荣，十二世祖磐石、成模、玉明、玉环、根、廷桂，十三世祖洮、沼、游、深、沂、芳桧，十四世祖纲、邦柱、联笏、舒东、映东，五代族人第三次续修，使我楼底李氏的家谱初具规模。原谱分有正卷、遗卷、外卷三部，每部六本，另有便览和世系便览一部两本，分别存放于学坡根荣处、南街游处和柏树院。之后又历经一百二十七年，民国四年（1915），方由十四世祖俊士、国庆、佐唐，十五世祖占魁、应祯、应瑞、焕、怀智、钧天，十六世祖人瑞、人杰、富，十七世祖鸿儒、鸿序、鸿遇、漪涟、鸿猷、进儒、培业、凤沼，十八世祖寿彭、树菜，五世族人第四次续修。

民国二十八年（1939），十四世祖枢唐，十五世祖应堂、应魁、应祯，十六世祖观世、观丕、富，十七世祖武科，十八世祖澍义、澍仁、寿彭、映苍，十九世祖熹寿、永寿、天寿、岱寿、景祚、雨祚，第五次再补缺。最近一次续修是公元一九六三年，由十五世祖保天、应廷，十六世祖观和、观暄、观照、观旺，十八世祖浴圣、澍仁、浴洲，十九世祖熹寿、永寿、守桐、天寿与二十世祖显身等五世族人共同完成。遗憾的是"文化大革命"期间，被焚烧殆尽，荡然无存。

一九八九年秋，观丕兄将一份本支手抄世系图交我，再三叮嘱一定要把本支小谱整理成册。一九九三年正月，堂兄观障再次跟我说起整理本支小谱事，屡受寄托，难卸其责，征求观晴、观暄、观昶诸兄意见后，于观晴兄舍中与族侄洁心等共议，始确定分工进行，并于一年之后完成初稿。其间，观哗兄将小巷天寿处存放的残本借回，含辛茹苦，对诸多细枝末节作了许多甄别调查，新润兄还专门从唐山回乡，搜集了大量的家谱资料，除了李姓的资料，还借阅了方氏家谱等外姓的资料，还协助做了大量调查工作。这么多年过去了，前来寻根问祖的人络绎不绝，但关心族谱之事的人寥若晨星。

续修总谱工程浩大。正当我徘徊之时，二〇〇七年一月，十九世族人志刚亲临舍下，提出续谱事并个人捐资三千元作为启动基金，其后又征得十九世族人山寿、二十世族人显昌的鼎力相助，在本县范围内进行了走访调查，此举受到诸多族人的支持和配合，从而获得大量的珍贵资料。本着敬宗睦族和与时俱进的原则，不论生男生女，一并录下，并对旧谱作了诸多调整，新编了目例，李氏族谱以一个划时代的新面目与族人见面。

徐州市《李氏家谱》序

序一

何谓家谱？家谱又称族谱、宗谱、世谱、房谱、家乘、家牒、谱事、支谱、谱牒，名目繁多，统称为谱牒。

家谱的文化内容十分丰富，包括：人口学、民俗学、社会学、经济学、宗族制度、民族迁徙、地方文献、人物传记、姓氏源流、世系列表、人物故事、风土人情等。家谱中，还包括"家规""族训""先人遗训"，彰显其伦理道德、敬宗追远、敦亲睦族、戒奢崇俭的教化作用。正如《中华姓氏通书》总序所言："一个中国人，不管他在什么地方，不管他漂泊多远，编入宗谱、列入门墙、祭先祭祖，托庇于列祖列宗的福荫之下，总是他最大的心愿。这种生生不息的寻根意识，使这个民族具有强大的凝聚力、同化力以及认同感。"

国家立史，州县编志，百姓修谱，构成中国历史大厦的"三大支柱"。家谱可以匡正历史，亦可弥补方志，因此，修谱之举，历来受到重视。中华人民共和国成立后的"文化大革命"时期，曾一度中断，许多珍贵的谱牒，被毁于一旦，这是历史上的一场悲剧。但是，民心不灭，禁而不绝。十一届三中全会后，拨乱反正，天朗气清，修谱之举，再现热潮，中华民族的固有传统又得以生生不息的传承。

序二

徐州李氏,于元大德五年(1301)由北直真定县(今河北正定县)迁来,迄今已六百九十七年。始祖七公,失讳,字正居,二世祖恭、宾、谨、让、武手足五人。至明崇祯年间,已传十代,人口逾万,尚无族谱。幸有长房九世孙、前甲子孝廉向阳(字晴寰)公,率先倡修通谱,因当时山水阻隔,交通不便,征寻采编十分困难。且尚未卒稿,向阳公不幸仙逝,首次修谱遂陷于停顿,族人痛惜万分。

岁月匆匆,又八十年过去,到了雍正年间。长房十世孙、贡生鹏公,及其弟增生志鸟公、十一世孙康熙三十六年(1697)状元蟠公,继先人遗稿,征寻考证,耗三年之力,终于完成通稿。复有长房十一世孙、光禄典簿伋公,慷慨捐资刊印,并承担校审。谱中收入向阳公崇祯八年(1635)撰写的《愿统两莹赋文》和崇祯十七年(1644)所作《李氏族谱序》,以及蟠公于康熙五十四年(1715)撰书的《始祖七公墓表》和雍正五年(1727)所作的《徐州李氏族谱》序言,这些美文华章,珍贵文献,流芳百世,为族谱增添光辉。

从此,我徐州李氏一族有了第一部通谱,其时,距始祖迁徐,已悠悠四百年矣!凡李氏子孙,应当了然这段历史,铭记先人功绩。

序三

雍正五年(1727)的李氏通谱告成后,为各房续修支谱,提供了依据,奠定了基础,也鼓舞着后人修谱的信心。

向阳公曾有预言："使后之阅谱者，晓然于千叶同根，万派一源，孝悌之心，油然而生，不失敦亲睦族之意也。"此后，修谱之事，连续不断。

清光绪八年（1882），四房修谱。十四世孙会文公倡修，十四世孙思灿公主稿，聘长房十六世孙懋三公叙稿编辑。由于前有基础，进展顺利，仅二年告成，时人评谓"派衍分支，颇称美备"。

光绪九年（1883），长房创修通谱。由十五世孙、受职中书奎琳公主稿，经营八载，卒告成功。长房人口众多，纂修通谱工程浩大，奎琳公的功绩与才智，一向为后人敬仰和乐道。

民国五年（1916），三房修谱。十六世孙懋三公主稿，十五世孙忠显公、忠荫公愿弃本业，矢志修谱，又有十七世孙梅兰公和十八世孙慕恪公，承担叙稿，十四世孙明德公作序，不愈年而稿成，并在本年刊印成集。

此后，各房支谱一再续修，惟长房因支多丁众，修谱不易，复按长房长、长房三、长房四、长房七（徐州）和长房七（丰县）分别设馆，各修各支。至二〇〇五年重修支谱时，长房七支的徐州、丰县两馆才合而为一。这时全族还有六个谱馆，各支各修，相互配合，皆顺利告成。至于各房修谱情况，已见诸各谱，此不详细叙述。

序四

进入二十一世纪后，六个谱馆代表齐集丰县状元碑园，共商再修通谱事宜。大家认为,现在科学发达,物力晟盛,又有新修支谱为基础,应该一鼓作气,完成多年来纂修二次通谱的宏愿。会议取得一致意见,公推二十二世成兰为馆长,各房谱馆推选一人为副馆长,二十二世德友、世敬为主编,二十一世学勤任秘书,其余相关人员,一应配齐。通谱馆成立后,大家团结一致,任劳任怨,工作有序,责任共担,不到三年,通稿完成。其间,为防遗漏,采编人员的足迹遍及六百多个村庄,精神可嘉,大家为第二次通谱告成,又立新功。

纵观新修通谱,有几个特点,应引起阅读注意:

首先,这部通谱,增添了始祖七公的先世列表和兄弟名称。据在河南获得材料,始祖七公兄弟七人:长讳天居,次讳平居,三讳三居,四讳四居,五讳兴居,六讳来居,七讳正居。先世原为唐宗室后裔,七公父大元公,为八十三世。依此序排列,七公兄弟应为八十四世。现一支在豫南,一支在河北,详情还待考查。

其次,这部通谱,集中了褒奖先人的圣旨,历代的墓表、碑文、墓志、家谱序言以及状元的《廷对制策》《报母家书》等珍贵史料,其中不乏文笔高手、翰墨名家的精心之作,既有文献保存价值,也提升了家谱的品位,增强了可读性。

第三,这部通谱,编入了《全国李氏名人录》和《徐州李氏人名录》,作为全国第一大姓的李氏,人才济济,英杰辈出,在历史上做出了积极贡献,本部通谱充分展示了历史的辉煌，激发后人继承先人足迹，去创造新的历史。其中我徐州李氏一族，出现过直隶总督、兵部尚书为卫公，清代徐州唯一状元蟠公，民国督军厚基公，抗战英雄云鹏烈士。统计数字还有：世袭锦衣卫千户七人，进士六人，知府十二人，举人十八人，州同和通判四十余人，其余武官、县令不胜枚举。

第四，这次修谱，破除了男尊女卑、只记男、不记女的封建思想，一改落后习俗，实行男女平等，一概编入，并将其出生年月记入谱册。为鼓励成才，褒扬为社会做出有益贡献人才，对具备较高学历和相当社会职务或身份的人，都如实记录了他的学历、履历和业绩。

第五，这次修谱，增加了新的归宗认祖支系。长房五世孙鹤公（字颂年），于明朝正德年间，由丰县六十六座楼，迁至山东临沂义堂镇堰西村，世代繁衍，人丁兴盛，但失散年久，从未合谱。此次叶落归根，列入门墙，不仅是鹤公后裔之幸，亦是全族之喜。

由此我们想到，二世祖武公一房，远播云南，尚无讯息，还望继续寻访，或通过网络联系，争取一脉归宗，共享繁荣。

谨遵谱馆之嘱，略述始末，是为序言。

二十世孙　鸿民　敬撰
二〇〇八年六月十八日

安康市白河县冷水镇秧田村《李氏家谱》序

牒之修由来已久，魏晋时取仕必稽谱牒。谱牒官修，私修谱自宋始。欧阳修苏轼修谱之法可为后世传。夫谱者家族之史也，特以记祖宗之名讳叙支派之源流耳。

考《新唐·宗室世系表》及宰相世系表，吾李氏出自嬴姓。帝颛顼高阳氏生大业，大业生女华，女华生皋陶，字庭坚，为尧大理。生益，益生恩成，历虞、夏、商，世为大理，以官命族为理氏。至纣之时理征，字德灵，为翼隶中吴伯，以直道不容于纣，得罪而死。其妻陈国契和氏与子利贞逃难于伊侯之墟，食木子得全，遂改理为李氏。李氏源自皋陶，得姓自利贞可以无疑耳。由秦汉至魏晋，由魏晋至隋唐，由隋唐至宋元，由明及清，帝王将相、名士硕儒、达官显贵俱不敢穿凿附会妄援为祖。不愿效郭崇韬之拜汾阳，要知诬祖之罪甚于忘祖。谨以始迁祖文义公之父万民公为一世始祖。万民公以上非族属疏远而谱牒不征，实上世无考不敢妄拟。万民公而下世系始详，遂以万民公为始祖。

吾族出自河南南阳内乡李官桥镇。清咸丰元年(1851)，二世祖文义公始迁陕西白河县居大双乡秧田村柳树沟。定字辈二十字：文在书香远，宗功世泽长，修齐成大道，佑启正鸿纲。太婆田氏生二子：在昆公、在发公。三世在昆公二子：书田公、书山公。在发公五子：书庭公、书贶公、书申公、书平公、书单公。四世按长幼之序分七房，大房书庭公，二房书贶公，三房书申公，四房书平公，五房书田公,六房书山公,七房书单公。恐时光易逝,资料难寻,遂奔走寻源,竭力求证,拜访长者,理清脉络,正本清源。

吾所尽之力亦微乎其微,唯纂撰问询耳,重大功绩在于族内数十人鼓励支持。嘱吾作序,义不容辞。敬以文字。是为序。

延安市安塞县招安镇李家塌村《李氏家谱》序

没有姓氏的人,这地球上也许有,但他(她)总有个称谓,或叫"无名氏"。这称谓与"无名氏",便是他(她)的姓氏。姓氏不只是私人的事,亦不只是家庭的事,姓氏是一种文化,它关系我们的历史与血脉。通过姓氏,我们能知道我们的生命之所由来,从而打开久郁心中的大结:"未曾生我谁是我,生我之时我是谁。长大成人方是我,合眼朦胧又是谁?"通过姓氏,我们能知道自己的肉体、心灵、心理之脉传承,从而使自己不致于太昧于自己之短暂人生。

"参天之木,必有其根,怀山之水,必有其源",是谓"问祖"。"寻根问祖"不在祈福于祖先,而在明白我们自身;我们与祖先血脉相连,祖先曾经的苦难与辉煌,一定会通过这血脉,流传到我们的身上。木有本,水有源,人生在世祖为先,继承祖先的光辉传统和未竟事业,教育子孙后代,培养成才,兴家立业,回报祖国,是我们义不容辞的使命和责任。

国有史,家有谱,家谱是同宗共祖的男姓血亲集团,以特殊的形式记载本族世系和事迹的历史图笈，是考宗族祖先繁衍而弘延之。故编写家谱确系一族之内明祖讳，知世辈，承前启后，继往开来之举。

我李家塌李氏继承先辈言传，年复一年，随着人口倍增，住地扩散，积而久之，辈系不明，考稽无筵，殊不知先辈族系之起始家业之成败。

在国家经济繁荣发展，人民生活水平提高之盛世，族中人多次提议应当尽快编记家谱，以昭启后者，明了祖讳，知吾先辈生平事略。家族成人，对编写家谱之事，无不称赞，倾情为我李氏碟谱早日编成，积极提供有关资料，筹措资金，出谋献策，各尽所能。于丙戌年端阳节在我李氏祖籍安塞县招安镇李家塌村召开了第一次家族代表大会，一致商定编谱之宗旨与方案，会上推选了李氏家谱编写委员会，主任、副主任及主编、副主编。并确定争取于二〇〇七年上半年编写就绪，而后再不断续补完善，流传于世，昭示后人。但在实际编写中，因我族内人口较多，居住分散，调查摸底中出现了很多困难，故推迟至今。

李家塌李氏老住宅上前院大门内外刻有两副对联：
书田无税子孙耕，荆树有花兄弟乐。
一统太平真富贵，九重春色大文章。

我们的家族是一个有着光荣传统的大家族，族内人从小就感受了祖祖辈辈承传不息的家道传统，那时对于做人的领悟均来源于长辈们的言传身教。长辈们所敦行的正是"格物、致知、诚意、正心、修身、齐家、治国、平天下"

几千年所流传的儒家传统文化，而"孝悌忠信、礼义廉耻、仁爱和平"更是秉承不衰的家训。李家塌曾也是全县有名的书香门第。每逢春节，人们从四面八方回到家乡，祭奠祖先，看望乡亲，欣赏各家各户的春联，然后互相邀请作客，讨论各自工作学习的体会以及教育子女的心得，其乐融融，其情洽洽，一片祥和。每年大年初一，一早起来，各家各户都端上拼盘凉菜，提上自做的清稠米酒到长辈集合的地方按辈次进行拜寿，早晨吃过饺子后，各家各户都拿上香纸，拖儿带女，赶上大家畜到井坡（井湾）大柳树下进行出行庆典。当点燃香纸放炮高潮时，人欢马叫，一片沸腾景色。由于良好的教育，李氏家族人才辈出，并形成建功立业、光宗耀祖、光大门楣的良好风气……

直到多年以后，我们终于明白这个传承不息的道统，正是一个家族乃至整个中华民族赖以生存的最伟大精神内涵！记录这一段历史，是为了缅怀祖德、期望后人继往开来、恢复家族优秀传统，再创辉煌。今借重修家谱之机，诚恳家族中有识之士，无论德高望重的长者，或年轻有为之青年，乃至胸怀大志之少年，均能注重中华优秀的传统文化教育，尤其是能身体力行儒家基础经典《弟子规》，并切实教导后代学习落实。此不仅为李氏家族之大幸，实乃社会之大幸矣！

江西省李大畈支系《李氏宗谱》序

俗话说："国必有史，区常有志，族应有谱，善之顺道。"

吾族李氏李大畈支系根深史远，大约在明朝武宗时代，由于历史原因，"李氏三门人"从江西不远千里迁徙至此，为本支系李氏家族的先人，经过不断发展、壮大，才有了后来的李氏名门望族。五百多年的历经沧桑，世世代代的自强不息，渐成吾族李氏李大畈支系。到目前，本支系后裔人丁兴旺，足迹遍及大江南北，谋事于海内外，行业不同，各显神通，各得其所。

吾族曾于民国三十二年（1943），由族人李森庭、李海波主持，在李家李氏祠堂开祭，经族人相助完成了本宗首部宗谱书的编写任务（由于是手工抄写，只成书一本），标志着当时李氏家族的发展、团结和宗族理念的明朗化已达统一、兴盛之时。

非常遗憾的是，当时的文字性宗谱由于种种原因，没能完好地保存和流传下来，后经族人多次酝酿续谱，且此意不断强烈，终于在二○一二年二月十七日，由几位重宗爱族人士李文虎、李文广、李德志和李照新牵头，决定续编吾李氏宗谱，并成立了组织——李氏宗亲续谱理事会，发出倡议，本次续谱活动正式启动。

本次续谱原则是走访、联络族人，修改、完善文字材料，力争成书，留传后世，以警示后人不乱宗失派，传宗支本源有条不紊、并得以延续为目的。自组织成立以后，编采人员以调查、走访为依据，曾经到过江西、九江；三次到息县项店，多次到周边几十个村庄考察，特别一提的是,其间走访过高龄八十八岁的族人（李海波之儿媳龚自秀）

以求族史之实；为求证本族发展历程，也参阅了大量有关李氏起源与发展的相关历史资料。

在续谱过程中，族人给予了大力支持和鼎力相助，各家各户不遗余力、纷纷集资，开明人士慷慨解囊、捐款捐物，为续谱工作奠定了坚实的物质基础，续写人员精心整理，不计得失，善始善终，使得宗谱初稿于二〇一二年八月二十八日完成，几经审核、定稿，编成一卷，于二〇一三年五月交付印制。扶案回首，历经数载，最终完成先辈未竟之业，欣慰之至！

回顾历史，放眼今朝，展望未来，还望本族达人、后生能多赞先辈之贤，多歌先辈之功，多颂先辈之德，互帮互助，互利互勉，共谋发展，为国家之繁荣、宗族之昌盛而生生不息，为吾李氏宗族的不断发展壮大，并能与时代同步，与江河同在，与日月同辉，旺存千秋万代而各尽所能，奋斗不止！

九支系后裔李照云敬撰
二〇一二年仲夏

李姓家训家规选录

邯郸市武安县《李氏家谱》

我李氏传家已近七百年，明嘉靖三十八年（1559）首立家谱，想定有家训，时间久远现已无存，故此次重续家谱，重立家训十二条。

一、明德唯馨，懿德茂行，治家立身，应德为先，善为本。

二、滴水之恩，涌泉相报，为人处世，应常怀感恩之心。

三、有容乃大，无欲则刚，友邻往来，勿生摩擦，豁达大度，善待包容。

四、见权贵不可趋炎附势，见困危应生怜悯之心，助人一臂，可惠自身。

五、守孝悌，尊师长，睦邻里，和宗亲，勿以善小而不为，勿以恶小而为之。

六、勤可致富，俭则盈余，勿贪不义之财，恒念物力维艰。

七、书可开智，读可启蒙，多读书，读好书，则终身受益，耽嬉戏，废研习，则误己害人。

八、物以类聚，人以群分，交友须谨慎，诚信老成，交之受益，奸雄恶少，必祸自门。

九、遵纪守法，勿入歪门，居家安和，其乐无穷。

十、娶儿嫁女，礼约简成，不攀不比，崇尚文明。

十一、器皿洁净，粮蔬参用，合理膳食，勿多脂荤，少卧多动，天年梧龄。

十二、赴宴不留连，待客须丰盛，酒为琼浆，少饮有益，过量致醉，失德伤身。

深圳市《李氏家谱》

■ 训孝顺父母

人之百行，莫大于孝，家庭中有善事父母、克供子职者，理合褒嘉，呈请给匾，以旌孝行。

■ 训敬老尊贤

高年、硕望、模范，具为国家，且有优待之典，族姓可无推财富之文？今与子姓约，尚敬礼之，毋或敢忽。

■ 训和睦亲族

子姓繁衍，皆祖宗一脉分形之人，忍膜外亲乎？凡我族人尚笃亲亲之谊，方不愧为望族。

■ 训勤读诗书

报国荣亲，诗书之泽甚大，凡我子姓，有志诵读者，品行文章，著力砥砺，或列广序，或掇巍科，非特祖有光，亦副族人之望。

■ 训诚实正业

农、工、商贾，各有专业，孰本务实，乃克有成，凡我子姓，宜执其业，实其职者，方为克家令嗣。

■ 训早完钱粮

钱粮为惟正之供，输纳产臣民之人，凡我族人，宜各早完，毋累亲族。

信阳市平桥区《李氏家谱》

七字歌

李氏族谱中"家规家训七字歌"，是 2002 年 4 月，平桥区平昌关镇、查山乡、高梁店乡、吴家店镇，湖北小林乡、草店乡、桐柏毛集李家坡等地续家谱时，为本家族编制的家规家训。

■ 爱国家

要爱国家爱集体，先国后家是正理。
皇粮国税先完成，莫做拦路挡道人。
遇到国家有战难，志愿应征莫迟疑。
驱逐外侵神圣责，保国卫家方太平。
不搞反动会道门，歪教邪说不参与。
立国为公分忧愁，赴汤蹈火自奋勇。
不当汉奸和叛徒，大义凛然视死同。
遵纪守法赞国策，安分守己做良民。

■ 爱父母

孝敬父母尊爱老，赡养老人应做好。
人老无能自难保，儿女尽孝不得少。

吃穿住用全供应，安度晚年理应当。
二老长寿是福气，后代贤良美名扬。
不做不仁不义事，不做天下耻笑人。
自然父母要拉蛮，忍气吞声礼当先。
父母年老病缠身，不厌其烦献爱心。
爱老犹如春风至，皆大欢喜乐融融。

■ 爱兄弟

兄弟手足情意深，相亲相爱敬如宾。
相处难免不磕碰，能容能让胸襟宽。
二亩良田勤耕耘，自足有余各自安。
兄弟智商有差异，量才其用乐亦欢。
妯娌难免互顶嘴，丈夫护短不应当。
婆媳争吵是常事，媳让两句又何妨。
家庭不和外人欺，莫留笑柄在人旁。
同根生来莫相煎，兄弟福气大无边。

■ 爱子女

教育子女要得严，方法得当思路宽。
望子成龙心切切，因人施教莫强勉。
若能成龙终能成，若能成凤飞上天。
婚姻大事莫多管，当嫁当婚顺自然。
教育子女莫耍蛮，以理服人心坦然。
后世难免孽子现，大义灭亲依法办。
溺爱子女害处多，父母责任重泰山。
身教胜于严教子，旷达盛世出英贤。

来自大槐树·李氏姓氏字辈考

■ 讲勤俭

一生之季在于勤，勤劳勤奋出财源。
勤劳好比肩挑土，勤奋犹如肩担山。
勤俭节约是本分，不勤不俭败家汉。
勤俭本是传家宝，世世代代享不完。
勤俭先从吃喝起，柴米油盐来之难。
吃喝嫖赌人人恨，随分作乐随遇安。
贪污浪费是犯罪，酒色财气不要贪。
终生力行勤俭字，家门幸胜出俊男。

■ 讲团结

团结和睦是块宝，众人一心火焰高。
族内上下讲团结，众人力量坚如铁。
邻里之间团结好，相安无事纠纷少。
亲戚朋友团结牢，不惧地动与山摇。
族内一家有困难，众人抬一都来帮。
若有一家独女户，招赘入门当座堂。
若有孤儿难入学，自家户族捐钱忙。
救危济困肝胆照，家和万事皆兴旺。

平顶山市汝州市《李氏家谱》

祖 训

紫云山麓，黄涧河畔。板笪李村，吾祖居焉。
遥思古昔，筚路艰难。开辟江荒，黾勉垂宪。

自强不息，何惧忧患。唇齿相依，心意相连。
和衷共济，息息相关。州东望族，谁不钦羡？
振兴宗族，裔孙共担。后昆秉志，勤奋节俭。
尊长爱幼，邻里和善。夫妻恩爱，兄弟相勉。
教子读书，奇峰登攀。敦宗睦族，友善让谦。
宽厚诚信，敬业垂范。遵纪守法，荣辱明辨。
弘扬正气，奉公洁廉。厚德载物，至诚至善。
光宗耀祖，万世昌垣。特定祖训，铭记心间。

家 规

■ 敬祖宗

物本乎天，人本乎祖。为人子孙者，须守住家业，珍藏宗谱，定期理坟扫墓，祭祀祖宗。

■ 孝父母

羊有跪乳之恩，鸦有反哺之义。"百善孝为先"，处世做人，首先要孝敬父母，尊敬长上。为人子（媳）女（婿），无论职位大小，家境贫富，都要尽其子女职责，尽心履行赡养父母的义务。不能固执己见，不能只顾自己小家庭，不能对双方父母的生活、疾病不问不闻，漠不关心。更不能出言不逊，有忤逆不孝的恶劣行为。否则，不耻于人子，禽兽不如。正如俗话所说，"人若在世不敬孝，枉披人皮错变人"。

■ 友兄弟

世间最难得者兄弟，兄弟有手足之情，勿争家产而同室操戈，勿为小事而舌战不休。要兄敦弟恭，互让互助，共敬父母，同创家业。

■ 尊长辈

尊长爱幼是吾族美德。对待长辈，要以礼相待，不能恃势而骄，逞强而傲，要谦虚谨慎，以小字辈看待自己。举止要文明，言语要有分寸，勿伤长者自尊心。

■ 睦宗族

宗族者，同宗共祖之人也，饱含同根共本的宗情族谊。虽有亲疏贵贱之别，其始同出于一人之身，同姓宗亲之谊，由来久远。凡是李姓宗族的人，要团结友爱，和睦相处，亲如一家。

■ 和乡邻

古谚云："远亲不如近邻。"对待乡邻，要以心换心，忠诚相见，和气相处。要济其困，怜其难，和其争。不恃强欺人、任意骂人，要化解异见，排除歧视，要患难相顾，疾病相扶，把乡邻看成亲人。

■ 重婚姻

男大当婚，女大当嫁，古之常情。婚姻乃人伦之始，联姻不可不慎。男女婚姻，不能包办代替，不要贻误后世子女，夫妻之间要平等互爱，尊老爱幼，平等地享有和履行赡养父母、教育子女、互相抚养、相互继承遗产的权利和义务。遵守"和睦相爱"的准则，不为小事争吵、斗殴失去和气。要做到"互帮互助求上进，和气理家万事兴"。

■ 勤耕读

耕读为我李姓先人立身之本。凡我族后人务必教育子孙刻苦读书，勤奋工作。"养子不教父母过，为子不学终身祸"，做父母的一定要尊师重教，要教育子女存心善良，勤奋好学，积极上进，尽其所能，让子女接受高等教育，最低也要接受完九年义务教育，掌握一门专业技术，为其成家立业奠定基础。不奋斗，不能成就伟业，不刻苦，读书没有辉煌人生。因此，要把勤奋工作、刻苦读书视为兴家创业的传家宝。以勤奋工作为荣，以刻苦读书为乐，切忌后生不学无术，漂流浪荡，以免世人讥笑。

■ 守法纪

凡我族人都必须模范遵守国家法律法令，在家中做个好子弟，在社会上做个好公民。吾族忠厚传家，清白世宗，岂容不肖子孙败坏家风。凡我族人，都要谦虚谨慎，求真务实，清正廉洁，克己奉公。要切记训诫："正大光明人人敬，留得清白给后人。"

■ 爱国家

祖国，即祖宗之国，是先人和自己生活之根。身、家、国密不可分，欲对父母孝，对国家忠，就要知荣明耻，善恶分明，"天下兴亡，匹夫有责"，要爱国如家，无私奉献，就要从自己做起、从点滴事情做起，各安生理，脚踏实地，勤奋劳动、学习、工作，为建设小康社会添砖加瓦。一旦国家需要，就要积极响应号召，勇往直前。

佛山市顺德区北滘镇莘村《李氏家谱》

家训家规

莘村李氏，同祖同宗，源本一家，子孙发达。
国有国法，家有家法，凡我同族，守规守法。
爱国爱家，拥护政府，服务社会，报效祖国。
遵纪守法，勤俭持家，勤劳致富，幸福人家。
父严子孝，母慈媳敬，子孝孙贤，兄友弟尊。
姐妹相亲，夫妻恩爱，妯娌和睦，家和业兴。
友善宾朋，和睦邻里，养老爱幼，帮亲助戚。
廉洁奉公，勤政为民，两袖清风，浩气长存。
恪尽职守，爱岗敬业，乐于奉献，科技创新。
艰苦创业，自办企业，信誉至上，质量第一。
勤耕苦作，正当娱乐，破除迷信，反对赌博。
耕种要勤，言语要真，买卖要公，做人要诚。
勤俭治家，生财有道。科技致富，文化领先。
学子求学，刻苦学习。德智体才，全面发展。
品学兼优，真才实学，身强力壮，创业成家。
尊师重道，谦恭礼让，忠孝并举，励志自强。
礼貌待人，诚信为人，举止稳重，语言文明。
修身养性，尊崇道德，自爱自重，自尊自律。
慎重交友，小人当疏。五毒当殊，志存高远。
与人为善，与邻为友，严于律己，宽以待人。
行善积德，慈善公益。体恤孤寡，扶贫济困。

重孝重道,互敬互爱,不贪不懒,健康平安。
爱护公物,不爱小财,瓜田李下,各别嫌疑。
攒钱聚财,取之有道,不占便宜,谨防坑骗。
肩担道义,胸怀天下。诚实劳动,四海为家。

合肥市肥东县陈集镇山头村《李氏家谱》

家 训

道法自然　宪章盛唐

家 规

凡李氏家族子弟均应廓然大公,无私无畏,胸怀治理国家、热爱家庭、追求事业的志向,遵循家规,模范家规,躬行家规,为实现公平公正、富裕强盛的社会理想而奋斗,特立家规十条如下:

自强不息　厚德载物
爱国爱家　遵纪守法
家庭和睦　尊老爱幼
严于律己　宽以待人
互相帮助　济弱扶贫
诚实守信　一诺千金
不求近道　但求近贤
己所不欲　勿施于人
业精于勤　行成于思
金声玉振　绝学大成

绥化市《李氏家谱》

家规家训

■ 敬祖宗

物本乎天，人本乎祖。子孙之身，祖宗之所遗也。尤木有根，无根则枯，如水有源，无源则涸。子孙永世得享，承国乐利之泽，祖宗积庆之所致也。不敬祖宗则忘本，忘本则枝叶不昌。故岁时祭祀，晨昏香火，毕敬毕恭，无厌无慢。至于立身修德，无忝所生，此尤敬祖宗之大本大原。凡我族人念之。

■ 敦孝悌

父母之恩，天高地厚，恩情罔极人伦。十月怀胎，三朝乳哺，推干就湿，保抱抚摩，忧疾病，闻饥饱，调寒暑，父母受尽万苦千辛，方得子女成人长大。为子女者即幸遇父母有寿，急急孝养，难报天恩。人生时日限也，万一错过，殁后即披麻戴孝，三牲五鼎，竟亦何裨？且孝则天佑，不孝则天谴，吼敢拂违，自罹罪罟。凡我族人念之。

■ 睦宗族

宗族者，同宗共祖之人也。虽有亲疏贵贱之别，其始同出于一人之身，故尧典曰亲睦九族，周室则大封同姓宗亲之谊，由来重矣。今世俗薄淡间，有挟富贵而厌贫贱，恃强众而凌寡弱者，独不思富贵强众，皆祖宗身后之身耶？观于此，而利与害共，休戚相关，一体同视可也。倘有博众以暴寡，藉智以欺愚者，当睦宗族为念，凡我族人戒之。

■ 端伦常

尊卑有别，长幼有叙，乃定于天人，忏长上乃乱天伦也。须坐则让席，行则让路，口勿乱宣，事不乱专。智不敢先，富不敢加。谦恭逊顺，绝去骄傲放肆之态，方是为伦常之理。先贤云：幼而不事长，贱而不事贵，不肖而不事贤，谓之三不祥。子弟者不肯安分循理，任情倨傲。行不让路，坐不让席，揖不低头，言不逊顺，曾不思尔将来也。做人尊长，尔做瘝劣示人，亦将忏尔忏人，实所以自忏。凡我族人念之。

■ 友昆仲

兄弟姊妹，同气连枝。父母左提右携，前襟后裾，飨食传衣，亲爱无间，且一本所生，同胞共乳，除却兄弟姊妹，更有谁亲？且从父母分形而来，子女之身来自父母，若兄弟姊妹相戕，是戕父母矣。念及父母安忍戕兄弟姊妹乎。勿听他人离间撺掇。兄弟姊妹中纵有不是，大家逊让些何妨？若锱锱铢铢计较多寡，彼此相戕，则父母之心不安，死亦不能瞑目。诗云：兄弟既翕，和乐且耽。凡我族人念之。

■ 和夫妇

夫妇为人伦之始。夫和其妇，妇敬其夫。夫以修身齐家事为本，妇以人伦道德情操为重，同事耕耘理家创业，夫妇协同，修身、齐家、治国、平天下，休戚与共，百年好和，白头偕老，同建和谐家庭，万事兴矣。凡我族人念之。

■ 教子孙

家之盛衰，不在田地多寡、帛金有无，且看子孙何如耳。古云：未看山前土，先观屋下人。子孙果不肖也，眼前富贵不足恃；子孙果贤也，眼前贫贱不必忧。然人未有生而皆能贤者也，当其幼时不可失教。禁其骄奢，戒其淫逸，出外亲正人。闻正言，则心胸日开，聪明日启，久之义理明白，世务通晓，自能担事，振家声，光大门楣。人非同类，切不可令子弟往来。古语云：蓬生麻中不扶自直，白沙在泥不染自黑。又云：与善人亲，如入芝兰之室，久而不闻其香，与之化矣；与不善人亲，如入鲍鱼之肆，久而不闻其臭，亦与之化矣。时时求教于先生长者。故子弟不宜避宾客，若一味回避，偶接正人必至如樵夫牧竖，手足无所措，大为人所鄙也。家有一贤子孙，则家门生色，子孙不肖，则家门遗羞。故为父母者，切不可不教子孙。有不如教便当责训。至若女子，亦尚且当教他亲兄弟，务教以节孝廉耻。为女者，兼悉三从四德、纺绩针指、厨爨井臼，则长大适人，必成贤妇。如或不教，则儿女不才，有辱门庭。凡我族人念之。

■ 尚勤俭

俭可助贫，勤能补拙。勤俭者，起家之本，传家之宝，立业之基，人生当务也。勤而不俭，则财流于奢，俭而不勤，则财终于困。人世间，见名门世族，以祖考勤俭为成立之本，下代之福，因子孙奢侈而败家之业。盖俭则富贵长保，家计不难振兴。倘男不务耕作，女不事内，好逸恶劳，鲜衣美食，一旦娇惰，习惯俯仰无资，将祖资财一败而空，拖衣漏食。节俭者治家之要义也。饮食莫嫌蔬食，衣服莫嫌布素，房屋莫嫌湫隘，婚娶莫竞妆奁，死丧莫竞斋醮。晏客伏腊有时，不可常时群饮，设席数肴成礼，不必杯盘狼藉，多一事不如省一事，费一文不如节一文。当务勤俭。凡我族众念之。

■ 恤孤寡

鳏寡孤独，天下最苦，无告之人也。无家产者，朝不能保暮，饥不能谋食，寒不能谋衣；有家产者，鳏寡不能自行，孤儿幼弱不能自主，凡百家事，皆听于人。我族有此种种苦愁，谁诉？亲房伯叔族众当秉公代为经事，阖族尊长俱宜加意怜悯，竭力扶持，庶穷于天下者不致颠连失所、仃伶无靠矣。凡我族人念之。

■ 戒唆讼

人之好讼，虽其人之无良，总起于无赖者之教唆。然无赖之徒，专以人之告状为酒肉之窟，为张威趁钱之门，故或两人本无甚怨，装出剖腹之情，而构成大嫌。本人尚可含容，捏作骑虎之势，而使之先发插名作证，便作主盟。两家索贿，反复颠倒，弄讼者于掌股之上，搅得邻里撩乱，鸡犬不安。渔讼者之财，破讼者之家。即讼者事后懊悔，亦摆他不去。若而人者，国法之所不容。即逃得国法，亦皇天之所必诛者也。凡我族人念之。

■ 安生理

士农工商者，然视其天赋择业，士者实去读书，农者实去耕耨，工者实去造作，商者实去经营。若生而愚鲁，不适读书，家道贫寒，无田可种，又无本钱做买卖，又不会做手艺，便与人佣工，替人苦力，也是生活。只要勤心鬻力，安分守己，此中稳稳当当，便有无限受用。至若妇女，亦要勤纺绩，务针黹，操井臼，协同丈夫，共成家业，方是贤妇。凡我族人念之。

■ **勿非为**

非为者，或包揽金帛，侵欺花费，终者竟要卖产赔补不足，殃及子孙，甚而危及性命。或摊场赌博，或群聚酣饮，倾败家业，因而陷死妻儿老小。或掇拐掏摸，或抢夺吓骗，或争斗撒泼，或毁廓侵坟，或占人田土，或伪造货币，或横行乡里，或挟制政府，或嘱托赞刺，此皆亡身破家之举，受祸不浅。凡我族人戒之。

■ **忌毒染**

世人蠢蠢，吸嗜烟毒！日久难收，体魄渐削，形若骷髅，力莫能举，处不能事，名声泯灭。终朝烟雾缭绕，男女混杂，晨错夕颠。典当家财，帛金耗尽，绝嗣戕年。全无利益，自取尤怨。堕其术者，凡我族人绝禁之！

■ **慎嫁娶**

男婚女嫁者，人伦之始，联婚不可不慎。男大当婚，女大当嫁，古之常情。执德为首，男女婚姻，不能包办代替，嫁女择佳婿，娶媳求贤女，嫁女勿计厚奁，勿取重聘，勿贻误族女。时下婚嫁，多徇财俗见，或厚赍以耀聘，或竭财以侈妆名。为争门面，则败家产而为。昔者有云；婚姻几见闻丽华，金佩银饰众口夸。转眼经年人事变，妆奁卖与别人家。则女之适人，必戒而行；娶妇事翁姑，经事理，执妇道。凡我族人宜知之。

■ **勉诵读**

　　崇师道，习圣贤之书，明君臣父子之大伦，忠孝仁义之大节。人不读书，大伦大节何由而知？子弟颖悟者少，迟钝者多。必须延贤师，访益友，涵育熏陶，终归有成。为人子弟者，当体父兄之心，交相劝勉，勿恃聪明，勿安愚昧，勿沽名而钓誉，勿勤始而怠终，随其性之敏钝，以为读书多寡总要细心体认，着意研习，刻刻不忘于久之，隅坐向难析疑。勿生厌薄，勿可荒嬉，耳提面命，敬而听之，自有融会贯通处，亦得以所学训子弟开愚蒙诵读之益大矣。我族子弟勉之。

■ **重交游**

　　志同者为友，道合者为朋。交游以信为先，信者相通，守望相助。既诺勿欺，订交勿苟。然宜谨慎，择善而握。与善者交如入馥香之室久而自香，直谅多闻，尤宜亲厚。善乎平仲，相敬耐久。凡我族人念之。

■ **谨丧祭**

　　丧祭者，慎终追远之大事也。丧尽其礼，祭尽其诚。父母在生之时，尽力供养，逝后要从俭治丧，勿须无财大操大办。丧事从简，也不能俭而不顺民情。当慎谨治丧执事。凡我族人切记之。

■ **远酗酒**

　　酒浆之酿就，非以为祸，冠香丧祭，礼用清酌，洗爵尊庠，献酬交错。惟彼贪夫，不知节制，终日醉乡，癫狂失措，耗所损精，形骸脱落。贪杯误事者，不胜数也。凡我族人远之远之。

■ **出异教**

邪教惑众蔑国，触逆国法律条，邪说诓民，法所不允。更有甚者无赖之徒，往往假凶祥祸福之事，以售幻诞无稽之谈。实则诱取资财，阳窃向善之名，阴怀不轨之计。一旦发觉惩逮株连，遗患无穷，凡我族人应出其异教，以正家风。

■ **省自身**

遵圣训，洁身自律，日当三省，常思己过，莫论他人是非，切不得自甘自戕，辱没家族声望，保其永世清白，修身、齐家、治国、平天下，乃人生要意。则家风正耶。享用斯人，永利后世。凡我族人记之。

治家格言

王者江山一统之治，出乎锦绣文明之邦，有浩然之气者，莫不知国恩宗亲当敬也。方今子昧古道，弟黩纲常，皆由家教不端，以致身心失正，亟当鉴省。昔燕山家教有方，五子皆登；孟母庭训有法，儿为亚圣。为父为母者，可不法乎？故居家庭，宜以诵读为训；处邻里，崇以谦合为先；洽田园，适力耕耨为本。立身行己，不出恭敬二端；执德待人，正忌骄矜二字。勤能补拙，俭可助贫。奢侈乃败家之初，酒色是戕命之斧。宁可以德胜人，切勿以财帛傲众。不读诗书，纵富能抵国，仍匮乏之家；熟通经纶，虽贫四壁，堪称书香门第。誉实清芳，食青蔬而尝香馥，居茅屋陋室，且胜富丽殿堂。有高才者，必当窗前苦读；多五谷者，须稼穑经营。或劳心，或劳力，人世间食无闲饭；或谯薪，或猎渔，山海中自有帛金。律法无亲，当牢牢而谨记；人情多变，宜步步而提防。"忠""恕"存腹春久驻，自罹罪罟终报应。花香百里，尚有绝香之气；天冠地理，岂无修己之心。阖族勖诸！

祖 训

明明我祖，汉史流芳，训子及孙，悉本义方，
仰绎斯旨，更加推详。曰诸裔孙，听我训章：
读书为重，次即农桑，取之有道，工贾何妨；
克勤克俭，毋怠毋荒；孝友睦姻，六行皆臧；
礼义廉耻，四维毕张；处于家也，可表可坊；
仕于朝也，为忠为良，神则佑汝，汝福绵长。
倘背祖训，暴弃疏狂，轻违礼法，乖舛伦常，
贻羞宗祖，得罪彼苍，神则殃汝，汝必不昌。
最可憎者，分类相戕，不念同气，偏伦异乡，
手足干戈，我民忧伤。愿我族姓，怡怡雁行，
通以血脉，泯厥界疆；汝归和睦，神亦安康，
引而亲之，岁岁登堂，同底于善，勉哉勿忘。

百孝歌

　　天地之间孝当先，一个孝字全家安。
　　为人应当孝父母，孝顺父母如敬天。

来自大槐树·李氏姓氏字辈考

孝子能把父母孝，下辈孝子照样还。
自古忠臣多孝子，君选贤臣举孝廉。
要问如何把亲孝，孝亲不止有吃穿。
孝亲不教亲生气，爱亲敬亲孝乃全。
可惜人多不知孝，怎知孝能感动天。
福禄皆因孝字得，天将孝子另眼观。
孝子贫穷终能好，不孝虽富难平安。
诸事不顺因不孝，回心复孝天理还。
孝贵心诚无它妙，孝字不分女和男。
男儿尽孝须和悦，女儿尽孝莫嫌烦。
爹娘面前能尽孝，能孝就是好儿男。
翁婆身上能尽孝，又落孝来又落贤。
和睦兄弟争为孝，这孝叫做顺气丸。
和睦妯娌争为孝，这孝家中大小欢。
男有百行首重孝，孝字本是百行原。
女得淑名先学孝，三从四德孝为先。
孝字传家孝是宝，孝字门高孝路宽。
能孝何在贫和富，量力尽心孝不难。
富孝鼎烹能致养，贫孝菽水可承欢。
富孝孝中有乐趣，贫孝孝中有吉缘。
富孝瑞气满潭府，贫孝祥光透清天。
孝从难处见真孝，孝心不容一时宽。
赶紧孝来孝孝孝，亲山我孝寿山天。
亲在当孝不知孝，亲殁知孝孝难全。

孝经孝文把孝劝，孝父孝母孝祖先。
为人能把祖先孝，这孝能使子孙贤。
贤孝子孙钱难买，着孝买来不用钱。
孝字正心心能正，孝字修身身能端。
孝字齐家家能好，孝字治国国能安。
天下儿孙尽学孝，一孝就是太平年。
戒淫戒赌都是孝，孝子成材亲心欢。
戒杀放生都是孝，能积亲寿孝通天。
惜谷惜字都是孝，能积亲福孝非凡。
真心为善是真孝，万善都在孝里边。
孝子行事吉神护，为人不孝祸无边。
孝子在世声价重，孝子去世万古传。
此篇句句不离孝，离孝人伦难周全。
念得十遍千个孝，消灾免难百孝传。
天地重孝孝当先，一个孝字全家安。
为人须当孝父母，孝顺父母如敬天。

南昌市南昌县蒋巷镇《李氏家谱》

祖宗遗训

为子必孝，为父必仁，为兄必友，为弟必恭。下无侮上，富无欺贫，强不暴弱，众不凌寡，不搬斗是非使骨肉相残，不乱纲败纪使宗亲受辱。凡我族人，尊敬长上，教育后人，和睦乡里，团结族人，安守本分，毋作非为，祖宗在上，誓为戒律，违背祖训，必遭阴歼。

▲ 蒋巷镇柏岗山村李氏族志墙

据世系《家谱》记载，"龙冈书院，花墙世家"，李氏家族，自南宋绍兴二十二年（1155）兵扰学家，避迁南京，复从长沙次牛村赴南昌入柏冈。吾李氏得以繁衍惩处，兴旺发达，族人娇娇多焉。八十代排号：子达忠通源，宗卿天公廷，自思友伯尚，帮治正光华，大用逢圣尧，功成广远嘉，孙业昭钟鼎，令誉仰旗常，和谐超虞夏，谦让重陶唐，道修容端哲。

保山市腾冲市腾越镇下河村《李氏家谱》

家 训

吾家邺架满诗书，继起人文庆有余。

杨子四知常作训，代传清白式门闾。

闻道吾儿捧檄来，蒲门风静夜常开。
家书训勉留清誉，佐治当怀燮理才。

▲ 腾冲下河村李氏宗祠

下河村《李氏家谱》记载：祖征庆二公，随黔宁王西征，平定极边腾冲，驻扎于孟家墙，分封良田山林，民风醇遂家焉。道卜居下河村，世以耕读为业。传至十五世祖，兴商贸积财力，遂迁移至城市。县城支系李公，字仲逵号仪丞，别号菊园主人，少年励志读书，学成报效故土，为师勤勉育桃李，为官清正尽职守，树立德高之重望。十九世纪丁亥冬，其子外出任职，欣然作诗二绝，遂寄以为家训，世代相传牢记，李氏后辈遵祖训，正大光明出人才。

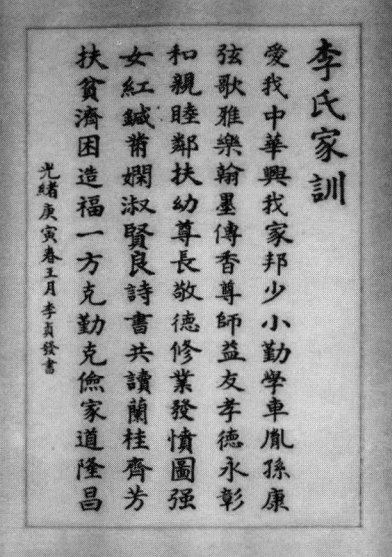

▲ 溱潼李氏族谱家训轴

来自大槐树·李氏姓氏字辈考

泰州市姜堰区溱潼镇《李氏家谱》

爱我中华，兴我家邦；
少小勤学，车胤孙康；
弦歌雅乐，翰墨传香；
尊师益友，孝德永彰；
和亲睦邻，扶幼尊长；
敬德修业，发奋图强；
女红针黹，娴淑贤良；
诗书共读，兰桂齐芳；
扶贫济困，造福一方；
克勤克俭，家道隆昌。

▲ 泰州溱潼李氏故宅

一百多年间，泰州溱潼李氏家族几代人树起了"诗礼传家,德才报国"的标杆。八十字家训成就三兄弟六院士。李德仁,中国科学院院士、中国工程院院士、国际欧亚科学院院士,摄影测量与遥感学家;李德毅,中国工程院院士、欧亚科学院院士,指挥自动化和人工智能专家;李德群,中国工程院院士,华中科技大学教授、博士生导师。李氏高祖李承霖,清道光二十年(1840)恩科进士第一人,被道光帝钦点为一甲一名状元,授翰林院修撰,掌修国史。

泸州市合江县《李氏家谱》

族 规

■ **奉祖先**

　　水源木本,理不可忘。但思身所自来,则由吾父而吾祖,一一追溯,虽十世、百世固不得以为远也。奉先思孝,古训昭垂。帝王且然,况大夫、士庶哉。吾家自远祖以来所立家规:凡先世考妣生日、忌辰,家中必当设祭;冬至、中元则有合祭之礼;岁首、岁除、端午、中秋亦如之。新岁暨清明,必相率扫墓,古人所谓上冢也。各家无论老幼,必当亲诣墓前,行三叩首礼。虽大风雨雪,不得惮劳。此乡族所同,子孙宜永永循守。庶几因时感慕,不至忘春露、秋霜之恩乎。万物本乎天,人本乎祖,但有心知,亦可共明此理也。

■ **孝父母**

　　属毛离里,怀抱恩深;择傅延师,劬劳念切。苟或不孝，与禽兽何别。但不孝匪一端，如《孟子》言，世俗所谓不孝者五，大略该之。而好货财、私妻子，尤为乡俗通弊，不可不以为切戒。至于违犯教令，律有明条。凡子孙于父母及祖父母，骂者罪即绞决；殴则斩决；杀者凌迟处死。例禁森严，虽下愚亦当知畏。苟念生我、鞠我、抚我、育我之德，则服劳、致敬、就养，无方天性所流，自有不能豁，何至尚有忤逆哉。倘有不孝之子，合族须预为教戒，俾知悛改。庶免酿成枭竟，贻累族人。

■ 和兄弟

长枕大被，天子且然；让枣推梨，昔人称美。但人家兄弟，当幼小时无不十分友爱。其后之不睦者，大抵因妻子、争财产而已。抑或此贫彼富，有求莫应，若秦、越人之相视。同气参商，半皆由此。夫一父之子，即非同胎共乳，有前后嫡庶之别，亦属一气所生。骨肉至亲，尚成嫌隙，子孙尤而效之，有不破家者乎？堂从兄弟，尚宜和睦，况在同气乎？族中宜互相教戒，共笃友于，则出入怡怡，家风不陨，亦同宗之光矣。

■ 睦宗族

贵贵贤贤，义无偏诎；亲亲长长，分有常伸。凡子姓之分支，皆祖宗之一脉。尊卑之分，秩然不淆。长幼之情，蔼然相浃。喜则相庆，忧则相吊。贫弱之户，富实者宜时周恤之。愚鲁之徒，贤智者宜时教导之。总以相扶、相助为念。至于尊长，尤不得与卑幼戏谑，致为有识者所笑。此吾乡之陋俗，不可不切戒矣。

■ **和乡邻**

岁时款洽，谊笃比邻；患难扶持，世称仁里。我先世以忠厚传家，凡属子孙，务必谦虚乐易，与人无争。不得恃血气以凌人，逞奸诈以滋事，徒害邻里，终累身家。若有不肖子弟，恃强恃诈，或倚仗族人之势，欺侮乡党者，长辈亟宜戒责。尤宜念睦渊任恤之风，实为古道，待人务从乎厚，处世毋涉乎骄。至于修桥、补路、拯溺、救饥、恤寡、矜孤、劝善、教不能诸事，凡有益于桑梓者，量力行之。生长聚族之邦，其亦共有所赖也夫。

■ **教子弟**

子弟以读书明理为上。为父兄者必延聘名师，慎择益友，俾得朝夕渐摩，学问有所成就。遇则掇科取第，不遇亦不失为通人。光前裕后之图，计莫逾此。其有资质不能读，及力不能读者，则为农、为工、为商，即佣雇营生，亦属正业。总当责以勤俭，教以安分，令其学为好人，切不可任令游手好闲，习于浮荡，以致败坏家声。至于富贵之家子弟，性质即有不齐，亦当以严师为约束，切勿骄养溺爱，终受败家之害。所谓子孙虽愚，经书不可不读也。

■ **戒习染**

习俗之坏人子弟，事不一端。其显者则嫖也、赌也、酒也、烟也，而近年尤有入会、结盟等恶习。江湖无赖随处煽诱，年轻子弟每为所牵。轻则有玷行为，重则显干法纪，其祸不可胜言。即轻薄之行，狷利之语，戏谑、骂詈、欺诞、狂佻，市井恶少情形，为大雅所深鄙，亦当引为切戒。

至于干预词讼，习以为能，亦非立身之道，喝若不入公门之为愈乎。又隶卒贱役，例不准其子孙与考，凡族中子弟虽至贫困，应不准当差。违者黜之勿齿。

■ 奖名节

忠臣孝子，代有表章；潜德幽光，岂容演没。族中如有孝子、悌弟、义夫、节妇，确有实迹、未经旌奖者，应由族人备录其行状，会众覆实，联名举报，或请匾额，或请旌表。斯亦一族与有荣焉之事，不可不知。

■ 慎婚嫁

玉洁冰清，固称佳偶；荆钗布裙，不失良姻。凡族姓为男择配，为女择婚，必须清白之家、门户相当者，方许联姻。不得贪图财物，轻信冰人，不辨薰莸，苟且作合。万一误结朱陈，使日后儿女竟不齿于乡曲，深为可惜。嗣后，如有不分良贱，不论可否，与奴隶娼优等为姻者，合族公屏之，不复与齿。

■ 急赋税

践土食毛，自应输赋；急公好义，岂许埔粮。况国家惟正之供，按季征收，如额而止，先后不免。何苦延挨观望，伺候公庭，自取鞭扑耶？凡吾族于本户地丁漕粮各项，须依期投纳。即近年筹饷捐输，亦朝廷万不得已之举，亦不可逾延拖欠。庶催科不扰，门户晏如，岂非乐事？至佃田耕种，亦宜早纳年租。荒歉求减，必须情理相商。族中宜交相劝导，谕以急公。此所谓国课早完，自得至乐者也。

以上十条，不过仅举大略。教家之道，千条万绪，非言语文字能罄述。然以身教者从，以言教者讼。为父兄者不可不知，欲求好子孙，未有不自贤父兄培植而来者也。教子之方，莫要于读书。必能读书乃能明理，能明理始能成器，始能保家，至进取成名。登科、发甲，固视乎命运。然超琼所识科甲中人，其家三世读书而始发达者，十居八九；若先世目不识丁，而其身掘起田间，至登甲、乙榜者，百中仅一二焉。俗语所以有"书读三世发"之言也。兹所定族规十条，皆幼时所闻于吾祖、吾父，所以教吾兄弟者之言。即族祖南村公、族叔宇暄公平日所以教族人者，亦未尝不同。故纂而存之，刊之于谱，愿与族之子弟，世世共遵守之。或有遗漏及应添立规条，异日重刻时，固可增入。至后附族禁各条，则尤宜触目惊心者也。

泸州市叙永县《李氏家谱》

家　训

　　陇西吾祖，大唐流芳。

　　此训子孙，本泽万方。

　　伏闻斯旨，以振家邦。

　　晓谕诸孙，奉吾法纲。

　　崇文尚武，勤视农桑。

　　循循有道，工贾无妨。

　　君子慎独，俭毋怠荒。

　　君亲师友，顺睦恭让。

礼义仁智，信之五常。
家犹重也，旌表节坊。
国朝兴衰，勿失忠良。
文贤死节，武毅疆场。
若违祖训，廉耻弃详。
轻礼谩度，暴桀乖张。
辱没宗祖，罪于上苍。
德之不修，己道不昌。
同室操戈，仇快亲伤。
玉帛可化，兄弟阋墙。
愿吾宗族，辈出栋梁。
通血一脉，千身绵长。
枝繁叶茂，源源汤汤。
嗟乎李氏，巍巍郡望。
煌煌吾族，峨峨家堂。
腾腾赤子，勉哉弗忘。

家规条陈

府主批准注案示谕，正宜仰体肖子完人。

■ 恪守国法

国之律法者，至为威严也。禁民为非而导之向善，合乎天理而至人情。明德者能准度其情理，自不以身试法。然蔑视法典者，必堕法网，轻者身败名裂，重者家破命陨，上忧于父母，下累于妻儿。蒙耻家族而辱没列祖列宗。故安分守法为居家之要道，保身之善策。

■ **奉祀祖先**

先祖者，人之本也。如木之根本，犹水之源流。本固则枝繁叶茂，源清则万载圆通。先祖有远近之分，昭穆有左右之列。近祖近敬之，远祖则不知敬，岂知无远之祖，近祖何出也。曾子云：慎终追远，民德归厚。故远近之祖皆我祖，必四时享祭，尊而隆之。世代缮护庐墓，虔奉牌位，栖祖魂灵，永固根本。

■ **孝顺父母**

君子行百善，首孝事也。父母生养之厥德，其恩如同天地，为子女者粉身难报。羊羔跪乳之情，乌鸦反哺之义，事父母不可失养失敬而有违天伦。

■ **友爱兄弟**

兄弟姊妹，人之至亲。同胞共乳，忧乐同长，如手如足。及成年，或重朋友，或听妻室，于兄弟姊妹间反至不和，以致父母伤心，至为不孝也。而不知手足难得，唯有今生，而无来世也。

■ **惜传子嗣**

不孝有三，无后为大。祖宗繁衍此身，自当传承于后，以致香火永续。切不可重男轻女，擅堕胎儿，产中淹女，违者定送有司惩处。抱子承祧，择贤择爱。务须由亲房，而后族房。至若随母之儿，异姓之子，断不可继紊乱宗支。族中或有子嗣艰难，欲再娶以计生育者。当于三十五后方许。至于有子之家，不得恃其财富淫欲，辄敢停妻再娶，以酿祸端。

■ 教习子弟

天生一人，必有一路。士农工商，均可兴家，慎毋不立志气。子弟无论贤愚，均该延访明师教读，启蒙学而习家礼，秉家训而博群经。有聪慧灵敏而父兄力不能支者，族众资培养成材，以光吾门，以绍书香。其拙不能善读者，亦宜使知礼义，毋任贻消而后大败宗风。

■ 和睦宗族

先祖一脉，传吾千身。聚家为族，皆吾亲也。千支同本，万脉同源。和宗睦族，君子之本。勿彼此争凌。纵有纷扰，宜和解息。不可兴讼，致伤和气。不睦宗族，背离祖宗，禽兽不如。

■ 礼处亲邻

远亲近邻，无论贫富，皆一体视之，往来有礼，不可遗忘。亲其亲，长其长。老其老，幼其幼。同善共处，以彰显仁义之家声。

■ 勤俭持家

家风坠于邪淫，家道堕于赌毒，家业衰于奢侈。勤俭能生富贵，淫侈可销荣华。不勤不俭，百事荒敝。以致窘迫，大抵先人遗业，不知艰难。一旦金尽囊空，悔将何及？故执艺行业俱以勤俭为本，务须谨慎持家，是宜预以为。

■ 禁出异端

旁门左道之邪祸害人久远，常法不容，铁律不宽。异端之徒，借凶祥祸福之事，布荒诞无稽之谈。阳奉向善之名，阴为不轨之机。小则诱取钱财，次则图谋女色，再则树党结盟而祸国殃民。每每事发，必惩逮株连，遗患不浅，岂不惧哉！故君子常持名教，勿辱身名。

■ **慎婚正伦**

九族有分，伦常有序。尊卑长幼各得其正，纲常伦纪各有其陈。婚配为人伦之始，当审究清浊，择其端淑。尤禁同宗合婚，近亲相配。非为则终身之害，致倾家声。

■ **近贤亲仁**

贤者大仁，仁者大义。道之所归，德之所望。其人可师，其学可传，其礼可习。敬贤者贤，亲仁者仁。是德日进，是过日少，可为君子也。一人尚贤，则一家仁。一家尚贤，则一族仁。一族尚贤，十乡仁也。是故敬贤亲仁，可造乡邦。

以上一十二条，凡族中子孙，务宜时时检阅，熟记心门，互相警惕。敢有不遵成规，故违故犯者，集族人公同理处。小则议责议罚，诫勉鞭笞于祠，大则送有司究治。慎勿视为具文，遵守者，祖宗默佑，子孙荣昌。违傲者，祖宗鉴察，子孙落薄。凛之慎之，自宜贵重。

兰州市榆中县青城镇《李氏家谱》

青城（条城）李氏家族，是明洪武年间随朱元璋之子——明肃王朱楧来兰州的李氏先祖李鉴及其后裔。据《皋兰县志》记载，李鉴曾任"肃王府工正"，负责城市建设和建筑工程。他"安贫守约，志行端洁，长于诗，悯时病，俗得风人之体焉。"据清咸丰元年（1851）所立李氏祠堂庙碑记载："李鉴来兰州后……生廷美、廷义二子，廷美之子朝暹、朝进及廷义之子朝延兄弟三人迁居条城，李氏一族始在青城（条城）古镇发展延续，开枝散叶，至今已二十二代。"

《青城（条城）李氏家谱》记载，青城李氏后人自鉴祖以来，秉承优良家风，恪守祖宗家训。

李氏家训：一孝父母，二和兄弟，三睦宗族，四重祭祀，五修坟茔，六务农业，七重敬贤，八慎婚配，九禁吸毒，十禁非为，十一正人伦。

▲ 青城李氏祠堂

李氏族风：

第一，和睦宗族，万脉同源。

第二，敬孝老人，友爱兄弟。

第三，敬贤师，重学识。

第四，勤劳务业，各实其职。

第五，重祭祀，贵祖坟。

第六，禁胡作非为，行为不端。

李姓宗祠对联集锦

■ **通用匾额**

道德传家　太白遗风　诗酒流芳

■ **四言通用联**

卫公勋业，元礼门墙。西陇望族，北海名流。

陇西世泽，冯南家声。邺侯世泽，楷模家声。

庋藏邺架，召记玉楼。家藏邺架，诏赴玉楼。

经传道德，名重谪仙。漱玉词丽，娘子军兴。

有典有则，卜世卜年。卫公勋业，元礼门墙。

■ **五言通用联**

匡山怀哲士，青莲慕奇才。丞相将军府，忠臣孝子门。

铁肩担道义，妙手著文章。勋业西平望，文章北海风。

■ **七言通用联**

原本陇西神仙祖，派系唐朝帝王孙。

狂歌痛饮双仙骨，索句呕心一锦囊。

居士词犹传漱玉，娘子军莫与争锋。

木荣花绽展春色，子孝孙贤传嘉风。

岷江水利千年颂，昌谷诗风万里香。

胪唱儿孙三百辈，经传道德五千言。

玉炉修炼延年药，真道兴诚益寿丹。

新添十竹皆紫玉，恰对九峰如画屏。

犹龙紫气当前现，旋马清风奕世存。

灌输益部成尧甸，疏凿岷源绍禹功。

进退一身关社稷，英灵千古镇湖山。

■ 八言以上通用联

道德犹龙，名起柱下；文章倚马，系出陇西。

鸣凤朝阳，谏诤均推御史；宫袍带月，神气咸钦谪仙。

诗礼趋庭，人美邺侯卷轴；忠贞体国，世瞻元礼萧墙。

系出陇西，将相公侯光国史；宗开淮左，忠良孝友笃家风。

自唐及周，理官柱史遗恩远；由粤而蜀，祖德宗功沛泽长。

系出陇西，将相公侯光国史；宗开淮左，忠良孝友笃家风。

模楷听松风，敢诩龙门望第；文章标花萼，毋忘鹿洞遗规。

国破家亡，几卷诗词凝血泪；金镌石勒，千秋文物葆菁华。

一生二，二生三，三生万物；地法天，天法道，道法自然。

欲从学海问津，且把汉书终日读；莫谓凡夫难度，尚留道德五千言。

凤奥境，紫气氤氲，李氏宗族枝叶茂；龙脉地，祥云缭绕，唐家后人树根深。

豪气压群凶，能使力士脱靴，贵妃捧砚；
仙才抱众美，不让参军俊逸，开府清新。

脉接盛唐，喜玉叶金枝，派衍绥江绵瓜瓞；

源开有宋，幸龙章凤诰，多传岭表世簪缨。

田可耕，桑可蚕，书可读，袭誉传家至宝；
战则胜，攻则取，守则固，文忠开国殊勋。

世系考春秋，御史名官、东鲁圣人曾问礼；
渊源溯唐代，翰林著绩、玄宗皇帝也求诗。

此日去庄襄二千余年，潭影波光，夜夜照秦时明月；
其他溉益州一十六县，豚蹄杯酒，家家祝太守祠堂。

道德经括人天治乱之大原，溯群仙统驭万类生成归于太极；
柱下史与乾坤悠久而为祖，合佛教慈悲孔门忠恕树厥先声。

五千年历史溯至理官皋陶佐虞治国李牧辅赵强兵秦斯汉广唐密宋纲明自成清秀成民宗仁共先念英雄豪杰扬中外业跋有光昭日月永树雄心应使后浪推前浪；

二百代道经创于始祖老聃探源明理世民开疆拓土诗白词煜文遨水冰医时珍商嘉诚政光耀科政道圣哲贤才弥今古名声显赫辉乾坤更立壮志犹冀新人胜旧人。

李姓历代名人

■ 先秦

李冰：战国时期秦国著名水利工程专家，曾主持修建都江堰水利工程。

李悝：法家始祖，战国初期魏国著名政治家，所著《法经》在中国古代法律史上有非常重要的地位。

李牧：战国时期赵国人，战国末年著名军事家，战国四大名将之一。

■ 秦

李斯：战国时上蔡人（今河南上蔡），秦朝丞相，著名政治家、书法家、文学家，故有"千古一相"之名。

李信：战国时代秦国著名将军。

■ 汉　朝

李广：西汉名将，陇西成纪人（今甘肃秦安），多次参加反击匈奴的战争，以勇敢善战、箭法出众著称。在任右北平太守时，匈奴数年不敢攻扰，称之为"飞将军"，自古有"王不过霸""将不过李"之称。

李陵：字少卿，陇西成纪人，名将李广之孙，著名西汉将领，后战败投降匈奴。

李广利：汉朝将领。

李通：东汉开国功臣，云台二十八将贵戚第二位，因功勋卓著，娶光武帝之妹宁平长公主——即大名鼎鼎女中豪杰的刘伯姬。

李傕：凉州北地郡人，汉末三国时群雄之一，东汉末年的凉州军阀、权臣，曾挟持汉献帝，专政四年。

■ 三国

李典：曹操庙庭元勋第二十一位。曾与张辽合力以步卒八百，大破孙权兵马十万，其人深明大义，崇尚儒雅，有长者之风，为曹操、曹丕重视。

李登：著名三国时期魏国音韵学家，任左校令，著《声类》十卷，以宫、商、角、徵、羽五声区别字音，尚未分立韵部，是最早的一部韵书。

■ 晋朝

李密：西晋文学家，所著《陈情表》以侍亲孝顺之心感人肺腑，千百年来一直被人们广为传诵，影响深远。

李充：东晋著名的文学家、文论家、目录学家、书法家。

李暠：十六国时期西凉政权建立者，陇西成纪（今甘肃天水市秦安县）人，政治家，文学家，曾著有《述志赋》《槐树赋》《大酒容赋》等多篇。

李歆：十六国时期西凉皇帝。

李恂：陇西成纪人，西凉武昭王李暠之子，西凉后主李歆的弟弟，十六国时期西凉君主。

李雄：十六国时期成汉建立者。

李班：字世文，成汉武帝李雄的侄子，李雄之兄李荡第四子，十六国时期成汉国君主。

　　李期：字世运，成汉武帝李雄第四子，十六国时期成汉皇帝。

　　李寿：字武考，李特之弟李骧的儿子，十六国时期成汉皇帝，338年～343年在位。

　　李势：字子仁，成汉昭文帝李寿长子，十六国时期成汉最后一位皇帝，343年～347年在位。

■ 南北朝

　　李宝：北魏镇北将军（？～459），字怀素，小字衍孙，陇西狄道（今甘肃秦安）人，西凉武昭王李暠之子李翻的儿子。

　　李虎：西魏府兵八位柱国大将军之一，戎马倥偬，功勋卓著，嫡孙唐高祖李渊。

　　李弼：西魏府兵八位柱国大将军之一，冲锋陷阵，所向无敌，曾孙瓦岗山李密。

　　李贤：北周骠骑大将军、河西郡公，与弟李穆、子李崇，俱是一代名将，至隋朝时，其子孙出将入相，誉满天下。

　　李冲：陇西成纪人，北魏时期杰出的政治家、改革家。

　　李安世：赵郡人，北魏政治家，上疏建议实行均田制。

　　李诡祖：魏孝文帝时任曲梁县令，清廉爱民，去世后立祠祭祀，在汉族民间称增福相公、文财神、增福财神、福善平施公。

■ 隋

　　李密：隋唐时期的群雄之一，出生于四世三公的贵族家庭，隋末天下大乱时，他成为瓦岗军首领称魏公，率军屡败隋军，威震天下。

李子通：隋唐时期的群雄之一，615年称帝。

李春：中国桥梁专家。他设计建造的赵州桥存世1400多年，堪称中国建筑史上的奇迹之一。

■ 唐

李渊：唐高祖，字叔德，祖籍陇西成纪，唐朝开国皇帝，杰出的政治家和战略家。他是十六国时期西凉国开国君主李暠的后裔，世代显贵。他的祖父李虎，在西魏时官至太尉，是西魏八柱国之一。他的父亲李昞，北周时历官御史大夫、安州总管、柱国大将军。他七岁袭封唐国公。

李世民：唐太宗、天可汗(599～649)，唐朝第二位皇帝，在位23年，年号贞观，名字取意"济世安民"，陇西成纪人。他不仅是著名的政治家、军事家，还是一位书法家和诗人，庙号太宗，谥号文武大圣大广孝皇帝，葬于昭陵。

李治：唐高宗，字为善，中国唐朝第三位皇帝，唐太宗李世民第九子，开创了有贞观遗风的永徽之治。

李隆基：唐玄宗，大唐皇帝，庙号"玄宗"，又因其谥号为"至道大圣大明孝皇帝"，故亦称为唐明皇。他在位前期，用人有方，开创了历史以来最鼎盛时期"开元盛世"。

李靖：字药师，汉族，雍州三原（今陕西三原县东北）人，隋末唐初将领，是唐朝文武兼备的著名军事家，后封卫国公，世称李卫公。

李豫：唐代宗，初名李俶，唐肃宗长子，唐朝第八位皇帝，收复两京，荡平余孽。代宗之朝，余孽犹在，平乱守成，盖亦中材之主也。

李适：唐德宗，唐朝第九位皇帝，唐代宗长子，在位26年，享寿64岁，谥号为神武孝文皇帝。他在位前期，坚持信用文武百官，严禁宦官干政，颇有一番中兴气象。

李纯：唐宪宗，宪宗在位期间，勤勉政务，着手削藩，开创了唐朝的中兴气象，史称"元和中兴"，是唐朝后期最杰出的皇帝。

李炎：唐武宗，本名李缠，后改名炎，唐穆宗第五子，唐文宗弟。武宗时期，对内打击藩镇和佛教，对外击败回鹘，加强了中央集权，唐朝一度出现中兴局面，史称"会昌中兴"。

李忱：唐宣宗，唐朝第十八位皇帝，在晚唐的皇帝中也是得到较高声誉的一位，《资治通鉴》载："宣宗性明察沉断，用法无私，从谏如流，重惜官赏，恭谨节俭，惠爱民物，故大中之政，讫于唐亡，人思咏之，谓之小太宗。"

李孝恭：唐初宗室名将，为凌烟阁二十四功臣之一，为唐开国元勋。

李道宗：字承范，陇西成纪人，唐朝初期重要将领，一生参与破刘武周，破王世充，灭东突厥、吐谷浑，征高句丽等诸多战役，为唐王朝的统一和开疆拓土立下赫赫战功。

李泌：唐朝中期杰出的政治家，谋略家，官至宰相。

李适之：李唐宗室、大臣，玄宗朝宰相，唐太宗李世民曾孙。

李晟：中唐著名将领，字良器，洮州临潭（今属甘肃）人，勇烈有才，善骑射，平朱泚之乱。

李塑：中唐著名将领，雪夜入蔡州，平吴元济之乱。

李吉甫：赵郡赞皇（今河北赞皇）人，唐朝宰相，地理学家。

李德裕：在唐文宗和唐武宗两度为相，赵郡赞皇人，李吉甫之子，中唐宰相，唐代文学家、政治家，代表作有《会昌一品集》《左岸书城》《次柳氏旧闻》等。

李淳风：唐代杰出的天文学家、数学家、道家学者，岐州雍（今陕西凤翔）人，他和袁天罡所著的《推背图》以其预言的准确而著称于世。

李白：祖籍陇西成纪，唐代著名浪漫主义诗人，在中国文学史上有着极其崇高的地位，人称"诗仙"。

李龟年：别名乐圣，唐时乐工，开元初年的著名乐工，常在贵族豪门歌唱。

■ 五代十国

李克用：唐末将领，生前被封晋王，其子李存勖建后唐时，追尊为后唐太祖。

李存勖：建立后唐，为唐庄宗。

李嗣源：后唐皇帝。

李昪：建立南唐，为南唐烈祖，又称李先主。

李煜：南唐皇帝，又称李后主，被誉为"千古词帝"。

■ 宋

李处耘：五代末年至北宋初年的著名将领，与子李继隆并称"雄将、能臣"于当时，次女明德皇后亦为贤后之垂范。

李继隆：大宋名将，大宋昭勋阁二十四功臣位列第八，宋太宗皇后明德皇后之兄，一生战功显赫，以千余马步大破契丹骑兵数万而流芳于后世。

李沆：北宋"圣相"，大宋昭勋阁二十四功臣位列第五。

李谷：五代大臣，传见《宋史·李谷传》。

李纲：北宋名相。

李清照：南宋女词人，论词强调协律，崇尚典雅、情致，提出词"别是一家"之说，反对以作诗文之法作词。

■ 金

李冶：金元四大数学家之一。

李杲：中国医学史上"金元四大家"之一。

李俊民：金代文学家。有《庄靖集》十卷。

■ 西夏

李元昊：西夏开国皇帝，李陵之后裔。

李仁孝：西夏最有作为的皇帝，仁宗时是西夏的鼎盛时期。

■ 明朝

李文忠：明朝开国名将，开国功臣位列第三。

李善长：明朝开国丞相。

李春芳：有"青词宰相""状元宰相"之称。

李如松：明朝名将，共父辈子辈祖孙三代满门忠烈，与父李成梁同为朝廷倚重的北方屏障，父子二人与戚继光齐名。

李定国：明末伟大的民族英雄、军事家，忠心扶持南明抗清二十余年，战功彪炳，封晋王。

李时珍：字东璧，晚年自号濒湖山人，湖北蕲州人，中国古代伟大的医学家、药物学家。历时27年编成《本草纲目》一书。

■ **大顺**

李自成：党项族首领李继迁的后人，明末农民起义领袖，大顺开国皇帝，曾短暂统一北方。

■ **清**

李光地：福建人，清朝著名的清官、理学名臣，也是有争议却又深得康熙帝信任的人物，累官至文渊阁大学士兼吏部尚书。

李鸿章：字子黻、渐甫，号少荃、仪叟，汉朝合肥人（今安徽合肥）。着名清朝晚期军政重臣、清朝淮军的创始人和统帅、洋务运动的主要倡导者。

李宗仁：广西临桂人，字德邻。黄埔军校南宁分校总负责人。国民党高级将领，军事家。中华民国副总统、代总统。

李大钊：中国最早的马克思主义者、中国共产党的创始人之一。字守常，河北省乐亭县人。

李四光：蒙古族，字仲拱，原名李仲揆，着名地质学家。

李政道：美籍华裔物理学家。

李光耀（新加坡）：新加坡前总理，现任新加坡内阁资政。

李嘉诚：香港着名的塑胶商、房地产巨商，杰出的世纪企业家。

李小龙：著名武术家，著名电影演员。英文名字BruceLee，中文原名李振藩。

李姓字辈分布

河南省

■ 郑州市

新郑市李氏一支家谱字辈：

　　甲毓昭泰承　载万道含春

登封市李氏一支家谱字辈：

　　君臣长曰善　怀逢广积德
　　金山云献祥　江海龙呈瑞
　　福禄寿常存　祯志终有幸
　　景辉运昌盛　锦秀业鸿生
　　永思先宗愿　报孝祖意成

荥阳市李氏一支家谱字辈：

　　太和敏花开　文有书中来
　　稳座青江道　唯有石靖开

新密市李氏一支家谱字辈：

　　如经春林道　永使人中存
　　厚金德保本　有修进明君

巩义市李氏一支家谱字辈：

　　思可国之遇　天士大登廷
　　学仁广道义　兴治鸿儒鸣
　　宗德世相继　致君立朝中
　　嵩泰横生华　文超永耀长

■ 洛阳市

孟津县李氏一支家谱字辈：

　　千万本同祖　京兆会一元

涧西区孙旗屯李氏一支家谱字辈：
　　　　　金月修治庆　昭宪有正祥
　　　　　兴继传书道　万世尽荣光

嵩县李氏一支家谱字辈：
　　　　　金木水火土　天道永昌明

嵩县李氏另一支家谱字辈：
　　　　　重本德高俊　道发□荣光

李氏一支家谱字辈：
　　　　　德高俊道龙发

李氏另一支家谱字辈：
　　　　　世德相承远　扬泽锡恒光
　　　　　文明昭裕启　家声庆福长

李氏另一支家谱字辈：
　　　　　锡家维绪业　光国庆宏恩
　　　　　联步科登第　布德做圣君

■ 开封市

兰考县李氏一支家谱字辈：
　　　　　道德伟新

通许县李氏一支家谱字辈：
　　　　　广传全家宝　正明孝祖宗

通许县李氏另一支家谱字辈：
　　　　　天培玉树　传世永长
　　　　　如克奉守　福生文光

通许县李氏另一支家谱字辈：
　　　　　一辅廷培邦　生应怀居良
　　　　　富祥呈兆瑞　吉庆现荣光
　　　　　修德功宜力　行仁善自扬

孝敬本天性　忠义振纲常

杞县李氏一支家谱字辈：
国振秀天是云

杞县李氏另一支家谱字辈：
法清传天□　继世西庆宝

杞县李氏另一支家谱字辈：
天开志文明　洪（宏）德传万世

杞县李氏另一支家谱字辈：
崇宗怀敬祖　裕昆存继原
德铭传法世　道锦济清廉

李氏一支家谱字辈：
静（敬）修志广

李氏另一支家谱字辈：
志（治）芳广继（纪）

■ 漯河市

舞阳县李氏一支家谱字辈：
村佐停俑广　种福田国恩
家庆明文忠　献侍久延昌

■ 安阳市

滑县李氏一支家谱字辈：
振德宗心传　兴基志道延

林州市李氏一支家谱字辈：
甫献瑞家

林州市李氏另一支家谱字辈：
文林兴景泰

林州市李氏另一支家谱字辈：
甫瑞加道光昌

林州市李氏另一支家谱字辈：

魁德秀峰叁　周朝培贤世

雨豪玉同林

林州市李氏另一支家谱字辈：

中兴先祖子信公　承前启后有志成

整聪画瑞若坤谦　杜三斯士廷复立

葆兆文林兴锦泰　秉耀和日发光昌

铭树鸿灼培蔚世　维裕俊建明瑜成

李氏一支家谱字辈：

立志全新德

李氏另一支家谱字辈：

得（德）兆花作景（锦）福

李氏另一支家谱字辈：

元金步凤玉　英明治国泰

列国振家邦

■ 新乡市

辉县市李氏一支家谱字辈：

浔连尚福

原阳县李氏一支家谱字辈：

世中凤春国保

卫辉市李氏一支家谱字辈：

金水木火土　□□□清林

灿在铭浦梧

获嘉县李氏一支家谱字辈：

大光清廷振

玉（福）瑞（德）连（光）学鸿

获嘉县李氏另一支家谱字辈：
　　　　正传文中（凤）明　振成建金昌
李氏一支家谱字辈：
　　　　柏志庆春更全
李氏另一支家谱字辈：
　　　　陆云德玉兴

■ 周口市
沈丘县白集李氏一支家谱字辈：
　　　　金丙玉振
淮阳县李氏一支家谱字辈：
　　　　兴庆洪昌□　祖业几世长
郸城县李氏一支家谱字辈：
　　　　德东振金昌
项城市李氏一支家谱字辈：
　　　　金治林西（熙）培　锦汝松照堂
商水县李氏一支家谱字辈：
　　　　法方尊克修
商水县李氏另一支家谱字辈：
　　　　宗德可法　方尊克修
　　　　汝其有志　永为尚崇
太康县李氏一支家谱字辈：
　　　　宗之瑞义兆
太康县李氏另一支家谱字辈：
　　　　仰纪树伟生
李氏一支家谱字辈：
　　　　应永培挺红艳宾
李氏另一支家谱字辈：
　　　　中志祥孝

李氏另一支家谱字辈：

　　　　定培有文为　孝慈昭祖德

■ 焦作市

李氏一支家谱字辈：孟州市

　　　　太庆长乐勇昌

武陟县驾部村李氏一支家谱字辈：

　　　　清庆本培元绍

武陟县李氏一支家谱字辈：

　　　　超三如继文

武陟县李氏另一支家谱字辈：

　　　　金润永建鸿世荣

武陟县李氏另一支家谱字辈：

　　　　显耀祖功　克绍宗绪

　　　　覆述崇喜　传德照临

李氏一支家谱字辈：

　　　　五岳高峻

李氏另一支家谱字辈：

　　　　相世子福乃明

李氏另一支家谱字辈：

　　　　作玉平康　敬修得業

李氏另一支家谱字辈：

　　　　天清振中国　永生兆庆祥

　　　　三春长发茂　荣光万世昌

■ 平顶山市

郏县李氏一支家谱字辈：

　　　　旗林现水　朋飞兰芳

■ 信阳市

潢川县李氏一支家谱字辈：
　　天道昌明胜

固始县官桥李氏一支家谱字辈：
　　金成正德　长明富贵

固始县李氏一支家谱字辈：
　　怀振洪广　后庆宝福

固始县李氏另一支家谱字辈：
　　云德长九国　正文延四泽

固始县李氏另一支家谱字辈：
　　如丕照显　德西元庆
　　明良世昌

固始县李氏另一支家谱字辈：
　　永廷大振　德如光春
　　阴家恩庆　忠厚传林

固始县李氏另一支家谱字辈：
　　奇（齐）春国运　世（士）□民（明）顺

固始县李氏另一支家谱字辈：
　　秉文时子克　甫卿世侯延
　　尔孙昭孝悌　法祖尚玉前
　　忠诚弘国盛　仁礼蔚嗣贤
　　兴复我家帮　济美斯万年

光山县李氏一支家谱字辈：
　　戴正传文

光山县李氏另一支家谱字辈：
　　守若禄山春

光山县李氏另一支家谱字辈：
　　清国定天成
光山县李氏另一支家谱字辈：
　　长春应国朝大
光山县李氏另一支家谱字辈：
　　天泰和世　年日永辰
光山县李氏另一支家谱字辈：
　　为继恩铭　在德华绪
光山县李氏另一支家谱字辈：
　　鸿福映世　忠厚相传
光山县李氏另一支家谱字辈：
　　宗保树维　家道荣常
光山县李氏另一支家谱字辈：
　　上殿光文德　芳开万国华
光山县李氏另一支家谱字辈：
　　金山世如广　文德照永长
　　谱成新家义　富贵保安祥
光山县李氏另一支家谱字辈：
　　应中传本立　学首庆明阳
　　大义三光永　鸿运百福昌
光山县李氏另一支家谱字辈：
　　光（锦）宗（如）德（恩）永昌
　　世万义文长
　　先传培厚泽　林春耀阴阳
光山县李氏另一支家谱字辈：
　　国家世代胜　中良万泽全
　　光明正大有　胡耀尽开颜

商城县李氏一支家谱字辈：
门兴乃祖　四季书香

商城县李氏另一支家谱字辈：
学逢盛世　行建功良
道济隆时

商城县李氏另一支家谱字辈：
君子臣大美　士可德昌元
人文光楚国　汉学道先传

新县李氏一支家谱字辈：
世上有文长　光宗德永昌

新县李氏另一支家谱字辈：
盛德承家永　荣光继续长
善人天自保　进发定宏强

李氏一支家谱字辈：
德本寿昌

李氏另一支家谱字辈：
文自清忠

李氏另一支家谱字辈：
山中后大

李氏另一支家谱字辈：
维世乾坤兆大明

李氏另一支家谱字辈：
培育明贤大德成

李氏另一支家谱字辈：
春世正金应华传

李氏另一支家谱字辈：
行仁守义　治国安邦

李氏另一支家谱字辈：

兆启淮昌　英俊刚强

李氏另一支家谱字辈：

凤洪光行仁　守玉治国安邦

李氏另一支家谱字辈：

开本宗彦怀　振洪广厚庆
奕代建奇功　经纬奉龙廷
忠孝传家运　仁义敬世宽

李氏另一支家谱字辈：

天开延今　群发章庆
先祖定进　居中容安
建滋元春　宏大志新
忠厚传永　耕读贤英

李氏另一支家谱字辈：

天尚绍林秉　世德文明胜
家声永远昌　长安毕大业

李李氏另一支家谱字辈：

忠信传家宝　诗书绵泽长
祖宗培基厚　万载庆荣昌

李氏另一支家谱字辈：

新盐民元继　容光传家远
洪景耀祖先　国正天兆顺
吉祥保平安

■ 南阳市

方城县李氏一支家谱字辈：

凤振春金　万福文建

桐柏县李氏一支家谱字辈：
　　立国正宏有　朝德林兴琛仁
内乡县李氏一支家谱字辈：
　　合从善业广　仕久川子长
唐河县李氏一支家谱字辈：
　　万世永国昌
唐河县李氏另一支家谱字辈：
　　喜秉丁林显玉衡
南召县李氏一支家谱字辈：
　　克连书长文金
南召县李氏另一支家谱字辈：
　　永世克孝　载沁之光
　　长发其祥
邓州市李氏一支家谱字辈：
　　恒永天生　三元富贵
邓州市李氏另一支家谱字辈：
　　九学光显文　纯玉镇金升
邓州市李氏另一支家谱字辈：
　　开振学士志　应全新德良
邓州市李氏另一支家谱字辈：
　　振朝百万家　乾坤永安定
邓州市李氏另一支家谱字辈：
　　忠孝传家珍
邓州市李氏另一支家谱字辈：
　　正裕厚培　长春肇庆
　　尔履惟恒　端本崇敬

邓州市李氏另一支家谱字辈：

纯玉振金生　久学端显文

殿传名世焕　万方清景春

镇平县李氏一支家谱字辈：

万孝先仁叶　居行伍德周

镇平县李氏另一支家谱字辈：

春灵开国秀　瑞仕耀霆方

李氏一支家谱字辈：

学光笃厚

李氏另一支家谱字辈：

开门俊德　协火万邦

李氏另一支家谱字辈：

树永清泉茂相亭

李氏另一支家谱字辈：

天祥万世用兴

李氏另一支家谱字辈：

长保荣华富贵

李氏另一支家谱字辈：

春光振金斯

李氏另一支家谱字辈：

国基万年　景星庆云

李氏另一支家谱字辈：

国太民安　甲庆世容

李氏另一支家谱字辈：

开门俊德　协火万邦

李氏另一支家谱字辈：

三元井学　春福本金

■ 鹤壁市

浚县李氏一支家谱字辈：
祥元修德

浚县李氏另一支家谱字辈：
方兴志常成　光有增辉祥

李氏一支家谱字辈：
岩唐世祚一三

■ 濮阳市

台前县李氏一支家谱字辈：
金孟保文兆为祥

华龙区胡村乡张仪村李氏一支家谱字辈：
永怀文思　光昭德宽
好修庆登　宗典克建

清丰县城关镇南李庄李氏一支家谱字辈：
景绍泰和琴书焕鸣裕　启跃庆蕴含
秉怀占镇致恒润望泽宦

清丰县古城乡李氏一支家谱字辈：
影青喜德庆顺　双祥柱现敬

濮阳县习城乡甘露村李氏一支家谱字辈：
鸿丰太安祥　忠效仁义信

濮阳县白罡李氏一支家谱字辈：
学自有金

濮阳县户部寨乡李家海村李氏一支家谱字辈：
广连先世志　鸿思万景春
仪心和宗帮　名传显学仁

范县龙王庄乡李楼李氏一支家谱字辈：
文福德培庆厚　建修肇领先

范县城关镇赵亭村李氏一支家谱字辈：

心玉丕旺　子法建继首

道德仁义孝　青春兴盛宝

宏志照晓云　万喜昌文秀

和顺祥光来

濮阳一支李氏家谱字辈：

宗（忠）天开景运

李氏另一支家谱字辈：

静心文明显　庆善继延昌

天道有本运　世存永瑞嘉

■ 许昌市

禹州市李氏一支家谱字辈：

振国书文

禹州市李氏另一支家谱字辈：

尚祥俊大　文周凤长

景太成克

禹州市李氏另一支家谱字辈：

万金学首贵　三国浩善多

史书传家宝　福禄冲天来

■ 商丘市

民权县李氏一支家谱字辈：

景兰明世振家安

柘城县李氏一支家谱字辈：

才全轶伦超　山高林长茂

夏邑县李氏一支家谱字辈：

世禄承先德　家生发扬光

虞城县李氏一支家谱字辈：

心正全圣世　洪德庆瑞丰

公良传家远　广宗保国存

宁陵县李氏一支家谱字辈：

贤文曜水智　木世玉龙华

茂修召大德　孝友永传家

永城市李氏一支家谱字辈：

合思贵成俊

永城市李氏另一支家谱字辈：

法志元安康德

永城市李氏另一支家谱字辈：

景永宝贵

永城市李氏另一支家谱字辈：

周星合思　贵（桂）成俊广

永城市李氏另一支家谱字辈：

□□春文树　忠厚传家远

诗书礼义长

永城市李氏另一支家谱字辈：

□□春文树　忠厚传家远

世德永吉昌

睢县李氏一支家谱字辈：

广义传佳道

睢县李氏另一支家谱字辈：

金永作（忠）志孝克红

李氏一支家谱字辈：

云忠为可继　胜善尚修明

李氏另一支家谱字辈：

高展先世德　敬纪依叶闲

李氏另一支家谱字辈：
　　　　光前德远　玉洪泽勉
李氏另一支家谱字辈：
　　　　色德阁复俊　国恩学英明
李氏另一支家谱字辈：
　　　　唯年光汝大　世宝乃家传
李氏另一支家谱字辈：
　　　　一如国德章重
李氏另一支家谱字辈：
　　　　云忠为可继　胜善尚修明
李氏另一支家谱字辈：
　　　　加云永广运红　龙阁殿生秀
　　　　凤华锦官城□
李氏另一支家谱字辈：
　　　　敬成先业　恪守书香
　　　　秉麟卫起　鄞远泽长
李氏另一支家谱字辈：
　　　　色德阁复俊　国恩学英明
　　　　唯年光汝大　世宝乃家传
李氏另一支家谱字辈：
　　　　庆修作世守　敬成爱良发
　　　　忠州国恩广　明志现英华
李氏另一支家谱字辈：
　　　　广玉成乾坤

■ 驻马店市

泌阳县李氏一支家谱字辈：
　　　　恒德传广　培茂永昌

上蔡县李氏一支家谱字辈：

久景联章　东来启祥

道德经著　福禄永康

确山县李氏一支家谱字辈：

守业心自乐　知义性咸安

怀远芳馨聚　慎修世恒绵

平舆县李氏一支家谱字辈：

三永梦殿军子信

平舆县李氏另一支家谱字辈：

树全振冠

■ 济源市

五龙口镇河头村李氏一支家谱字辈：

奇家维志道　体善在正宗

承继思永法　□□学期崇

李氏一支家谱字辈：

万云登明步

李氏另一支家谱字辈：

君如文宏思建　天发云广怀

李氏另一支家谱字辈：

君可山智宗　玉天朝然广

怀诗书治世　奉经典安邦

大峪街北头李氏现用字辈：

左大支：

君如文宏　思建天发

云广怀诗　书治世

右大支：

君可山智　宗玉天朝

　　　　　占广怀宪　庆繁祥
十五世后族辈字序：
　　　　　奉经典安邦　佐昊开新宇
　　　　　嘉禄显衡祥　兴瑞华周永
　　　　　慎允孝忠良　廉政清维本
　　　　　耿直继德昌
李氏族谱世系文：
寺门河李氏族谱世系文（五世至二十五世）：
　　　　　君帮仕进　崇文大乾
　　　　　宗同玉克　天怀世德
　　　　　允庆孟良生
大峪河李氏族谱世系文（五世至二十五世）：
　　　　　君帮时自叶　绍杨继荣同
　　　　　从之如好敏　恒嘉尚积昭生
李氏族谱世系文（续）：
　　　　　清新华泰永　作则维正常
　　　　　国治宪法兆　修明建鸿章
　　　　　延年多习惠　集体富和堂
　　　　　立志传家宝　纪续应繁祥
　　　　　丹旭照贵源　仁义欣福连
　　　　　俊杰树令旗　刚廉瑞英贤

■ 河南省境内其他支系
李氏一支家谱字辈：
　　　　　世学孔孟
李氏另一支家谱字辈：
　　　　　学春福本金
李氏另一支家谱字辈：

自孛开文明

李氏另一支家谱字辈：
春光可向荣

李氏另一支家谱字辈：
占魁光宗耀族

李氏另一支家谱字辈：
林春兆（彦）秀

李氏另一支家谱字辈：
德山东清　世金书永

李氏另一支家谱字辈：
习光照万世　绍德继功天

李氏另一支家谱字辈：
定培有文为　孝慈昭祖德

李氏另一支家谱字辈：
云忠（纪）良道金

李氏另一支家谱字辈：
绍习永清　田德克明
富贵尊荣

李氏另一支家谱字辈：
慎广宏宗　续传继荣
家兴振明清

李氏另一支家谱字辈：
国华应兆　树登本绍
庆祥修培

李氏另一支家谱字辈：
清应以庭龙　元师祥成恒
正运喜广德　玉世道开龙

郑州市新郑市龙湖镇沙窝李村李氏

▲ 龙湖镇沙窝李村李氏家谱

沙窝李村李氏，根据碑文记载，吾李氏先祖讳九常（长子）、九福（次子）、九成（三子）、九经（四子）、九瑞（五子）等兄弟五枝于明中期扶老携幼迁往沙窝李。遗憾的是有关先祖业绩的文献存世甚少，目前可查的仅有民国八年（1919）"六世先祖讳俭碑"（福建藏）。碑文记载：明末闯王率兵北进，村民被围于西河龙池沟北侧小寨；一发千钧之际，先祖一习武者单枪独骥，突入重围刺闯王总兵白玉墀于马下，幸免吾一姓之戮。瞄碑文漫漶，难言其详。然借此寥寥数语，也彰显吾先祖抗暴保家之英雄气概，足令吾后辈感怀不已。

今修家谱，旨在俾咸一本之谊，共敦九族之睦，弘扬家风，继传家训，承先人抗暴保家之优良传统，励后代奋发报国之志气。故虽多历波折，吾辈亦矢志不渝而为之。

奈何吾辈心虽诚，然时间短，兼文献资料贫乏，尤其编纂人员水平有限，故不足、纰漏之处难免，诚请族人谅解，更期后辈补续。

来自大槐树·李氏姓氏字辈考

郑州市上街区石嘴村李氏

▲ 石嘴村李氏宗祠内景

据《李氏宗谱》记载,石嘴村村民是当年由山西洪洞大槐树迁入的大槐树移民后裔。

李氏宗祠里挂着"治家以勤俭为本,立身应忠孝当先"之祖训铭言,言简意赅,彰显中华传统美德之精髓,为人处事治家之根本,属于宝贵的中华文化遗产。

▲ 石嘴村"李氏历代宗亲之位"碑

在李氏宗祠里,在"李氏历代宗亲之位"碑身上刻有一段文字:"相传始祖来自洪洞。据考本支从西史村先人之东门迁此,

▲ 石嘴村李氏祠堂外景

先后有顺安九思克勤三公定居石嘴村繁衍至今。公元一九九五年春借修祠续谱之机，改原纸谱为碑志，并将顺安克勤二公碑志依次排宗亲之位东侧，而九思公碑志依次排宗亲之位西侧，以便后世子孙稽考备注。"

在"李氏历代宗亲之位"碑的两侧还有一副对联：始祖来自洪洞百世无替至于此，本支分从史村一脉相传到如今。

▲ 石嘴村李氏故宅（一）

▲ 石嘴村李氏故宅影壁

▲ 石嘴村李氏故宅（二）　　▲ 石嘴村李氏故宅内景

郑州市新郑市辛店镇东土桥村李氏

▲ 东土桥村李氏宗祠

东土桥村李氏《续修家谱》序

闻吾李氏始祖讳东海，字裕万，系山西洪洞县民籍，明时永乐年间迁居河南新郑县（今河南新郑市）西十五里东土桥村。历时三百年，而谱牒无传，讫皇清康熙四十四年（1705）乙酉东，（十一世）族祖朝阳与其族兄建业恐世远年湮，宗次无考，爰纠族众创修家谱。因碑碣之记载，考父老之传闻，分宗别派，纪世签口，于是乎，谱牒成而世系可固，支派列而朝暮不紊焉。

然尔时始祖之后，二世祖失讳，三世祖又失讳，至三世祖生儿子，分南北门，长讳路，为南门祖；次讳秋为北门祖，其四子，长、次、三俱失传，今传长子之子曰环、曰佩，秋四子讳表，迁县东铁李村。

于乎！自始祖以来及族祖朝阳、建业之世，年仅三百余年，世甫三五传，而祖宗之名，竟多有不可识者，况迄今又历二百年，而谱牒所载者已远，未载者无穷，更有迁徙亡外，存殁失名者，此续谱所由宜急也。十六世坤元志此久矣，第族繁居散，非只身能办，非日月可成，而且族众推诿，私囊乏金，遂徒有其志而不能为其事也。无奈试于旧谱中，仅摘亲支近派，独订一编，因流溯源，复由本纪支，于已载者寻本身高曾之所出，于未载者，续一门云仍之所承。这可使子子孙孙相承而记，以俟后之竣。续谱之功者，于此一门支派，一目了然尔。非辞劳而不编续也，亦以力有所不给，苦无人共襄乃事也矣。

皇清光绪十四年（1888）戊子仲冬一阳节后一日

十六世坤元敬序

郑州市惠济区岗李村李氏

▲ 岗李村李氏族人清明祭祖掠影(一)

岗李村李氏族人祭祖诗：
　　黄花飘零绕古墓，
　　道是生死别离处。
　　鼎香奠礼已尽瘁，
　　雁影游心识归路。
　　曾为移民途中殇，
　　黄土垅头筑祖堂。
　　长望云天晴方远，
　　明日问谁寻故乡？

▲ 岗李村李氏族人清明祭祖掠影(二)

▲ 岗李村李氏族人清明祭祖掠影(三)

郑州市巩义市站街镇仓西村李氏

巩义市仓西村李氏始祖墓表

始祖讳铭,妣郝氏,原籍山西洪洞人,因迁家于巩西北乡仓西,族谱亡失,其至巩之事之时已无可稽。据二世祖碑阴所载,始祖有二子,长曰仲威无传,次曰仲斌,即我二世祖也,妣王氏,生子三女二:一曰海,二曰淳,由岁贡入监授山东新泰丞,一曰大荣,长女适高氏无嗣,次女适阎氏讳海,

▲ 仓西村李氏墓表

后世子孙入庠食饩振振可纪,迄今三百余年,传十二代矣。瓜瓞绵绵,衣冠世世,非我始祖之积累不至此。窃异为子孙者,止知念其祖父以及高曾刻石作记,至于祖父高曾之所自出者竟多忽忘。所以比年拜扫时,老者执香,少者执纸,求我始祖之墓而不知所在,实甚怆心。白等群族人而谋之,出资树碑,众皆欣然曰:报本追远,政当乃尔。于是命石工爰立石碑一座,供石一方,举祖宗之世次揭之于前,通族之子姓列之于后。自兹以往,老者少者望始祖之墓而失所向者无有矣。后之人,将念我始祖而大其孝思者,又不知何如也。是举也,计之康熙乙卯端阳月,立于丙辰清明日。

康熙十五年(1676)岁次丙辰仲春吉日

河南嵩洛地区巩义、偃师、温县、孟县等地流传"阎李一家"之说。巩义阎李一家，源于明初仓西同父异母"十大弟兄"分承阎、李两姓香火，阎姓、李姓同一祠堂，共祭海祖。阎李一家的亲情源远流长，今已立石为证。

巩县（今河南巩义市）仓西"阎李一家"，源自明初迁民定居之

▲ 阎李一家碑

后，阎海之子、同父异母十大弟兄分别传承了阎李两家的香火，议定同立宗庙，共祭祖先。此可谓两姓交好兄弟情，血脉相通一家亲。阎李一家，阎李族众认可，四邻八乡咸知，流传至今，成为佳话。但因年代久远，对于阎李一家的详情细节，各地碑刻、谱牒中的文字记载略有出入，祖辈相传的口头说法也不尽相同，阎李两姓族人的认知亦有一定的差异。根据长时间对各种历史资料的收集、整理、分析和综合，仓西阎李一家的梗概可归纳如下：

巩境我阎氏原籍山西洪洞。明初上谕迁民，海、江、河、湖一起南渡黄河，迁来巩城黉学巷，辛勤度日。后遇水灾，江赴孟津，河徙临汝，海、湖随母移居城西北里许之仓西村，农耕为业。太

始母为海娶本村舅父之女李氏为妻，生广、宽、德、亮四子。其间，舅氏恐无传，与姊商议，替海再娶一房，生子以承继李姓香火。遂先后聘娶田氏、王氏，生六子：锡、彪、云、雷、雨、电。虽各立门户，然时人仍称之为十大弟兄。最终两姓议定：共设祠堂，阎李族谱分书南北壁间；合祭海祖，阎李两姓轮流主、陪祭。此即阎李一家之由来。

石关碑刻阎氏家序

万物本乎天，人本乎祖，渊源有自由来尚已！阎氏始祖山西洪洞县人，相传明初从小李庄迁徙，江居孟津，河居临汝，海居巩县仓西，遂茔葬焉。予十六七岁时去仓西□土地庙东之□世祖也□前不知墓之所在，及查清碑阴有家谱焉。予历考其名，究□随祖省坟墓，西门外沟中是祖茔，有数墓□乎焉，至今七十余年，仍不知祖茔所在□阎李共修，阎家财力不给，李□两山墙上。重修之后，家谱遂毁而家庙□后于何年，始祖茔在大井沟口北山根□阎香之祖诓去不返。阎李一家之说自□亮承嗣舅氏，两家各为娶妻，一生两门□予独何心，能勿忧哉？姑即父母之传□历录之□甚清，部伍庶不甚乱，至西迁石关□迁□窑湾，不可数计。因以勒石以侍后之过者。

十三代孙承文 谨序

据文保碑上介绍，郑氏节孝坊建造于清道光二十九年（1849），是为旌表已故处士李士海之妻郑氏奉旨而立。另据民国十八年（1929）《巩县志》记载："郑氏，仓西李士海妻。年十八归李，五载夫亡。遗二孤，家奇贫。翁姑又相继逝，双柩在堂，藐孤无依，茹痛含辛，艰苦莫状。有利其嫁者，百计憾摇不为动。守节三十二年卒。"节孝坊次间额枋间有垫板，上有《节妇李郑氏传》，县志所载，基本摘自于此传，如下：

氏农家女也，姓郑氏，有淑德，专静纯一，温温然无疾言遽色而意凛如也。年十八相夫子，天性孝慈，能得堂上欢。家奇寒，良人家食常少，时离膝下，氏承颜谕志，以妇代子其常也，结褵五载夫亾，遗孤二，长学举，次学健。未几，翁姑亦相继逝，方夫之没也。氏年二十三岁，几以身殉。转念双柩在堂，两孤无恃，非草草一死所能毕其事也。盖自是而事愈难，势愈迫而操亦愈坚。有利其嫁者，百计摇夺之不为动。家数口皆冗人，无他生计，惟仰十指为活，见者莫不悲其遇之艰，而氏宴如也，妇功女红，外训二孤，悉合义方如是者有年经营三丧一如礼。两孤玉立，长学举游成，均九有声艰辛万状，卒成厥志，孰非孝慈贞静所致而至哉遇犹子九有恩胞侄某幼失恃，恃无所归，慨然曰伶仃若此，何

▲ 郑氏节孝坊

以自存，是亦未亡人未竟之责也，向二孤，今三孤矣。抚养教诲与诸孤齿如是者亦有年某能成立皆氏力士林贤之年，五十有五卒。苦节三十有二年。邑人士合词请旌如得例。今子孙绳绳称素，封食报夫艾，又孰非孝慈贞静所酝而成哉，呜呼，可以风矣。爰据实以志垂不朽。

邑庠生族孙文繡谨识

来自大槐树·李氏姓氏字辈考

安阳林州市河顺镇柳泉村李氏

▲ 柳泉村李氏祠堂

　　明朝初年，先祖李仁美自山西省潞城县神头岭村迁到河顺镇柳泉村定居。李氏膝下生有六子，为谋生计，五、六二子又从柳泉村移居百十湾，五子定居前庄（圪针岭），六子定居后庄（百十湾）。清道光年间，李氏后代李征迁往井上村定居。

安阳林州市河顺镇东里村李氏

▲ 东皇墓村东坡李守元碑

明朝洪武二年（1369），山西省潞城县东拟村的李氏三兄弟李济川、李羊川、李谟川，人称三川李，移民来到现在的林州市东里村定居生活，成村后仍取村名为"东拟村"。明初时，山西省长子县王长村一吕姓人家，亦迁居该地繁衍生息，形成村庄，以姓氏取名为吕村。1965年，两村合并，取村名东里村沿用至今。

十二世东皇墓村东坡李守元碑碑文

始祖兄弟三人：济川、羊川、谟川，予祖谟川；二世祖兄弟三人：荣、通、春，予祖通；三世祖洪；四世祖兄弟二人：元、庆，予祖庆；五世祖兄弟二人：朋、何，予祖何；六世祖兄弟四人：国福、国禄、国友、国荣，予祖国禄；七世祖兄弟四人：应长、应竹、应松、应成，予祖应成，乔迁东皇墓村居焉。建茔于东北隅，偏祖坟左，距吾村四里许。八世祖兄弟六人：兴林、旺林、裕林、从林、茂林、同林，予祖茂林；九世祖兄弟二人：朝相、朝成，予祖朝成；十世祖兄弟四人：云、奉、忠、瑞，予祖忠；十一世祖自林；十二世祖兄弟四人：守元、金元、武元、成元，又迁茔于兹。前辈之宗次，历叙分明，使后人目观了然，以为相传不忘云。
……

大清咸丰八年（1858） 孟夏月

安阳市林州市茶店镇李家湾李氏

林州市茶店镇李家湾李家祠堂是民国初年所建。据林州市家谱及民俗研究专家王买金称：林州李姓始祖李真，是从山西树掌迁至茶店镇辛店西庄村(九连池村)。从明永乐七年（1409）至今，已有600余年。

▲ 李家湾村李氏清明祭祖掠影（一）

▲ 李家湾村李氏清明祭祖掠影（二）

安阳市林州市茶店镇马儿沟村李氏

▲ 马儿沟村李氏祭祖大典合影（2016年2月12日）

李氏家族，始祖李真，自明永乐七年从山西树掌小圪台上迁河南彰德府林县，择里于县南五十里辛店西庄村上名九莲池，配陈氏，生九子，长子名三，次子名四，以至五、六、七、八、九、十、十一也，茔南磊城东沟坐北向南立祖，其子或曰东茔四，西茔五也。俊秀祖茔西庄村南平地立祖。俊秀祖曾孙十二世万春祖、万贤祖乃行二、行六胞兄弟，自辛店村迁此，见当地山形如马，因此起名为马儿沟。

焦作市沁阳市李氏

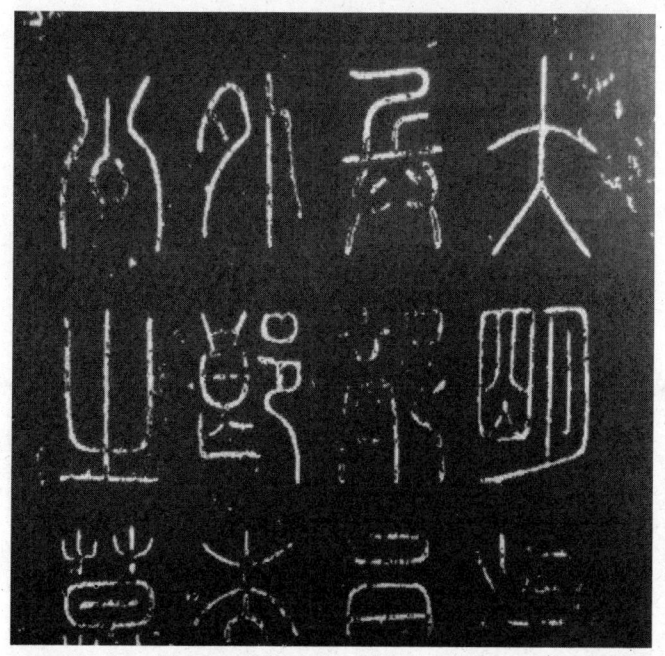

墓志铭载，李公名孜，字公勉，祖籍山西沁水县。曾祖父李川甫，祖父李玉。李玉曾迁居怀州河内，在河内落户为家，在此地，他暗中助人，从不显耀。

▲ 明故封奉直大夫兵部武库员外郎李公墓志铭（局部）

安阳市汤阴县伏道镇小贺屯村李氏

▲ 小贺屯村李氏清明祭祖掠影（一）

▲ 小贺屯村李氏清明祭祖掠影（二）

小贺屯村《李氏家谱》记载，始祖泰公大业汤邑东坡村，于明嘉靖二十三年（1544）迁茔治之西北张贾村西南一里许立祖。明末清初，战乱不断，民不聊生。余先祖瑚公（始祖泰八世后裔）为谋生计，迁址城东二十五里许北立祖至今。吾辈后人合议立碑敬祖，以示纪念。

▲ 小贺屯村李氏祖茔碑　　▲ 李公讳瑚德配暴氏之墓

焦作市博爱县孝敬镇唐村李氏

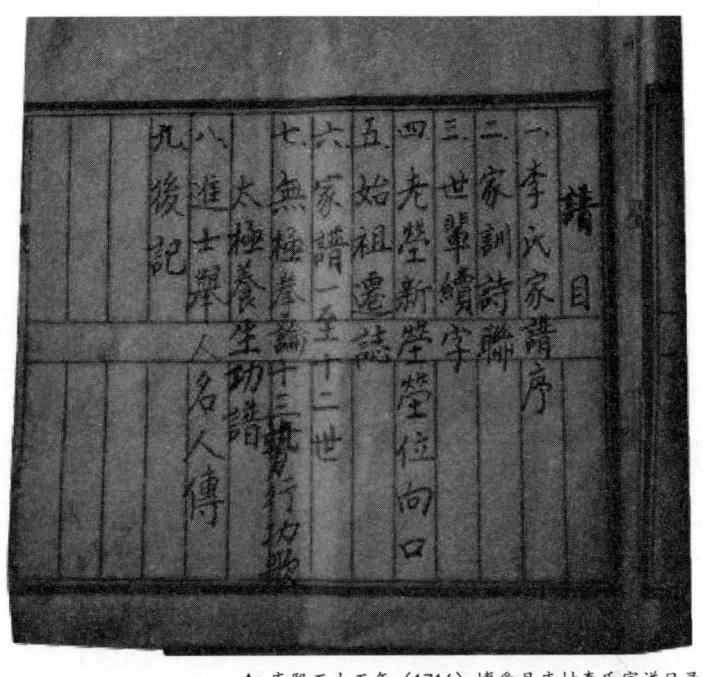

▲ 康熙五十五年（1716）博爱县唐村李氏家谱目录

博爱唐村《李氏家谱》序

尝谓木本水源从所自也。祖宗善其创，子孙永其嗣。古曰："尊祖莫如敬宗，敬宗莫如收族"。吾氏谱初修于五世祖讳明道，二修七世祖讳政德，今十世孙吾再修矣。

谓之元末兵蝗民患，大明初太祖定鼎，分民诏下，移居迁众。洪武四年（1371），吾李氏始祖讳清江，自山西平阳府洪洞县凤凰村，徙居河内怀府唐村，弟讳清河，同徙居于李洼村，迄今历三百四十余载，世代绵长，子孙繁衍十二世焉。

谓徙之，始祖妣王氏聚之洪洞广济寺大槐树荫，徙跋河邑千载寺，应官府设司驻员，迎迁分办。众徙下山，四方不一，同足潮入千载寺三圣门太极宫，硕四邻茅舍，休居茶待，三教圣师，舍食传拳，养脉善焉。始祖与河邑常阳村陈公讳卜、郝庄陈公讳厚，李洼李公讳清河、刘庄蒋公讳培礼，故徙途相舍衣食义厚，入寺拜圣结义，栽培二柏，架葡萄，铭物别焉。忘弗年久鹿鹿，世裔眷怀。逢年大节，苍龙昂首之日，民乐邑舞，百里跋涉千载寺，逢揖，祈三教圣灵，拜谢僧道圣师舍食传拳养脉恩矣。

　　始祖披荆斩棘，蒙霜露而居焉。当是时，垦田构室几费艰辛而不殚烦者，贻厥后也。始祖积德好善，爱老怜贫，义方训子，享厚天穹，皆足为后裔法。既而揖馆卜葬于村东北地祖茔焉。

　　世代尊祖善德行之严训。正德、隆庆、万历年间，世祖三修千载寺焉。族门硕德累善，皆祖宗功德有以致之也。故吾李姓日繁，人丁频富，明清列贤书、举监生、文武进士、举贡不可指数。五世祖讳明道居往怀府，开业羽箭行，誉招武雄；六世祖讳从谅首中岁贡，辉县教谕，文武皆功；七世祖讳政修，甲科进士，智谋大略，廉治道政；八世祖讳春茂，名叶蓁，中贡后入千载寺三圣门太极宫，拜师博公武道习拳渡剑，看星相，读兵法，弘扬三教合一，论无极养生功十三势，拳、剑、枪艺，誉传神功，游教传拳于晋、鲁、陕、浙、湖、广数省，赫名焉；九世公讳仲、讳信，结陈沟姑表陈公讳奏庭，三表兄弟太极门拜师结义，树志文武，竞功成名，创艺太极养生功，练传无极功，十三势、通臂功，考举选贡。诱闯贼营，文武智杰，威震贼雄；九世讳笈，文武志坚，博艺皆功，考举中进，职廉民拥，启励吾族裔，皆楷模矣。世代文武昌炽，进士举贡颇多，贤称之文武世家右族焉。

　　谓之，前有贤祖宗开之于先，必有贤子孙承之于后。为吾族门文武史洁，识时务，事正道焉。族长严训：谓明末吾族门九世李公讳仲、讳信、讳年、讳栋、讳友，皆诱入闯贼谋主数将，族裔诚祀之，所事避谈，籍谱勿传杨焉。

　　三百年来，宗支繁衍，世代有大略志裔远游他方，文武传艺焉。甚者，有居处遥阻，数世兴雄而不通闻问者，大非笃厚本之谊也。谓谱牒之上下，条分缕析，以志木本水源之思，以溯其本。勿紊其序。谨应族人重托，然吾功笔修谱之艰，则以世谱与古老传闻敬篆树，庶祖德永垂，以扬前列，俟后来于无穷矣。是为序。

　　　　　　　　康熙五十五年（1716）岁次丙申秋七月既望之吉
　　　　　　　　十世孙元善顿首拜撰

▲ 大峪街李氏宗祠

济源市大峪镇大峪街李氏

大峪街李氏《李氏家谱》序

常思孝为百行之源，而实莫重叙宗派，宗谱者字派所由清也。而不可不加谨慎以为承先启后之礼，盖一族之中分门别派，使无以志之。由相传之久，而昭穆不辨，远近莫分，其淆乱之弊，将有不可胜道者矣。今我李氏始祖以来，相传数世，尝闻言曰，系山西洪洞大槐树人氏，迁至大峪二百余年，为尊为卑，人亦颇多，不曾叙家谱，余恐传之再久，混乱宗派，莫知次序，为后世者，安不可尽其近远之诚，动其承先启后之心，故余忘其固陋之识，急紧为谱之叙，庶几昭穆可辨，远近攸分而李氏宗派，得以不乱矣，敢曰尽孝云乎？因此为序云。

六世公玉海序　八世公茂序
清道光二十五年（1845）

济源市大峪镇大李庄李氏

▲ 大李庄李氏宗祠远景

▲ 大李庄李氏宗祠大门

▲ 大李庄李氏宗祠内殿

迁建济源寺门河李氏祠碑记

据《姓氏考略》及民国二十六年（1937）克俊秀卿志《李氏家谱》载，济源市境内李氏宗系为唐太宗嫡三子一脉相传，繁衍生始于山西境内。自明初洪武之世，由山西洪洞县迁济，栖身邵原洪波数章。后吾始祖李氏讳汉奠居南姚镇之谢道街，乃获绵绵之瓜瓞绳绳之子孙。至五世祖讳霄（伯）、君保（仲）、君安（季），兄弟分支迭自迁徙。发脉布于现济源市大峪镇大李庄、大峪河、承留镇栗庄及洛阳偃师市、孟津县境域。

洛阳市老城区东大街李氏

▲ 洛阳市东大街李氏宗祠

洛阳东大街《李氏家谱》记载：李家先祖是在明朝洪武二十四年（1391）从山西洪洞县广胜寺李家窑第一户劝迁来洛定居的人家。洪洞县李家窑村李大川，村人称李员外。洪武二十五年（1392）二月十九，带全家二十口人分乘五辆马车，迁来河南洛阳城。

洛阳市宜阳县白杨镇漫流村李氏

白杨镇漫流村东四公路南侧李氏先祖茔地墓志碑铭上刻"幽堂大明万历十五年（1587）不肖男李仁立"，次门大约在第五代明末清初左右迁往山西平陆县黑豆街。

十九世后，重新按二十四字排辈。玉，常，万，文，百，中，国，永，鸿，昭，广，建，传，统，超，祥，延，庆，吉，怀，民，迎，丰，年。

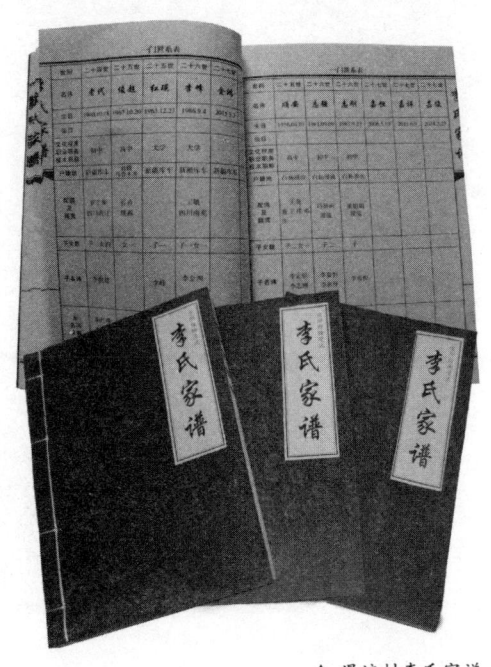

▲ 漫流村李氏家谱

洛阳市洛宁县城郊乡崛山村李氏

▲ 崛山村李氏祠堂

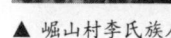

▲ 崛山村李氏族人

▲ 崛山村李氏祖碑

洛阳市偃师市城关镇塔庄村李氏

▲ 塔庄村李氏祭祖掠影(一)

▲ 塔庄村李氏祭祖掠影(二)

缑氏李氏祖原居山东曹县大板桥沟头村，为躲避世乱，兄弟三人乔迁至河南偃师市缑氏镇。目前，该李氏家族后代主要分布在登封市、洛阳新区负庄、偃师市安滩、铁窑等地。

南阳市唐河县李氏

来自大槐树·李氏姓氏字辈考

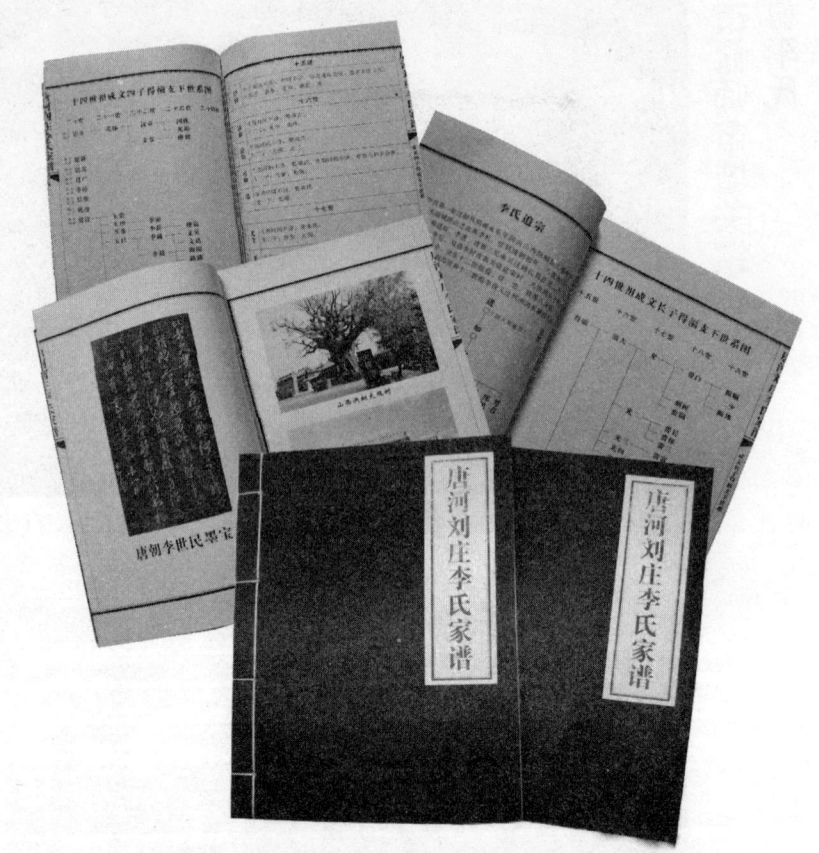

▲ 唐河县李氏初修族谱

　　刘庄原来住的刘氏家族，大约康熙年间来到这块土地上生活，但是人丁不兴旺，刘姓人认为自己阴宅坟地不吉祥，将刘庄的房子土地出卖给李家永久为业。据刘庄李姓家谱记载，刘庄李姓的老家是许昌北长葛县（今河南长葛市）烧盆宋村人。大约在清朝乾隆年间经商贩马来到南阳唐河县东北角四里桥居住，后来生意越做越兴隆，财发人旺，在四里桥买下房产土地，唐河县城里北阁附近也买下两处住宅，又到刘庄买下刘氏家族全部房产土地。烧盆宋李氏族人先后曾有两个支脉外迁，迁到南阳唐河县和新郑沂水寨村。

南阳市社旗县李富户李氏

▲ 三世祖朝京公和毕氏太君合葬墓茔

▲ 四世祖三槐公和郭氏、戴氏合葬墓茔

先祖茔碑文

始起山左承先志太清宫中养天地正气
祖诣宛东启后代青龙岗上法古今完人

吾祖乃真源支脉，世居山左。自明分封以来，先祖随唐王朱枢（洪武十二子）徙卜筑宛东青龙岗，历有年所矣。

迨明之季世，中原连年饥荒，群寇蜂起，乡民一时奔食而流亡者，不可胜数。吾祖以曲全其家，绵宗嗣于无替，虽云天命，实由人力也。及至清末民初，杆匪肆扰，日寇侵略，灾难重重，民不聊生，即保于难保之日，存于难存之秋矣。

吾祖积德甚厚，似江河源远流长。时至今日，吾祖后裔善昌，族户众多，人口逾万，聚居宛东数十乡村和散居全国十数省。青龙岗祖师庙东二里，公路北一里，郁郁一佳城，蔚为大观，陵屺福地乃吾李氏先茔也。岗李、大李营、李富户所同出之祖以葬此茔。七嗣后，岗李一支将四世祖三乐、季氏葬其本村南，距此茔东半里许。大李营一支于明嘉靖年间将五世祖毓成、刘氏卜葬其本村西边。遂各立祖茔，四季享祀于无替。现有家许昌白庙、大康庄、大官寺、李新主者皆岗李一支所传也。

族人且多，而溯其源，皆一本于此屺茔也。原始祖堂石碑系明初所立，明水损坏清初所立石碑，建国初遗失。恐历年久远，始祖学难以记认，在族内有识之土的倡议及赞助下，遂合族建石，以表其地焉，永为纪念。

濮阳市濮阳县胡状镇李家庄村李氏

据李家庄村《李氏家谱》记载：本支系陇西李氏，明初奉明成祖朱棣迁民之命，自山西洪洞县迁居濮阳县胡状镇李家庄村，繁衍生息，族人发扬壮大。

▲ 李家庄村李氏家谱

▲ 李家庄村李氏祖碑

濮阳市范县李辛店村李氏

▲ 范县李辛店村李氏祭祖

李氏祠堂坐落在李辛店村老祠堂后面，李氏现分布100多个村庄。

濮阳市华龙区张仪村李氏

祖碑位于濮阳市区西北九公里处,属原胡村乡。李氏出陇西而蔓延于天下,明洪武年间自洪洞迁于开州北王家庄后,自王家庄移居清邑张仪村,是村之有李氏自此始。

始祖碑载,李氏始祖肇昆、肇基乃同胞兄弟,原籍系山西省洪洞县人。于明太祖洪武年间,奉旨一同迁至河南开州北二十五里王庄村定居。自东迁以来,至今已六百余载。明世宗嘉靖年间,六世祖旺公,获补朝里为宦,相传旺公曾怀抱万历皇帝登基继位。其弟春祥公在朝曾官拜锦衣卫千户之职,后因受挫而移居清丰县西南姚屯村,随外祖母定居,改姓姚。后人相传姚李不分,其原由于此。

▲ 张仪村李氏祖碑

濮阳市清丰县仙庄镇天云寺村李氏

碑文记载:"始祖自山西洪洞县萧河口李家桥人氏。在明初洪武二十一年(1388)春迁至清丰城东北三十三里天云寺村居住。我族分居两省三县四个村。祖以仁德勤劳为本,耕读传家,信义结友,教化后代,至今传二十四世。祖之墓原有碑基,奈途遭拆。我李氏后族恐墓久湮没,为表祖先祀诚,特重建碑志以励后嗣。铭记。一九八四年后十月中旬,天云寺、裴海、观城东关、范县徐楼,全立。"

▲ 天云寺村李氏祖碑(局部)

来自大槐树·李氏姓氏字辈考

濮阳市清丰县高堡乡吉村李氏

▲ 李氏宗皇明七祖碑阴面（局部）

▲ 李氏皇明七祖碑

始祖明初奉皇明由晋南洪洞迁到清丰吉村，子孙二十四世，支脉繁衍，山东鄄城、七街、陈留庄、齐吕楼等，遍及十余省。

濮阳市清丰县城关镇黄庄李氏

清丰县城关镇黄庄李氏始祖讳美，明初自山西迁于顿丘吉村，距今已六百年矣。美配岳氏，三世一身，俱业农桑。族人繁衍播迁山东、河北、山西、辽宁、贵州、河南等地，人才辈出，世代忠孝、贤俊、勤业、守本。

▲ 李氏宗皇明美祖碑阴面（局部）　　▲ 李氏宗皇明美祖碑

濮阳清丰县高堡乡吉村李远生李氏

▲ 吉村李元生家祠

▲ 吉村李远生家族墓地

李元生家墓家祠位于清丰县吉村，墓群仅存李所生、李琰、李元生三冢。始建于清雍正末年，为雍正时代遗物，有雍正十三年（1735）绢本诏书两道，兰田县令李元生影像三幅，康熙四十七年（1708）李氏族谱一本，均有较高的历史价值。

来自大槐树·李氏姓氏字辈考

三门峡市卢氏县木桐乡河口街村四明山李氏

▲ 四明山李氏崛山祖籍碑

四明山李氏崛山祖籍立碑记

水有源，树有根。河南省卢氏县木桐乡河口街村四明山之李姓，其祖上系永宁崛山人氏，世传先祖于清代中叶溯洛而西，占荒于商洛之东卢邑之西、洛河之北钟嘴山之阳窑沟洼，继而徙居四明山之上场村族居，历十世，距今二百余年焉。

二○一○年春，卢邑李门七世长新公寻根谒祖到彼，参阅李氏祠堂前世系碑，获悉崛山李姓系大明定鼎之初，由山西省平阳府洪洞县大槐树下迁民到此，迁宁太祖为尧双。四明山之李姓先祖曾于中华民国十九年（1930）到崛山谒祖，碑载分支四明山始祖怀仁及其世系五代，知我们系同宗同根也。巍巍崛山记祖宗功德，绵绵洛水载游子情思。

参天之木，必有其根；怀山之水，必有其源。寻根的历史意义在于使所有李氏后代不忘根本；寻根的现实意义，在于李氏家族的认同、团结、凝聚与合作。崛山李门定居宁邑，距今六百五十余年，系河洛望族；四明山李门分支徙居卢邑，距今二百余年，已历十代焉。

仰赖祖德荫护，如今崛山李门与分支四明山李门人丁兴旺，家国昌盛。四明山李氏共四十余户，人口近二百，其追念先祖之心，日益迫切。癸巳年清明节，四明山李门七世长新、八世宏伟捐资、全体集资刻石立碑，认祖归宗，重续同门同宗家谱，特此刊碑，昭示后昆。国恩承永世，祖德绍万春！

商丘睢园区李口镇李氏

▲ 睢园区李口镇李氏祠堂掠影（一）

▲ 睢园区李口镇李氏祠堂掠影（二）

▲ 睢园区李口镇李氏祠堂掠影（三）

建于明代，坐北朝南，现存有三座院落。据在此居住的老年人讲，此院实际为前后两个院落，中间由三间过厅隔开，过厅建筑精美、别致，无房梁。当地民谣曰：井摞井，墙摞墙，三间房子没有梁。这没有梁的房子，指的就是祠堂的过厅，可惜后来被毁。院内立有重修祖祠记碑。屋内正中悬匾"永思堂"，常年供奉先祖牌位，每逢过年过节，李氏族人男女老少聚集此处共同祭拜祖先，场面很是壮观。

▲ 睢园区李口镇李氏祠堂掠影（四）

商丘市睢县西陵寺镇李康河村李氏

▲ 李康河村李氏族谱

李康河村,是睢县西部与杞县交界处的一个古村落。在明清时期,李康河村一直归属于杞县。民国时期至今为睢县辖属,2005年属西陵寺镇。李康河村最初称李楼村。《河南省睢县地名志》载:"明初,李氏由山西洪洞迁此,筑楼,名村李楼。"据传说,崇祯八年(1635),官兵抄义军李自成部将李岩家,岩侄李康侯及母由杞县城东门里娄公庙南老家,逃睢州城姬芳李,不久迁此,因原李氏不存,以人名村,更称"李康侯"。"侯""河"同声,讹书今名。

周口市沈丘县老城镇李楼村李氏

▲ 李楼村李氏发谱祭祖掠影(一)

▲ 李楼村李氏发谱祭祖掠影(二)

来自大槐树·李氏姓氏字辈考

周口市太康县张集镇刘明庄李氏

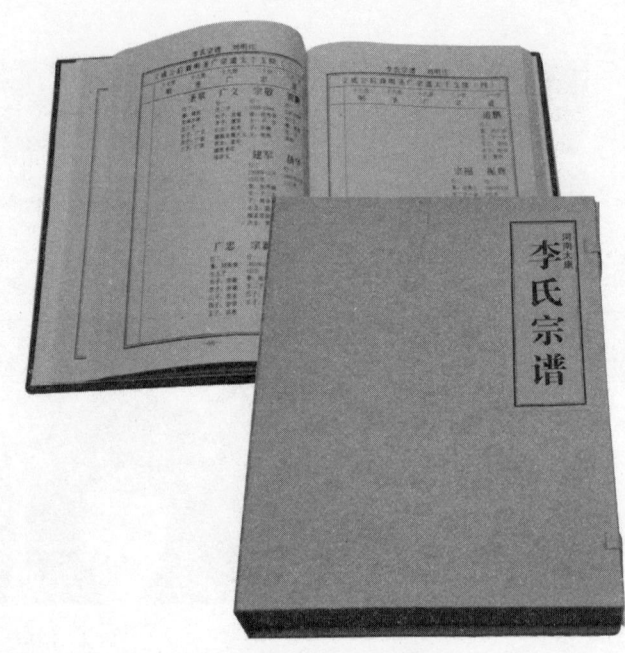

▲ 刘明庄李氏家谱祭祖掠影（一）

▲ 刘明庄李氏家谱祭祖掠影（二）

新乡市封丘县黄德镇后老岸村李氏

▲ 后老岸村李氏家谱

封丘县黄德镇后老岸村《李氏族谱》序

草木皆有根本,江河亦有渊源,人类孰无宗祖?我中华民族繁衍生息数百年而不绝,端赖文明之维系、世胤之流播,统绪存于国家之史传、百姓之谱牒也。国者,家之所安;家者,国之所系。今之修宗谱、留史材,所以昭后人、易风俗,敦亲睦族、继往开来,其功在当代、利在千秋。

我后老岸李氏,惟据祖辈世代传说,远祖原系山西洪洞县人,明时族人迁入内黄县李草坡村;清初先祖李有主持,携大忠、大臣二子自李草坡再迁于前开寨、后老岸两处安家落户,此后传续清晰。在此地已历经十三世。如今人口散布多地、分支日益繁复,恐辈分不明,致同族同名、伦常不辨,故由族中长辈主持,将李氏宗谱加以统排,以之交予后世,为思亲分伦之依据也。

已故八世李树楷等人曾主持排出二十辈,其字如下:

树蕴金泉生,凤鹤翔占鸣。

叶茎常茂瑞,沛霖育庆丰。

为延续族中辈分不乱,经九世李秀、李祥,十世李伍林、李金禄、李培才、李金多等人研论,义续二十辈,诚我李氏子孙后代,无论从事何种职业,无论落足国内国外,谨遵循之。其字如下:

文明巾华国,繁荣昌盛强。

安乐顺民志,万世永存康。

其中翔、鸣、叶、茎、霖、强、民、康八字,起名时放最后一字。

李长生
一九九五年农历正月

新乡市长垣县樊相镇李辛店村李氏

▲ 李辛店村李氏家谱发谱祭祖掠影（一）

▲ 李辛店村李氏家谱发谱祭祖掠影（二）

▲ 李辛店村李氏家谱发谱祭祖纪念碑

新乡市原阳县三李堂李氏

三李堂《李氏族谱》序

吾始祖李公景春于明朝初洪武定鼎，自山西洪洞先迁太康后迁之天鹜坡落籍，只身一人，壮志有为，备得乡邻仰自令名外传，家道小康，孙氏欣美，愿结秦晋，以女妻焉。于是我祖内助有人，中馈有主，创业垂统，始基于兹后而夫眷有德，笃生五子，则我李氏宗咏之昌盛，后人每恩先祖之功德，厚遗之福荫，回顾自身之来由，能不对先祖肃然起敬乎！

修谱事业的空前鼎盛，二十世孙兴清、兴洋，偕同二十一世孙盛玺，封丘县獐鹿市乡獐鹿市村盛平为谱续之作竭尽全力，族中仁人之士，在编修中齐心协力。修谱乃寻根之举，根之所系，在于传统，薪火相传，李氏族人此次重序宗谱，不仅是对过往之缅怀与铭记，亦是对传统得检视与重塑过程，匡正谬误，理清含糊，乃修谱一字面一之功。封丘县獐

▲ 三李堂李氏族人留影

鹿市乡獐鹿市村一支血脉，因历史多方原因，无文献可查，但却系我李族一脉，家族之外流支脉，回归族谱乃百川之汇海，万脉之归宗，其乃我李氏之大幸。二十世孙兴臣，二十一世孙盛平等，情真意切，对完善序谱起到了举足轻重的作用。齐于南街一族对始祖敬重有加，与我族人融入一体，血脉相连，真乃我李氏宗咏之昌盛。族人之中，热情有加，昭穆有序，凸显我李氏一族高度凝聚力、崇尚法礼、孝悌为先的美德。这些优秀的传统已扎根我族后人之心中，且薪火相传，生生不息。李氏家族历来人才济济，英才辈出。惟愿修谱可以上告敬慰祖宗，下慰族人，天地此心，日月可鉴。

信阳市平桥区平昌关镇清淮村李氏

▲ 清淮村李氏祭祖掠影(一)

▲ 清淮村李氏祭祖掠影(二)

皖南宣城李氏后裔原籍河南信阳,清咸丰年间,信阳出现灾情,先祖三兄弟携带家眷,逃生于安徽宣城狸桥昆山脚下,开基立户,至今有157年左右。2016年,他们在河南信阳市原籍祭祖。

山东省

■ **济南市**

长清区李氏一支家谱字辈：
九士思念明　廷登贵（殿）化荣
温良共简让

商河县李氏一支（从河北枣强迁来）家谱字辈：
□世奔光元　三连兆同祥
继续永得昌

历城区李氏一支家谱字辈：
太兆玉宗继

历城区李氏另一支家谱字辈：
文学宝善延吉清

章丘市李氏一支家谱字辈：
兆锡福方连

章丘市李氏另一支家谱字辈：
冒清义少先只

章丘市李氏另一支家谱字辈：
吉钰嘉师庆传世

章丘市李氏另一支家谱字辈：
恩广德沛　福（裕）后庆长

章丘市李氏另一支家谱字辈：
继毓嘉师庆传世　思延福运兴公英

章丘市李氏另一支家谱字辈：
思（长）方中（仲）可　乃曰有成
善良广启　继续永清
光宏宜德　孝闲耀登

平阴县李氏一支家谱字辈：
　　　　有士修廷泰　振京佩得衍
　　　　金玉（毓）上（尚）连惠　怀月扬中宪
平阴县李氏另一支家谱字辈：
　　　　振京佩得衍　金玉（毓）上（尚）连惠
　　　　怀月扬中宪
李氏一支家谱字辈：
　　　　九秀佰宝
李氏另一支家谱字辈：
　　　　庆林承昌
李氏另一支家谱字辈：
　　　　正亮先仁德
李氏另一支家谱字辈：
　　　　万廷恩广德佩
李氏另一支家谱字辈：
　　　　大志玉清明鸿泰
李氏另一支家谱字辈：
　　　　廷登贵化荣　温良共简让

■ 青岛市
胶南市李氏一支家谱字辈：
　　　　万景克茂
胶南市李氏另一支家谱字辈：
　　　　增振保全德
　　　　君（军）卿（清）继世永（荣）
即墨市李氏一支家谱字辈：
　　　　自春云广太　少茂世新传
　　　　同真洪古庆　双鹿永长年

李氏一支家谱字辈：
　　　　　纪业守先志书
李氏另一支家谱字辈：
　　　　　世炳常现德
李氏另一支家谱字辈：
　　　　　庭京克发□　思贵福勇华

■ **淄博市**
高青县李氏一支家谱字辈：
　　　　　桂凤振恩广
李氏一支家谱字辈：
　　　　　化成守克传
李氏另一支家谱字辈：
　　　　　士敬德启
李氏另一支家谱字辈：
　　　　　昌同志安乐
李氏另一支家谱字辈：
　　　　　云田洪成信行
李氏另一支家谱字辈：
　　　　　学厚振祖绪家
李氏另一支家谱字辈：
　　　　　文章华国　致敬存心
李氏另一支家谱字辈：
　　　　　维廷（曾）宗治法　述孔执中传
　　　　　永承隆盛泽　学守作象贤

■ **枣庄市**
李氏一支家谱字辈：
　　　　　树继允向
李氏另一支家谱字辈：

文明传家子

李氏另一支家谱字辈：
明灿季登茂盛

李氏另一支家谱字辈：
文明传家　孝慈继世

李氏另一支家谱字辈：
成继维广大　德传庆恒昌

李氏另一支家谱字辈：
朝庆兴明梁　金玉发辉光

李氏另一支家谱字辈：
贤明记祖德　永受天朝恩

李氏另一支家谱字辈：
永言容宗泰　立本中道生

李氏另一支家谱字辈：
景均（军）文明传
家孝慈继世

李氏另一支家谱字辈：
司光宗祖　丙心正良
善成克迪　万世永康

李氏另一支家谱字辈：
清允其茂　修建友道
□□□忠　厚传家贤

■ 烟台市

黄县李氏一支家谱字辈：
振恕维家远怀忠

莱阳市李氏一支家谱字辈：
林树荣华富贵

牟平区李氏一支家谱字辈：
　　　　广永文先德　诗书继世昌。

牟平区李氏另一支家谱字辈：
　　　　仁文培进　乃树家欣

龙口市李氏一支家谱字辈：
　　　　同宗本尊

龙口市李氏另一支家谱字辈：
　　　　梦绍基守

龙口市李氏另一支家谱字辈：
　　　　庆树少（绍）国荣

莱州市李氏一支家谱字辈：
　　　　文喜明元　学仕振长晓

莱州市李氏另一支家谱字辈：
　　　　在朝座钟铭

莱州市李氏另一支家谱字辈：
　　　　文法生喜　明□元学
　　　　仕振长晓

蓬莱市李氏一支家谱字辈：
　　　　树耀恒克　成德长存

蓬莱市李氏另一支家谱字辈：
　　　　令志（自）顺中

栖霞市李氏一支家谱字辈：
　　　　延年益寿　富贵吉祥

栖霞市李氏另一支家谱字辈：
　　　　麟凤祥发　富贵荣华
　　　　光明昌运　洲民国家

海阳市李氏一支家谱字辈：

润珠明浼

海阳市李氏另一支家谱字辈：
悦信维仁义

海阳市李氏另一支家谱字辈：
世孔作树　超知忠京

海阳市李氏另一支家谱字辈：
昌书耀志用　庆辅昭继凤

海阳市李氏另一支家谱字辈：
方汝绍世孔　作树超智忠

李氏一支家谱字辈：
培玉洪绪兆继

李氏另一支家谱字辈：
仕广兆（天）克（日）学

■ 潍坊市

临朐县李氏一支家谱字辈：
浴师宪培法　承钦敬持循广

安丘市李氏一支家谱字辈：
和凤一金海彦

安丘市李氏另一支家谱字辈：
怀之传述国家

青州市李氏一支家谱字辈：
云学长玉洪

青州市李氏另一支家谱字辈：
学永临田增景修

青州市李氏另一支家谱字辈：
宗熙先泽远　修积世其昌

诸城市李氏一支家谱字辈：

希志绍华永成

诸城市李氏另一支家谱字辈：
学望醇德　勋志名臣
家声克振　世□长新

昌邑市金台李氏一支家谱字辈：
志念元化忠

昌邑市李氏一支家谱字辈：
廷东朝珍彦　天公岭效凤
广守举云□　宜向宗志元

昌邑市李氏另一支家谱字辈：
本天尚名　□生□九
修学章（林）太

昌邑市李氏另一支家谱字辈：
逢广守举贵　昌树林继勋
喜田景华庆。

高密市李氏一支家谱字辈：
化宗春作□　道来风和顺

高密市李氏另一支家谱字辈：
玉福克绍先哲

高密市李氏另一支家谱字辈：
元宪诒敦迪　嗣府亶毓储
衍祚最隆翼　永传缵厚图

■ **济宁市**

鱼台县李氏一支家谱字辈：
儒守洪玉

鱼台县李氏另一支家谱字辈：
朋宗怀进心志安

金乡县李氏一支家谱字辈（十七世）：
继宗思善开来克昌

曲阜市李氏一支家谱字辈：
魁先在永文　清宗景乘德
庆风彦怀瑞

邹城市李氏一支家谱字辈：
忠孝培永　成计文先
凡兴善启

邹城市前万村李氏一支家谱字辈：
兴瑞佑传仕　宗怀庆洪祥
昱德维志佳　钦铭铁显扬
源道敦洵满　茂蕴根益常
炫文焕景灿　圭培基绪昌

梁山县李氏一支家谱字辈：
景占广新顺

梁山县李氏另一支家谱字辈：
友玉兴德帮守

梁山县李氏另一支家谱字辈：
学登生仰彦绪　庆秀法玉中

嘉祥县李氏一支家谱字辈：
怀效若　兆伟祥

嘉祥县李氏另一支家谱字辈：
敬殿清兰允　相付庆衍长
贤良为化育　积善振朝昌

微山县李氏一支家谱字辈：
瑞广怀正忠

微山县李氏另一支家谱字辈：

　　　　　肇崇思来　忠诚为质
　　　　　耕读教佳

微山县李氏另一支家谱字辈：
　　　　　留庄欣（音）振兴
　　　　　启（音）全聚守安
　　　　　乐钦（音）忠（音）

李氏一支家谱字辈：
　　　　　贵宝彦广常

李氏另一支家谱字辈：
　　　　　月兆兴克衍久

李氏另一支家谱字辈：
　　　　　若肇维祥　作善得昌
　　　　　奉述庭训　永标其方
　　　　　谨言慎行　尊乃伦常
　　　　　千斯万年　兹亦攸光
　　　　　续传久远　人所共望

李氏另一支家谱字辈：
　　　　　兴继开明　启承发荣
　　　　　忠孝修德　方正建行
　　　　　经纶衍续　祥和久恒
　　　　　隆盛光祖　显耀满庭

李氏另一支家谱字辈：
　　　　　若肇维祥　作善得昌
　　　　　奉述庭训　永标其方
　　　　　谨言慎行　尊乃伦常
　　　　　千斯万年　兹亦攸光
　　　　　续传久远　人所共望

■ 泰安市

肥城市李氏一支家谱字辈：
际兆昌允　瑞开洪图

宁阳县李氏一支家谱字辈：
万群士兆绍　延邦国永振

东平县李氏一支家谱字辈：
日起清庭　玉作帮（国）宝
去献家祥

东平县李氏另一支家谱字辈：
月明广兰寒　福兴德贵守
忠厚传家久　诗书继世常

李氏一支家谱字辈：
天志振宝同

李氏另一支家谱字辈：
文德圣盛全

李氏另一支家谱字辈：
召轩绪衍祥

李氏另一支家谱字辈：
元钦逢荣贵　翰墨化鸿章

李氏另一支家谱字辈：
昌秉元泰　清林灿成
心助慈建

李氏另一支家谱字辈：
年毓传继广　昭明纯全志
中正和平心

李氏另一支家谱字辈：
乃德希培光　裕振宗兴邦

家训敬守宝　善继长容华

万代永远传

李氏另一支家谱字辈：

希子士应　思学廷秉

长发其祥　积德存仁

厚兴盛昌　世家□□

■ 威海市

李氏一支家谱字辈：

宗支荣茂　序次广昌

李氏另一支家谱字辈：

国宝维贤延世庆　家懋乃德培中昌

仁广永义树先训　文昭积善秉天光

李氏另一支家谱字辈：

仁永□林宏（洪）

福（新）生（兆）玉（殿）秀（华）

文德成学风

■ 日照市

岚山李氏一支家谱字辈：

佃员长保　得城守府

莒县李氏一支家谱字辈：

林秀安仕伟　培田世发

莒县李氏另一支家谱字辈：

元东实（钦）　成作山

明永秀

李氏一支家谱字辈：

明玉永增家

李氏另一支家谱字辈：

为可纪家乃

李氏另一支家谱字辈：

世宗业义顺守

李氏另一支家谱字辈：

宗业宜　慎守永

李氏另一支家谱字辈：

兆其绪宗　业一申首

李氏另一支家谱字辈：

予衍其绪　宗业宜慎守

李氏另一支家谱字辈：

克茂见兆增　树来延纪宗

永成世文明　续传焕之卿

李氏另一支家谱字辈：

为予衍其绪　宗业宜慎守

忠厚作贻谋　家运乃克久

李氏另一支家谱字辈：

仕有志成　共同为梁

亦家淑善　永继福祥

业京绍武　忠厚延长

■ 莱芜市

李氏一支家谱字辈：

兰念德昌延庆

李氏另一支家谱字辈：

式锡（逢）池村列

李氏另一支家谱字辈：

海光秋乃（耐）盛（圣）万国重宗嗣

■ 临沂市

莒南县李氏一支家谱字辈：
明仁合启

圩子县李氏一支家谱字辈：
德允其茂　修建有道

沂南小河支李氏一支家谱字辈：
长遵先法　崇熙允昌
续述传作　荫滋乃广

郯城县李氏一支家谱字辈：
克修玉德善守宝

郯城县李氏另一支家谱字辈：
寄荣洪春　举学庆花枝

沂水县李氏一支家谱字辈：
洪修金树学

沂水县李氏另一支家谱字辈：
丰寿永德文　芳宝玉凤振

沂水县李氏另一支家谱字辈：
旺日生远政　华秀玫龄铭
玉传金荣华　文嘉□□□

费县李氏一支家谱字辈：
兴清春佩英

费县李氏另一支家谱字辈：
清君有贵玉

费县李氏另一支家谱字辈：
克功凤电堂　丙景忠（中）秀常
存仁燕雨庆　建义欠一方

李氏一支家谱字辈：
希玉传嘉

李氏另一支家谱字辈：
善守保贞
李氏另一支家谱字辈：
茂孝玉洪咏
李氏另一支家谱字辈：
希玉传嘉清
李氏另一支家谱字辈：
济荣洪春举
李氏另一支家谱字辈：
亮振文步思帮
李氏另一支家谱字辈：
付开荣华友即祥
李氏另一支家谱字辈：
（先）思敬文庆学秀
李氏另一支家谱字辈：
宗传公正　纪振兴永
世保昌繁
李氏另一支家谱字辈：
泽高举庆云禄
风（音）林（音）名（音）记（音）祥（音）
李氏另一支家谱字辈：
祥茂广殿恩　松德延石春
必胜元红景　朝振方□□
庆华均继顺　同乐建太祥
勤家慎义后　欣敬起兰邦

■ 德州市

平原县李氏一支家谱字辈：

学言曰清德　好子世能长

乐陵市李氏一支家谱字辈：

守书名大连　辉永世照
三元清巨华

临邑县李氏一支家谱字辈：

清树孝友仁　光官发贤良
敬德守旧约　昭密传西昌

李氏一支家谱字辈：

辱季绍光　照先名传

李氏另一支家谱字辈：

汉熙庆正广　康风清太勇
海红祝德大　安登腾和忠

■ 聊城市

莘县李氏一支家谱字辈：

天一传庆广　秀记喜永恩

莘县李氏另一支家谱字辈：

红同怀善久　先吉兆银衡

冠县李氏一支家谱字辈：

亭建增占文

冠县李氏谷一支家谱字辈：

同学付子玉　乃维祖泽鸿
培承献代列　百世庆繁昌
恩惠广永存　万季伦章春

阳谷县李氏一支家谱字辈：

金佃魁彦之

阳谷县李氏另一支家谱字辈：

廷文佃玉庆

阳谷县李氏另一支家谱字辈：
保贵旭敬
阳谷县李氏另一支家谱字辈：
廷文佃玉庆
阳谷县李氏另一支家谱字辈：
继世传家葆　思国安庆章
乃祯鸿秀顺　福履永兴昌
德臻绵长久　廉洁恭学良
忠义应琛省　立志建清光
伟业奇广聚　春和寿益旺
祝华延圣景　恩尊效平阳

李氏一支家谱字辈：
长连洪林秋

李氏另一支家谱字辈：
文玉林呈祥

李氏另一支家谱字辈：
学成（德）保良

李氏另一支家谱字辈：
世守其业　继祖承德

李氏另一支家谱字辈：
金秉成广　国保家祥

李氏另一支家谱字辈：
希德维纯佑　钦绍念显宗
高超云雾爱

■ 菏泽市

东明县李氏一支家谱字辈：
龙光庭中玉　而克若雨宏

贤仕良国彦　名儒振家声

鄄城县李氏一支家谱字辈：

克盛书孟　修（振）长（锡）洪庆（福）

瑞广祥宗　传道希殿

安效华永　中正建全

兆清祥□。

郓城县李氏一支家谱字辈：

炳培善殿传百世

郓城县李氏一支家谱字辈：

孟（尚）度（道）训（守）曾（长）谨（新）

枝荣焕在乐　洪范然自锡

木本照吉浩

郓城县李氏另一支家谱字辈：

促上自作维　传士仰新本

善佳锦邦瑞　启占乃良恒

郓城县李氏另一支家谱字辈：

厚德延美誉　运来同科仲

耀宗显功成

李氏一支家谱字辈：

景效朝进广宪中

李氏另一支家谱字辈：

世守海孝存灵圣

李氏另一支家谱字辈：

祚鸿玉宝　连（我）存□

李氏另一支家谱字辈：

秉庆连纯锦　祥（□）盛德光

■ 滨州市

沾化县李氏一支家谱字辈：
　　风殿井卫

惠民县李氏一支家谱字辈：
　　景佃文丰春

博兴县李氏一支家谱字辈：
　　月（岳）士东南

无棣县李氏一支家谱字辈：
　　俊荣希泽延　元炳振光殿

无棣县李氏另一支家谱字辈：
　　树维志澜

李氏一支家谱字辈：
　　清鸿希泽延

李氏另一支家谱字辈：
　　尚登治福之茵湟　大宗云春天光明

■ 山东省境内其他支系

李氏一支家谱字辈：
　　桂明福印

李氏另一支家谱字辈：
　　忠西广德

李氏另一支家谱字辈：
　　祥寿明德玉

李氏另一支家谱字辈：
　　宪朝士泽思

李氏另一支家谱字辈：
　　文朝述先伟

李氏另一支家谱字辈：

　　　　　德万宝日秉

李氏另一支家谱字辈：

　　　　　镇万世贤孝

李氏另一支家谱字辈：

　　　　　心继士维昌茂

李氏另一支家族字辈：

　　　　　玉昌同治　安乐恩良

李氏另一支家谱字辈：

　　　　　纪克永传　清明和顺

李氏另一支家谱字辈：

　　　　　少营祖武　玉为秀林

李氏另一支家谱字辈：

　　　　　金言福基宗　繁荣世态昌

李氏另一支家谱字辈：

　　　　　文道庆德幸　洪光照大同

李氏另一支家谱字辈：

　　　　　文光化宗考　德修献玉亭

李氏另一支家谱字辈：

　　　　　德林兴国政　乡田传九洲

李氏另一支家谱字辈：

　　　　　元善从天广　鸿耕嘉儒诚

李氏另一支家谱字辈：

　　　　　仲□建淑长朝国　功印庆鸿志然松

李氏另一支家谱字辈：

　　　　　兴传道学光　先业千秋盛
　　　　　厚怀大德昌

淄博市淄川区昆仑镇洄村李氏

▲ 洄村李氏祠堂

昆仑镇洄村李氏《重修族谱》序

家之有谱，犹国之有史，国不可一代无史，家岂容一世无谱，且谱者，普也，遍也，谓举一本同气之谊合书一谱，普编靡遗，如木有本水有源，使后世子孙展卷而考，了若指掌，仁孝诚敬之心油然而生，敦宗睦族之念肃然而起，谱之所系顾不重欤？吾家世居山左长邑城北之马头庄，原有谱牒，后因兵燹将谱失迷。嗣后欲修，始祖名讳茫然无传，下及数世亦语焉不详，因是欲修而不果，修者屡矣。诚以生乎数十世之后而逆邀数百年之前，孰为昭孰为穆，因无可因，事出于创，予小子有何德能敢肩斯任？但前谱既失，后复无考，自兹以往，将历世愈远益形难稽。后之人欲起而从事焉，较之今不倍有难焉者乎？遂商族众共成斯举，其世代弗详者阙其疑不敢附会，惟确然可据耳目所及者则按次而列叙焉。于是勤心采访，按支编次，自声字文字秉字等辈叙起，自甲寅之春以迄于今而谱告成，自今而后，凡我族人念。祖宗之渊源，知先后之一体，士勤于读，农力于耕，商贾各安其业，共矢仁孝诚敬之心，以承先启后是则予之厚望也夫。

十九世孙 元隆 谨序

潍坊市高密市姜庄镇李仙庄李氏

▲ 李氏始祖讳庭实之墓

▲ 李仙庄李氏祭祖

据墓志记载，李氏祖先系山西洪洞，明洪武初年，由原籍移民山东高密李仙庄，旋又徙居口子、候镇、挑沟，为同宗。李氏相衍数百年，子孙传承数代，惟愿后世子孙念一脉相传，万代亲睦永恒！

潍坊市高密市老木田村李氏

▲ 老木田村李氏家谱发谱祭祖掠影(一)

▲ 老木田村李氏家谱发谱祭祖掠影(二)

明弘治进士，兵部侍郎封赠兵部尚书李昆（即李东冈）首次修谱之序云："先世旧传出汉将军陇西广之后。其定居高密不知自何时。"清雍正进士授河南汝阳知县后致仕归家之李元正续谱时序中也说："老墓田在邑西北五里，其西南族人居之，即以名其聚。"又说"以始祖断之，在宋末，阅四代，五百余岁，人皆称老墓田李家云"。祖为陇西李氏，南宋时定居高密城西五里立村，当时称陆家庄（即今之永安）。宋、元时以武功显于世。五世祖李仁贵字性之，仕元为亲军百户，敕授修武校尉。《敕牒修武校尉侍卫亲军百户性之李公孝思碑》称："李公百户讳仁贵者，孝行皆全是荣祖 起家，真男子之当然也。君之始祖，陇西李广，善射无双，为汉代飞将军。祖宗种德枝叶繁茂。从二十世起，排辈：元宪诒敦迪 嗣符亶（丹）毓（玉）储衍祚勖隆翼 永传缵厚图。

青岛市李沧区 李家上流村李氏

▲ 上流村李氏族谱

李家上流村《李氏族谱》序

水有源,树有根,人有祖宗,万物皆一人着重于支派分明、伦次清理。为尊祖敬宗,承前启后,本谱牒在古谱的基础上续修,又增加了男女平等、包容不排外元素,以便后人了解李氏宗族繁衍的详情。以史为鉴,可以知兴替,盛世续族谱。明朝永乐年间(公元一四〇三年至一四二四年次讳国宝由云南迁居即墨鳌角),始祖李氏兄弟二人长讳忠贤石,后卜宅青台山西南麓立村。因地处李村河上游,一八九八年,德国强租胶澳商埠后,官名李家上流村,本谱不再记载。始祖生息,人丁兴旺,勤劳朴实,自立自强,世世代代在此繁衍传至二十四世。因继承或招赘等原因,后有姜、马、赵、牛等姓氏陆续迁入。本族谱详实地记载了李氏家族六百余年来的繁衍生息情况,首先要感谢的是清朝道光十七年(1837)第十三世讳进顺,他主持创建了李氏祠堂,俗称家庙,其长子永镦奔劳六载完成立村史上第一本《李氏族谱》,他们父子的功德和精神永远值得后人敬仰。第二次编修是在光绪三十三年(1907),第十八世讳尚臣在讳玉湖和讳启攒的资助下完成的,他改进了原谱古典的编排方法,启用新创的四辈折叠竖线分户法,更适合广大普通民众杳阅其创新精神,永垂青史祖宗,虽远祭祖不可不诚;子刊、虽愚家业不可不立。

临沂市兰山区半程镇西哨村李氏

▲ 西哨村李氏请谱大会掠影（一）

▲ 西哨村李氏请谱大会掠影（二）

临沂市城兰山区半程镇西哨村《李氏家谱》序

吾李氏先祖大约是明末由山西省洪洞县喜鹊窝迁临沂。君始、二世、三世则是清初迁居临沂城东门里鼓楼台巷（该巷今已不存）。为传承山西省洪洞县大槐树先祖精神，我们的先祖来鼓楼台巷定居后，栽植了一棵国槐。明末，吾先祖背着父母的画像从山西喜鹊窝来到临沂，把父母葬于临沂城东南部南坛的金雀山上。临沂城东南部、沂河之西，有两座山冈，两山冈东西对峙，相传古代此处遍生一种灌木，春夏之交，此木鲜花盛开，花朵形似云雀，东冈为金黄色，西冈为银白色，故两座山冈得名金雀山和银雀山。清初，有老五支，长支居临沂城北的曲沂，二支迁居临沂城东门里鼓楼台巷，三、四、五支不知下落。曲沂长支处有祠堂、神柱，"文化大革命"期间，祠堂里的神柱及家谱等都被烧了。清康熙七年（1668）六月十七日晚戌时，临沂郯城发生8.5级大地震，大地震后，临沂城仅幸存

▲ 西哨村李氏请谱大会掠影（三）

三户人家，有我们李家，还有马家、狄家。清乾隆五十一年（1786），临沂发生大饥荒，李强、李荣、李建、李刚兄弟四人，从临沂城东门里鼓楼台巷大槐树底迁居西哨村。至今，我们已在西哨村生活了230余年。未几，为谋发展，长支李强迁往山西潞州府，经商有方，生活富足，生一女，失讳无考。李荣、李建、李刚三兄弟同居西哨村，逢年过节都到临沂城南坛的祖茔上坟，因路程比较远，不太方便。有一次到南坛的祖茔上完坟回家后，李刚三兄弟商量将父母的坟茔移到西哨村，以后给自己的父母上坟时方便，于是就到临沂城鼓楼台巷的老家去商量，结果族人们大怒，把李刚兄弟三人赶跑了。怎么办呢？李刚兄弟三人回到西哨村家中计划好，定于某月某日，趁月当空，到临沂城南坛的祖茔，将父母的骨粉挖出，用芦席包好运回，葬于西哨村后东面一块地里，始为西哨李氏祖茔，以后上坟就不去临沂南坛了。从此与老家族人失去联系。二支李荣为求发展又迁往汤头村落户，以后单传三世，俱失讳无考。至六世兄弟三人，长支李现文被长毛掠去失踪，次支李现廷，三支李现和。自此以后人丁兴旺，子孙繁衍，今有百余人。三支李建后迁往莒州珵泉村落户。四支李刚就在西哨村定居，生四子，长子李成云、次子李成高、三子李成美、四子李成泽。后次子李成高迁至沂南县双堠村落户，无考待续。其他三支皆定居西哨村，有单传者，有失传者，至八世有兄弟五人，有子孙继世者仅有两支，系八世祖李祥、李琳所传。之后，丁繁户众，现有人口400多人。

在鼓楼台巷的中段、路东，古井南十几米，有一棵大槐树，人称李家槐，两搂多粗，枝叶繁茂，中间有一个树洞，洞里还住着一窝燕子。那棵大槐树，是先祖清初来到临沂城东门里鼓楼台巷定居时栽植的，见证了临沂城鼓楼台巷的兴衰变迁。

临沂市费县梁邱镇关阳司村李氏

▲ 关阳司村李氏祖碑亭

关阳司村李氏组茔碑记

梁邱关阳司李氏，明代迁居费县。县学秀才李希文，生有四个儿子，第四个儿子叫李垒，字名吾，明代末年分家析居，迁至费县西南部的梁邱集。拓地墨山之阳，垦荒濛流山之阴，引水聚土，植树艺稼。李氏家族繁衍生息，人丁兴旺，李垒成为当地李氏始祖。家境富足之后，开始修桥建庙，兴利地方，并聘请塾师到家中教读子弟。李垒生有一子三孙，到康熙二十四年（1685）时，已经有七个曾孙。族人先后分住到大邵庄、孔家汪、大关阳等处，分别在这些地方大兴土木，修建阁楼，计有大邵庄两栋，大关阳司一栋，成为费县有楼阁的四家大地主之一。

李氏家族非常重视文化教育，鼓励支持子弟参加科举考试，秀才、举人、进士层出不穷，在外做官者代不乏人。

李氏前20代字派：

克功逢殿堂　秉景忠秀常
存仁延余庆　建义钦一方

后续60代字派：

明法襄太舜　利贞开其源
定鼎盛先汉　成化超群贤
怡念祖泽昊　悦广颂歌传
为国献英华　兴家启瑞端
正诚勤敬恒　修齐治平全
善积增幅瑞　名美益扬宣

临沂市沂南县小河村李氏

▲ 传世乾隆朝谱碑与复刻谱碑

▲ 传世道光朝谱碑

复刻族谱碑记

小河村李氏，自元明之交卜居于兹已六百多年。具体自何时由何地迁来，历次修谱均未有明确表述。唯民国初年谱册载薛庄村十四世李汝标所撰序曰，薛庄李氏相传于明朝中叶来自安丘下坡，而小河李氏来沂较薛庄为早，亦云来自安丘，然莫辨出自何支。先祖于来自安丘之说未置可否，盖因无凿凿之证而慎言也。

李氏落籍小河村后，一传再传，丁户繁盛，后世族人又不乏转徙播迁他乡者。今沂南西南乡和临沂北乡李氏，十之八九世代相传出于小河村，但系何支自何时迁出，多数已无确考。唯世居小河村李氏，世代相承，支派昭然。

康熙二十二年（1681），世居小河村李氏族人初创族谱。因前无谱牒一统昭穆，旁无志书以资考究，故落籍始祖名讳及早期世系皆佚阙。"九"字辈族人以高祖讳良广良臣二公为始，缕分世系，镌记于碑。谱载，二祖各有裔脉五支，其中良广祖长子世龙公出居兰山焦家峪，次子世虎公出居兰山元沂庄。谱末附记四位曾祖及裔脉世系，但未记载出自何位高祖。

乾隆三十一年（1766），继修族谱，上溯至二祖裔孙和、伟、登、重、边、先、道、巡、魁九公，复刻记于碑。世龙祖一支注曰："出入兰山县，住樵家峪。下辈不记祖先。"入谱族人仅上溯至二祖六世孙春美、春元二公。出居元沂庄一支未有记载。

道光十四年（1834），三修族谱，再刻记于碑。世居小河村族人，虽有多支早已析出散居于周边村庄，但源流清晰，世系无阙。出居焦家峪一支，虽脉系完整，但世系多段佚阙。出居元沂庄一支，始迁祖之后佚阙多世，入谱族人仅记世代，未理脉系。另有出居石拉子一支，虽记为族人，但未表述系何祖裔脉。

康乾道三朝，相继三次修谱，不过总其大略，主修良广良臣昆仲二支。散居他方宗人，或自创族谱，或游离族谱之外。道光朝镌立谱碑后，九世偕公又初定草谱，以待后人承续。咸丰七年（1857），十世天相公据先人草谱所记增记之，初次编校成册。宣统二年（1910）十二世敬之公再次谋划续谱，仅草创，事未竟而殁。民国十四年（1925），十二世汝芹公继揽敬之公草创事业，未竟又谢世。十二世筠公再继总揽之。依从前抄谱，阙者补之，讹者正之，外出者访之，新生者续之，悉心考订，必明必确。唯出居兰山两支，前谱虽已明载，后裔脉系亦甚清晰，但因其世次中阙，则附之于谱末，以待详考。落籍始祖因失讳，前谱均未叙及，诚觉遗憾，故尊所知者为二世祖，追叙二世祖之父为一世祖，以示木有本水有源之意。又拟定"长遵先法，崇熙允昌，续

▲ 传世康熙朝碑

▲ 复刻道光朝谱碑

述传作，荫滋乃广"十六字，既为族训，又为十五世始辈分用字，并嘱后有生子命名者当依之，以取划一，以正行辈。民国二十年（1931）春，《李氏族谱》编辑誊录工毕，分文本八册付印，五月告竣。本次修谱，综合清代五次修谱成果，完整记载了二世祖昆仲世系源流及分布。外方宗人，如南北瓦庄、横河、岸堤、黄庄、天水涧、西官庄、西石门等李氏，虽迁出时间及始迁祖无考，行辈用字亦不划一，因世传出自小河，且庆吊往来较他方宗人为加厚，行辈称呼日久而不紊乱，故参与合修，录入族谱，分庄明载。而薛庄李氏虽相传为同宗，数百年来行辈不紊，因康熙年间已与安邱合谱，故未合修录入。

有清三朝谱碑，因风雨侵蚀，本已多处字迹漫漶，更因历经两次迁立，碑体渐次损毁，碑势渐近模糊，碑文渐难释读。虽有谱册传世，本末源流，清若观纹，但毕竟谱册珍藏于私家之箧，难以寻常展视。为此，族人共议重刻谱碑，以补鲜睹谱册之憾，

▲ 复刻族谱碑

以解辨读碑文之难，并以昭族人，以睦宗人，以传后世。碑文漫漶不清之处，或参照他朝谱碑而酌定之，或依据谱册而弥补之。若无据可征，则憾付阙如，以待后考补刻。乾隆朝谱碑碑体损毁严重，碑文大片残缺，难以缀连全文，故未复刻。幸道光朝碑谱上溯至康熙朝碑谱所记先祖，两碑谱文相叠足可弥补三朝谱碑缺一之憾。念及此，则于心稍安矣。

复刻谱碑，李氏族史大事矣。遵族人意，据先祖序言综之为文，概述吾李氏源流脉络及历次修谱成果，略记复刻原委，以昭后世。是以为记。公元二○一三年岁次癸巳三月

小河李氏祭祖文

吾李氏，根源于陇西，辉煌于盛唐。太宗裔脉，晋地封王，汾水滋润，绵延流长。有宋之时，宦游山左，扎根齐地，叶茂枝旺。元代奋起，驰骋疆场，功勋卓著，一代名将。洪武遣散，兄弟徙离，卜居小河，繁衍一方。六百余载，故地犹在，万千儿女，虎步龙骧。呜呼！源开盛唐，金枝玉叶，汾水滋润本末旺；流延大宋，鲁韵齐风，沂地钟灵源流长。

今逢盛世，河清海晏。合族公议，复立谱碑。以昭后世，以睦宗亲。良辰吉时，同心同声，昭告于列祖列宗之灵曰：

春意融融，万物复萌；族裔后坤，敬祭祖宗。
缅怀先人，弘扬懿德；寻根溯源，畅叙亲情。
小河李氏，聚居沂兰；播撒四海，业兴五洲。
认祖归宗，其亲洽洽；心系故里，其情浓浓。
长遵先法，崇熙允昌；家训族规，铭记心中；
续述传作，荫滋乃广；繁昌勿替，世代相承。
心香一瓣，叩拜虔诚；福荫百世，永葆族盛。
尚飨！

来自大槐树·李氏姓氏字辈考

泰安市邱家店镇石碑村李氏

▲ 石碑村李氏祭祖掠影

据《泰安李氏家谱》记载,始祖明末由枣强(今河北枣强县)迁居石碑村,先后六修族谱。现李氏族人达到一万多人。他们当中,不乏政界、商界、学界精英。石碑李氏祭祖文:

时惟甲午 今日颁谱 李氏家族 明迁岱东 世代博弈 瓜绵椒衍 六次修谱 李氏伟业 今逢盛世 族中俊彦 数码网络 字辈维统 血脉新注 痛哉缅怀 泰山巍巍 值此谱成 勉力宗亲 秉承家风 敦祖睦邻 佑我子孙

节近清明 告慰祖先 源远流长 止步斯庄 勋业煌煌 拓播四方 廿三世昌 山高水长 弘我纲常 大义担当 谱就华章 训范崇尚 男女列上 永岱贤灵 汶水漾漾 告慰祖上 祖恩毋忘 续撰华章 共建小康 万世永昌

六修家谱 合族跪拜 源发直隶 讳贤肇始 忠厚传家 垂统一脉 英彦迭辈 先祖恩德 承前启后 宗亲鼎助 源流世系 文萃美撰 尊旧创新 音容虽去 今朝李氏 谢忱亲友 和谐共生 人文继统 今备祭品 祖宗有灵

功告垂成 祭文诵咏 枣强首望 独株芬芳 誉满乡邦 子孙满堂 宗风传扬 日月同光 谱事再张 众志慨慷 昭穆端详 人才昭彰 特色别样 谱载英名 满门红阳 义举公裹 拼搏向上 再创辉煌 斟酒焚香 伏惟尚飨

泰安市岱岳区祝阳镇大梭庄村李氏

▲ 大梭庄村李氏立碑祭祖掠影(一)

泰安市岱岳区祝阳镇梭庄村《李氏家谱》序

世间万物,水有源,木有根,人莫能例外。族之有谱,犹国之有史,名称虽曰不一,体裁亦各有别,而其理则大致相同也。国之有史,所以明兴衰更替之因;族之有谱,所以动木本水源之恩。惜我泰安大梭庄李氏家谱迄经数百余年变乱,早经失没。据父老长辈传闻,有谓自南山(徂徕山附近)某村迁来,而在此之前系在明代由山西迁来之言,亦有部分长辈言或与范镇沟头李氏相近,且在1949年前,曾同明代时由河北枣强迁来的范镇沟头、泉上、苏庄等村李氏续修家谱,然由于多种原因未能续上,未便强续,故作罢。然考察我村,本名大苏庄,明末清初之际,回族及部分汉族由章丘迁来,民国时,改名为梭庄村,俗称大梭庄,而观我村大部分姓氏,盖于清代由章丘迁居于此,而我村李氏是否亦由章丘迁来,已无据可考。而观辈分,则与居于桑疃、满庄、漕河等地的明朝开国丞相李善长之后和石碑成德堂李氏相近也。然无论自山西迁来,还是河北枣强之后,仰或他地迁来,我泰安大梭庄李氏均为尧舜时皋陶之后,商纣时李利贞之裔也。余乃泰安大梭庄李氏之后,每每祭扫先祖之坟冢,想我泰安大梭庄李氏先祖,跋山涉水来此土,斩棘拓荒,建宅修舍,人杰地灵,享运畅达,恩德厚重,耕读传家。尝闻木有本,本固枝荣,根深叶茂;水有源,饮水思源,源远流长。每每念及此,常为我泰安大梭庄李氏家谱遗失,致使后人不知家族之根源,族众

▲ 大梭庄李氏立碑祭祖掠影（二）

▲ 大梭庄李氏立碑祭祖掠影（三）

不知先祖之艰辛而日夜嗟叹，忧思难寐，唯恐长此以往，列祖之英名遗忘于历史长河，列宗之伟业埋没于九泉之下矣，岂不悲乎？其他宗亲谈及此事亦常有此感，而徙居异地他乡如南张、北禅、泰安城、莱芜、济南、新疆、东北、青海、四川之宗亲，心系故土，魂牵梦绕，更恐多年之后与族之本源失去联系，致使同本一木之枝叶，同源一水之分流，他日异地相遇而不相识，岂不痛哉？故我梭庄李氏漂泊在外之游子此念更烈。欣逢盛世，社会和谐，国家昌盛，物阜民丰；而余乃历史学专业毕业，对国史、族史颇感兴趣，适逢远在青海西宁的族叔李继源回来祭祖探亲，对创修家谱，极为关切，足见其拳拳游子怀乡敬祖之心，因此在征得居于老家的家父李继才及族叔李继河的同意下，在各位居于老家的家族长辈：李和义、李和玉、李和平、李玉成、李玉海、李玉河、李传祥、李润普、李润发、李传□、李继前、李继军等的鼎力支持下和远在异地他乡的宗亲的热切鼓励下，在各位宗亲：李传华、李传军、李润东、李传□、李传□、李传□、李海刚、李继斌、李继□、李良、李奇、李奎、李君等的大力协同下，为唤起族人敬先祖之仁德，仰先祖之礼仪，学先祖之勤劳，崇先祖在天之灵，承先启后，继往开来，斗胆为我大梭庄李氏家族修谱立传，以缅怀先祖，昭示后人，团结族人，孝亲敬祖；和睦乡里，奋发图强，是为余及族人之夙愿也。泰山巍巍，铭记列祖英名，汶水荡荡，传唱列宗伟业。泰安大梭庄李氏先祖千古！

辛卯年四月泰安大梭庄李氏之后序

泰安市肥城市老城镇曹庄李氏

▲ 曹庄李氏家谱碑

李氏家谱碑位于老城街道办事处原曹庄村南。碑阳刻有始祖名讳及李氏家谱谱序。碑阴刻有李氏家谱分支图。正面上联"鑫斯振振祖功宗德",下联"瓜瓞绵绵子孝孙贤"。横批"李氏家谱"。背面上联"世序昭穆逮儿孙",下联"本抱春秋追鼻祖",横批"木本水源"。李氏家谱碑1989年被肥城县(今肥城市)人民政府公布为县级文物保护单位。由于位于煤层塌陷区,多年来碑身严重倾斜,随时都有倒塌的危险。2009年7月30日,老城镇政府在文物部门指导下,经过半年多的准备和建设,将李氏家谱碑进行了迁移保护,并新修建了碑台、碑亭、甬道等。谱序云:"盖闻根深者叶茂源远者流长,子孙之众多祖宗之培植也。始祖讳禄,自山西洪洞县迁于肥邑,卜居于兹土百余年间,生齿繁衍,非培植之深何以至此。然瓜瓞之绪日绵,则昭穆之序或紊使无谱以联之,若者亲失其亲,序失其序;若者孙不知祖宗,子不知父名。百燹层生势所必然,况合久必分,析居四方者众,或伯叔不相识,或昆弟相凌暴,或异世而更成姻好,或后人而误宗他家,无谱之敝可胜慨哉。同族恐蹈乱敝,议立谱碑,以序昭穆庶支分派别,九族一本之亲俾后世有所稽考云,是为序。

大清光绪三十二年(1906)花月上浣穀旦

泰安市肥城市仪阳镇石坞李氏

▲ 石坞村李氏族谱碑

李氏族谱碑位于仪阳镇石坞村正北,正面上题"李氏族谱碑序",落款为"大清光绪拾年岁次甲申葭月上澣穀旦",碑文内容正楷体阴刻。碑阴内容为历代辈分支系图。

李氏谱序云:尝思胙土分茅,宗盟是笃颂璜削玉,谱系如新麟分。角仁及公族螽斯羽宜尔,子孙凡所以隆亲族之恩,而笃友恭之谊者,道莫盛于周矣。我族李氏虽不敢媲美于先朝要不容或紊其支绪。念我始祖讳堆,居山西平阳府洪洞县柳潭庄,当元末明初东迁肥邑,就河西李八士庄,以为桑梓之地。至我六世祖讳光后自,万历间又济河徙居县治东南二十里许石坞庄,营立家室,建茔于玉皇山之阳,累世不迁。而我后人则蒙业相安保世,滋大历年,久而支繁增灶,多而人众,虽一脉相传,而四方涣处非惟不知乎?亲睦抑且不识为宗族矣,或本支而昧渊源,或外支而称宗派。念及此而心伤之。爰谋诸族众编诸谱序。勒之贞珉,俾世世子孙触目兴怀,诵先芬陈祖德不失宗亲之义,常念睦族之情,喜则相庆,结其绸缪;戚则相怜,通其缓急。一姓之中,秩然蔼然,其体祖宗慈爱之德,谅不第世系之,不乱支派之攸分也,岂不甚善。于是众皆心悦,赞助以成功焉。是为序。并将玉字下起定十六世,开列于左后之命名者,宜懔遵之:"家声丕振宗序昭明,祥开文运永庆昌荣。"

泰安市岱岳区黄前镇李氏

▲ 黄前镇李氏族谱

泰安李氏由河北枣强迁至山东泰安，祖居黄前庐山脚下，祖茔卜葬庐山之阳，规模宏大，二十世纪五十年代修建黄前水库时，祖茔被毁。茔内伯旺公墓志载有宋朝李宏监察御史字样。

族推宏公为远祖，伯旺公为始祖，以"敦睦"为堂号，重新确立二十个辈字：成心助慈监永言维孝思齐家贵勤俭修身在良知。

《泰安李氏族谱》祭文

粤稽李氏　始于皋陶　盛于前唐　陇西华胄　历代流芳　相传至今
迁自枣强　自入泰安　世居庐阳　卜茔在此　奠定家乡　经营周至
开地垦荒　瓜瓞绵衍　子孙繁昌　厥后愈繁　势必分房　沟头崖下
山口三庄　七百余载　散居多方　总核行辈　统系无妨　有明一代
文化特彰　道德高尚　理学名扬　孝友传世　孔孟为纲　阳明之学
益见荣光　我族来泰　未修统章　虽有支谱　恐数典忘　族众发起
追远心肠　拟修家史　调查相当　不辞劳瘁　不厌求详　编纂校勘
汇集装璜　重订规约　字辈按行　永久遵守　遐迩吉祥　左昭右穆
奠酒焚香　伯仲云礽　济济一堂　虔请列祖　来格来尝　俯佑子嗣
孝友相将　俯佑妇女　贞贤淑良　同族一体　美德四张　感我祖德
山高水长
如岱岳之巍峨兮堂堂皇皇
如汶水之长流兮洋洋汤汤
列祖在天之灵兮万世无疆
子孙蒙锡之福兮寿而且康
伏维尚飨

来自大槐树·李氏姓氏字辈考

泰安市肥城市安驾庄镇李家炉村李氏

▲ 安庄李家炉创建李氏祠堂

李家炉李氏祠堂位于安驾庄镇李家炉村中心偏西。占地面积约100平方米。祠堂面阔三间,进深两间,硬山灰瓦顶,前有檐廊。后重修正脊已无,仅存西侧鸱吻,有四边形石质檐柱两根,高约3米,上刻楹联,东侧为"诗书衍先皋昭昭穆穆承燕翼",西侧为"耕读传后昆子子孙孙报烝尝"。祠堂前有谱碑九通,分立祠堂两侧。记载李氏家族迁入、繁衍的过程。祠碑两通,分立檐廊两头,西面为"创建祠堂并族谱碑存"碑,记述李氏先祖明初从青州迁至于此。东面为"祖茔家祠行辈碑记"碑,记载祖坟具体位置,还有辈分。落款为"光绪二十九年(1903)岁次癸卯梅月初四日。"

《创建祠堂并族谱碑序》:"徙来支以分而愈岐,派以别而愈远。苟非尊祖以敬宗,敬宗以壮族,何以历永久,而本源不失乎?吾李氏讳容,当前明初间,自青州府益都县广耀舍枣隶庄移居泰邑西南乡,遂名厥里李家炉。嗣后子孙渐及昌盛,故自此而迁居四方者数支。其谱牒被乾隆三十六年(1771)汶水肆溢而失,自纨绔子弟下数世祖讳俱失。然大京祖实属长支;纪祖实属次支;至世卿、世登、之悟、之耀数祖,长次无考,各为一支;青柏祖兄弟自为一支;旺云祖兄弟自为一支。延及于今,族众共立祠堂以妥侑先灵,爰立石镌谱,以垂永久。虽前代疑信相累,而后世昭晰无疑,用见支虽分而归于一脉,派虽别而统于一源矣,所谓尊祖以敬宗,敬宗以壮族,不于是乎得哉!"

泰安市新泰市新蒙李氏

▲ 新蒙李氏发谱祭祖掠影（一）

▲ 新蒙李氏发谱祭祖掠影（二）

▲ 新蒙李氏发谱祭祖掠影（三）

新蒙李氏先祖于清末从淄川一路南下，落户新泰，开枝散叶，后裔散居新泰、蒙阴（临沂市下辖县）等地。

来自大槐树·李氏姓氏字辈考

莱芜市莱城区牛泉镇八里沟村李氏

▲ 八里沟村李氏族人

▲ 八里沟村李氏祖茔

据光绪六年（1880）重修的《李氏族谱》记载："始祖李成明洪武初年迁莱芜汶南八里沟。

聊城市临清市金郝庄镇肖寨村李氏

▲ 肖寨村李氏祖坟祭祖掠影

肖寨村李氏始祖墓碑记

常谓水有源木有本，曰元日本从所自也。春露秋霜，岁与俱感。不溯朔初，世世子孙报本追远无由矣。余家系自。七传而上，谱不可考，而始祖原委传之颇详，谓之元末，运数当劫，民遭奇患，山左居民几无孑遗。暨明太祖兴建国，分民诏下，移居迁众。我始祖自山西太原府洪洞县迁此清邑，披荆砍棘，蒙霜露而居焉，当是时，垦田构室，几费艰辛，而不惮烦者贻厥后也。

始祖讳伯当，始祖妣刘氏，左氏，生三子，从仁、从义、从宾，鼎分三派，衍流宗支，嗣是而一再失传，迄今约四百有岁，世代绵瓦，子孙繁衍，难时称望族也。近念世族族内历任官游者有人，荣列成均者有，食口口而浮泮官者旦多人，至股先成而食归德者，固未易更仆数想，源远流长，本固枝茂理宜然也。祖长应遴、德润、叶畅等纠合族建碑，命余作序，余按世谱及故老传闻，敬篆以扬前烈，侯后来于无穷矣。

时康熙四十年（1701）岁次辛巳仲春谷旦

威海市乳山市崖子镇大崮头村李氏

▲ 大崮头村李氏

据《李氏谱序》记载，元至正年间，大崮头村第一代人是李主义，李主义携福、贵、荣、华四子从陇西郡洼子村迁到山东省金乡县，后来长子李富居牟平县（今烟台市牟平区）大崮头村；次子李贵居海阳县夏格庄村；三子李荣居牟平县埠后村；四子李华居栖霞县石字线村。明万历年间，唐姓从小云南迁此。《牟平县志·卷三》记载：崮头李是牟平县四支李姓中最大一支，大约有两千余户；解家庄村李有六七百户；鹤止寨李有五百六七十户；城内李有八十余户。关于大崮头村李姓所分布的村庄情况，清道光十九年（1839）大崮头村为万格庄村一坟墓前所立《李氏佳城》碑记中记载着三十一个村。

济南市章丘区茂李村李氏

▲ 茂李村李氏祠堂

▲ 茂李村李氏祠堂功碑墙

据《李氏家谱》载，在元代至正二年（1342），李姓的始祖李深从河北枣强迁来。河北枣强、山西洪洞是明朝洪武年间全国大移民的两个主要迁出地。

茂李村李氏宗祠，宗祠前殿面阔5间，殿前植有苍松翠柏。在东拱门上刻有"柱史遗迹""迪维前光"，西拱门上刻有"世德作求"和"紫满函关"。后院大堂共5间，正中悬"百世同堂"匾。堂内供奉李氏祖先。后墙高挂着族谱，记录着李氏历代先祖名讳。在拱门内有两棵垂槐，枝干盘屈，宛如虬龙，人称"卧龙槐"。传说太祖朱元璋幼时常在树下石板上仰卧乘凉，当皇帝后，称此树为"卧龙槐"，树下的石板也被称作"卧龙榻"。据民国十二年（1923）所修《李氏族谱》记载：李氏一世祖元代由河北枣强迁至章丘茂李村。三世祖李亨鲁，字秉礼，"幼读儒书，品端学粹。洪武二年（1369），特旨征授左正言，诰授谏议大夫。封赠二代，时近至尊，枢密军机，均得参赞。后殁于官。"清咸丰年间，创建宗祠。

菏泽市东明县南园村李氏

▲ 南园村李氏《李氏家谱》

东明县大屯镇南园《李氏家谱》序

吾远祖讳思，本山西汾州府孝义县人。值元末潜身草野，躬耕献亩。祖母同邑，苏氏以寿考，令终合葬孝义祖茔。生子讳仁甫，配二铺营高氏。至明永乐二年（1404）奉诏迁来止东明东南东夏营，原属怀庆，后属东明而居焉。余族世安，睹人丁蕃衍，科员入庠，不乏其人。

▲ 始祖李公讳仁甫德配高氏之墓

河北省

■ **石家庄市**

正定县李氏一支家谱字辈：
　　　　忠振吉文
正定县李氏另一支家谱字辈：
　　　　国有继士　清殿尚书
　　　　文雪昭贤
高邑县李氏一支家谱字辈：
　　　　发荣从晋　钟秀在高
　　　　世继昌盛　光裕永昭

李氏一支家谱字辈：
　　　　树丙宗士

■ **唐山市**

乐亭县李氏一支家谱字辈：
　　　　殿秉绍怀
玉田县李氏一支家谱字辈：
　　　　百连瑞荣自
丰润区李氏一支家谱字辈：
　　　　昌印大庆□　忠孝佐家邦
李氏一支家谱字辈：
　　　　子承祖德远
李氏另一支家谱字辈：
　　　　德广志春
李氏另一支家谱字辈：
　　　　永泽鹏路
李氏另一支家谱字辈：

万树贺士（佳）品

■ 邯郸市

魏县李氏一支家谱字辈：
梦庆中国

峰峰矿区和村李氏一支家谱字辈：
恒一本同宗正

和村李氏一支家谱字辈：
一本同宗　正义序清
□□□行

永年县李氏一支家谱字辈：
藩赓先德绪　经世重文章
永守修家业　延年毓庆昌

永年县李氏另一支家谱字辈：
球璧延前代　簪缨发后昆
克家常德建　经国远谋存
一本亲惟笃　同寅宜尚敦
门威知允茂　不负陇中人

■ 秦皇岛市

山海关区李氏一支家谱字辈：
国上朝万显

昌黎县李氏一支家谱字辈：
培（佩）龙春庭

卢龙县李氏一支家谱字辈：
鸿云联（连□）绍
（维）树志福

■ 保定市

　　顺平县李氏一支家谱字辈：
　　　　　　　明国春万　元振连新
　　　　　　　然在德智

　　李氏一支家谱字辈：
　　　　　　　景相广宗

　　李氏另一支家谱字辈：
　　　　　　　李明国春□　万元振连新

　　李氏另一支家谱字辈：
　　　　　　　凤书景存□　青□玉秀庆
　　　　　　　维林振宝发

■ 承德市

　　李氏一支家谱字辈：
　　　　　　　焕德占　庆福永

　　李氏另一支家谱字辈：
　　　　　　　□□春西景　国泰民自安

　　李氏另一支家谱字辈：
　　　　　　　已志运事道　公安德大同

■ 沧州市

　　吴桥县李氏一支家谱字辈：
　　　　　　　庆书兴彦金

　　东光县李氏一支家谱字辈：
　　　　　　　等田山荣祥广

　　泊头市李氏一支家谱字辈：
　　　　　　　炳玉井风　万维新瑞

　　黄骅市李氏一支家谱字辈：
　　　　　　　士邦长松　文国金春

河北省

任丘市李氏一支家谱字辈：
　　　　文景年昌继　兴盛达吉祥
海兴县李氏一支家谱字辈：
　　　　汉兴思明金　繁心仁恩五
　　　　吉学广英连　文德择玉庆
盐山县李氏一支家谱字辈：
　　　　贤良义泽　孝友传家
盐山县李氏另一支家谱字辈：
　　　　河北盐山　天凤云东
　　　　明寿九效
献县李氏一支家谱字辈：
　　　　腾树宝金
献县李氏另一支家谱字辈：
　　　　文仲大天继　江应可之汝
　　　　永怀其德景　广朝世克有
　　　　兴学堪国宝　建义绍恩荣
　　　　海林照增金　清植烈坤锡
　　　　鸿桂炳培钜　淑相焕均钟
李氏一支家谱字辈：
　　　　光风登全相　本培现艳芳
李氏另一支家谱字辈：
　　　　桢成田恩子洪连　锡汉权炳增钧润
李氏另一支家谱字辈：
　　　　朝清殿化景云肖　世纪丰恒远岱昭
　　　　嘉第芳明心点邵　堂廉燕意建动超

■ 衡水市
　　阜城县李氏一支字辈：

福庆长耀

冀州市徐家庄李氏一支字辈：

锦振孝源永　守德记思承

培来光祖毅　字作佩儒生

冀州市李氏一支字辈：

殿庆有余利　富贵福禄寿

仁义礼智信

李氏另一支家谱字辈：

天朝明玉庆宝福

■ 邢台市

广宗县李氏一支家族字辈：

玉存自华

威县李氏一支家谱字辈：

金玉汝恩子元

威县李氏另一支家谱字辈：

太尚之宗　昌化步清

红朝期方

临西县李氏一支家谱字辈：

天殿振汝华

临西县李氏另一支家谱字辈：

如今玉继庆　洪嘉凤吉祥

兴学百事善　积德万宗昌

南宫市李氏一支家谱字辈：

建祥宝西同

南宫市李氏另一支家谱字辈：

寅支登文金　培一学武艺

南宫市李氏另一支家谱字辈：

英支登文金　培一令召博

孟祥学武艺

段芦头镇李和生村李氏一支家谱字辈：

始祖 李天广、李天庆迁徙自山西省洪洞县。

城计头乡赵峪村李氏一支家谱字辈：

李氏祖先自山西洪洞县迁至城计头乡鱼垴山。据传说，一位族人在放羊时自言自语地说："旱三年咱不怕，咱有百亩肥沃田，涝三年咱不怕，咱有三间不漏房。"刚说完不大一会儿，西山顶上黑云密布，呼啦下起瓢泼大雨，山洪把村庄冲垮了。赵峪村李氏就是从梨水又一次搬迁过来的。

■ **河北省境内其他支系**

北直小兴李氏一支家谱字辈：

思昙（仿）世凤　书景存青

玉秀庆维　林振宝发

永庭府乐府县李氏一支家谱字辈：

显万鸿清荣

李氏一支家谱字辈：

自守进宝

李氏另一支家族字辈：

耀庆维静学

李氏另一支家族字辈：

一之承国庆

李氏另一支家谱字辈：

国继春长在百福

李氏另一支家谱字辈：

启承必尚志　继发永存之

李氏另一支家谱字辈：

仁义礼志信　温良公简让

沧州市沧县枣林庄李氏

道远公,名任,系沧县枣林村李氏之四世祖。其先祖自明永乐二年(1404)由山东兖州巨野县徙至河间府康宁屯,后至献县北村(今属沧县),其曾祖尚贤公举家北迁枣林村。尚贤公被尊为枣林村李氏一世祖。

道远公元配王氏,系交邑五军寨建业公之女。有子五,长曰瑎,次曰瑱,三曰璜,四曰瑾,五曰珂。

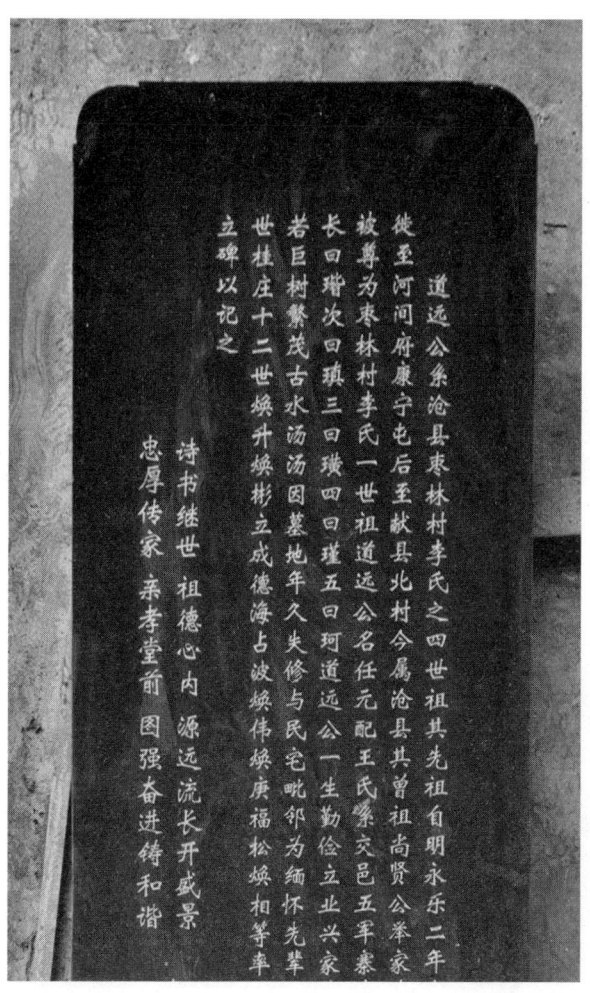

▲ 李道远碑

道远公一生勤俭,立业兴家,其后裔洋洋数百众,若巨树繁茂,古水汤汤。因墓地年久失修,与民宅毗邻,为缅怀先辈,激励后昆,今由十一世桂庄,十二世焕升、焕彬、立成、德海、占波、焕伟、焕庚、福松、焕相等率六代族人维修墓地,立碑以记之。余有幸属文,赠楹联曰:

诗书继世,祖德心内,源远流长开盛景

忠厚传家,亲孝堂前,图强奋进铸和谐

甲午春月中国楹联学会会员陈同斌敬撰

沧州市高新区李家庄斟灌李氏

▲ 李家庄斟灌李氏祭祖掠影（一）

▲ 李家庄斟灌李氏祭祖掠影（二）

沧州市斟灌李氏迁始祖（斟灌五世祖汝兰公），明朝万历年间生此。以庠生走仕途，例赠儒林郎，由此处迁往沧州市青县城南五十里立李家庄（现为沧州市高新区）。随着年湮代远，加之路途遥远，生活在河北沧州的李氏后人与寿光斟灌宗亲失去了联系。四百年后的今天，他们又连接在一起。

沧州市孟村回族自治县高寨镇文台村李氏

▲ 孟村回族自治县文台李氏祖茔碑

据文台《李氏家谱》记载：文台原称坟台，原属河北省盐山县，现属河北省孟村回族自治县。李氏族谱已经编谱七次，万历八年（1580）岁次己未孟秋，康熙二十年（1681）岁次辛酉春王月，光绪十三年（1887）仲春，光

▲ 李氏三门祖茔碑

绪二十九年（1903）癸卯孟春，民国七年（1918）岁次戊午杏月，民国三十六年（1947）（定稿因战乱而未能付印），2010年9月新家谱付印完成。关于李氏祖茔，现存两处。分别在沧州曹庄子和孟村文台。

霍各庄的传说"骆驼李"

从清乾隆年间到1941年，一条庞大的骆驼商队，曾穿越于新疆、内蒙古、宁夏、山东、山西、河北、河南、陕西、黑龙江等地之间。其商队的经营者是霍各庄村的回民李氏先人，当时被人们称为"骆驼李"。早在明朝万历年前，霍各庄李氏祖先从山东迁居至此，始以租种土地、小本经商为生。后辈有善于经营者，家业兴起，遂成村中富户。清乾隆年间，操起驼脚经商（用骆驼做运输工具进行贩运）的行当，由几把骆驼（一把6头）发展到几十把，最兴旺时达几百把，逐渐形成了一支较大规模的骆驼运输商队。驼铃声响遍祖国东北、西北地区的穷乡僻壤，成为交通不发达地区商品流通的重要渠道。时至道光年间，李氏后人李文和已将骆驼增至近千头，买卖兴隆，家底日趋雄厚，远近闻名，为当时京东回民中的首富。继骆驼李到霍各庄百余年之后，又一户山东回民李氏迁到霍各庄定居。因其从山东手推挎车而来，故称挎车李，又称新李。新李家族亦日渐繁盛。因都姓李，后人有不熟悉家谱者，认为李姓都是同族子孙。实际有三分之一李姓是新李家族成员。两个家族共同生活了几百年。新李向骆驼李学会了种地、做买卖、养骆驼、搞商业运输等。那时李氏门中，家家都有骆驼出入。文和之后辈中的南五门、大西场、大北院、黑大门、大过道等都是村中富户。每家都有一二百亩耕地、三四百头骆驼。几十户新李氏家族中也有几家各有三四百头骆驼。时光到了二十世纪初，全村骆驼已发展到三千多头。一条条商队春去冬归，经商域外。每条商队有一名队长和上百名峰徒。长达十几里的骆驼商队，跨过长白山、大兴安岭、小兴安岭、祁连山、博格达山，穿过毛乌素沙漠、腾格里沙漠、巴丹吉林沙漠，长期出没在古北口、承德、沈阳、哈尔滨、海拉尔、齐齐哈尔、乌兰浩特、满洲里、乌兰巴托、乌鲁木齐、哈密、银川、乌海、太原、大同、呼和浩特等地。商队以倒卖食盐、煤油、煤、干鲜果品、棉布、皮毛、粮食、豆类为主。时到二十世纪二十年代初，骆驼李资财已达顶峰。大北院、大西场、黑大门、大过道等李家门户，家资巨万，相继在三河、夏垫、北京、天津等地开办商号。三十年代末，因国内战乱迭起，土匪四伏，商队常遭不测，很多商者途中遭伤害，故骆驼商们不得不放弃此行，另谋他业。从此霍各庄骆驼队销声匿迹，只留下"骆驼李"之名流传至今。他们这种吃苦耐劳的精神值得我辈发扬光大。

保定市定州市东旺镇李村店村李氏

▲ 李村店村李氏族谱

据《定州县志》记载，李店村名始自明代，有李姓于此开店而得名，村东学堂旧址有明嘉靖年石碑，后不知其踪。

元末明初，连年征战，由原（冀鲁豫）挚带千里秀炎烟，山西汾河流域则人口稠密。明成祖朱棣，定都就篆后就令移民，人员集中于山西洪洞老鸹窝大槐树底下，然后分批由兵卒押解迁移定居。东路出朱阳关、娘子关至山东、直隶一带定居。以定州而论，当时城东江带馍受村有七户铁匠尚存。移民后裔，往山西原籍续家谱者络绎不绝。

李氏无族谱，有祖盒、砷碣，后毁没，而族人散居各地，繁衍壮大。

邯郸市复兴区郝村李氏

国盛修志，族旺修谱，家之有谱，犹国之有史。史所以记一国之事迹，谱所以叙世代之源流。盖祖宗以一人之身，散而传之千百人之身；且四方错落居住，有见面莫相识，尊卑莫能辨者；家谱之修，记述先世，上以敬宗，下以修族，明根析脉，遵族敬宗，和亲睦族，凝聚血亲。

邯郸县《李氏家谱》载："明永乐年间（1415年前后），李海龙应诏率三子从大槐树下迁来，不久长子迁往东北，次子迁往邯郸城，三子在姬庄定居下来。"现已传二十八世。讳海龙公乃吾开基始祖也。

厥后皆耕读经商为业，家日益饶，生齿日繁，支派愈盛。清初顺治年间（1644年前后），李氏已传十余代，一支从城内中街北门里迁往城西北郝村购沃壤

▲ 1783年李氏地契

营，置廛徙居，与先期居住此地胡氏、冀氏、刘氏等和睦相处。郝村道南十余间抱厦廊房（遗址在于守祥和李发其房基下），宏伟气派，数顷良田彰显李家的殷实富足。鉴于族谱年久失修，前辈祖宗皆有数代断层，郝村李氏一世祖大名已无法考证。根据文书和祖墓茔地序列推测，李名贵、李名佩当是李氏二世祖。三世族名字不详。李名佩可能另有生计，或回邯郸老城经商，乾隆四十六年（1782）将庄基一所典卖与同族孙子李英。李名佩孙子李奎另拔坟立祖，分出一支在郝村或其他地方繁衍生息，到李名佩玄孙李贞祥时，于光绪十五年（1890）将最后一座庄宅卖与同族李作新等，另到他乡谋生，从此杳无音信。李英是有明确文字记载的后郝村四世祖也。传至李英三子李得富、李得贵、李得财始得分家，俗称"南门""西门""东门"，后郝村东部"李家街"称谓已二百三十年矣。

鸦片战争时期，勤劳善良的李氏先人辛勤耕作，难耐清廷腐败，列强瓜分我中华日急，战乱年荒，民不聊生。李纯吉就出生在1900年，慈禧太后挟光绪逃亡西安，李纯吉起乳名叫"挪京"。后又经军阀混战、日寇蹂躏，李得富玄孙李振田背井离乡迁丛中村。李英玄孙李振宗乃清末邑庠生王守贞门生，识文断字，曾在同里当过私塾先生，生前，数次携子李玉吉到城内西门里北"阁里"路东李氏宗祠谒拜祖宗，奈时过境迁，宗祠颓废，族人流离失所，尝试数次续接李英上三世祖族谱，均无功而返，幸甚李振宗留下谱牒"英、得、荣、作、振、吉、万、发、建……"等字。我父李万层保存完好无损的先祖十五张地契、房产、分单、收据等珍贵的实物资料留存至今，此乃先祖之德行，我辈之福也！

《明鸿胪寺李公配孺人王氏墓志铭》，记载明朝万历年间，李莘野，字志尹，官鸿胪寺序班。长子李孔珍官溧水县主簿，次子李孔问，太学生，官南城兵司马。配孺人张氏乃太子太保国彦公长女，继配孺人郝氏。孙六人，李孔珍次子李直言，邑庠生，娶云南按察使冀光祚女。曾孙李芝庭，李讷言子。墓志铭由邯郸籍同时代三位进士张国彦、冀光祚、郝大猷撰文书写，记述了先祖辉煌的历史。

十一世孙李发勇撰文
岁在二〇一〇年五月一日

来自大槐树·李氏姓氏字辈考

邯郸市肥乡县肥乡镇郭家堡村李氏

▲ 郭家堡村李氏宗祠

▲ 郭家堡村李氏祖茔

肥乡郭家堡村李氏祭祖文

明洪武初,移民大兴,始祖携始祖母自山西潞安府黎城县长宁屯转照发徙,辞别故土,长途跋涉,迁此河北省肥乡县郭家堡村,落地生根,开枝散叶,代代祖先艰苦创业,生生不息,人丁兴旺,迄今已有数千芸芸子孙,繁衍约六百余载。

今逢盛世,国泰民安,昌隆繁盛,家兴族旺,数千同族子孙遍及华夏天南海北,无论从农、从工、从商、从医、从教、从政,皆事业有成,和谐美满,朝气蓬勃。此乃祖先德泽保佑之功。先祖厚泽,福佑子孙。为继承先祖之优良品德,不忘先祖福泽佑护,感激先辈之养育教诲,常念始祖之恩德永垂,今全族齐聚,祭奠始祖,感念列祖先辈,布列祖列宗恩泽于后世,行此盛典,以表吾辈之孝意！

清明良辰，举全族凭吊。列果陈香，鞠躬叩首，共祭始祖在天之灵，后辈子孙将永继祖先美德教诲，让始祖之希望化为后辈之蓝图美景！愿始祖九泉含笑，列辈先祖在天颔首，共佑李氏各地各支族人显贵昌荣！

树有根则旺，水有源则流。李氏家族源远流长，树大根深。念始祖迁徙之艰，创业之苦，筚路蓝缕，勤耕不辍，耕读传家，方有后世子孙枝繁叶茂，兰芽秀茁亭亭玉立者，绳绳不绝。先有明朝重臣贞茂先辈青史有名，后有清代菀实、尔琮、兰祥等诸贤光宗耀祖，泽被后世。此实乃吾族之鼎盛辉煌之期。

然近代以降，战乱频仍，灾荒四起，诸代先辈颠沛流离，四处谋生，或亡或散，凄惶之态不绝耳目。至今仍有当年流散各地吾之族裔，在当地落地生根，繁衍壮大。今逢盛世，诸辈子孙，崇能尚贤，自强不息，才俊辈出，栋梁凸显，置业兴家，族运一派繁荣气象。务农者，勤俭为本，人寿年丰；务工者，心灵手巧，技满全身；经商者，诚实守信，盆满钵溢；致仕者，廉洁奉公，正气在胸；从教者，为人师表，桃李遍地……今日族运兴旺发达之象，实仰列祖列宗高风亮节，惠及吾辈。为感念祖德，示范后世，今吾族各支子孙，勿论远近亲疏，于朗朗清明之日，齐聚祖居发祥之地，瞻祠堂祖碑族谱，扫祖墓杂草秽尘，扬祖先之德，继祖先之志，净心灵之霾，叙同族同胞之谊，凝李氏宗亲之力，谋吾族之发展宏图。

数千各地李氏宗亲后裔，血脉相连，将同心同德，患难与共，精诚团结，携手相邀，励精图治，振兴族业。为始祖争光，为族谱争辉，为后辈积德造福！

含血脉相通之情，思同宗共祖之谊。吾辈当以全族利益为重，不分南北，不分支系，爱国守法，明礼诚信，团结互助，勤俭自强，为家族共兴，李门昌隆，共创美好未来。

清明祭祖，思绪悠悠。藤蔓千里，皆出一源。家族盛衰，匹夫有责。现政通人和，吾辈当育人锻才，孕吾族之栋梁。一个知书达理之族，勤劳仁爱的李氏家族定会彰显于世。吾辈将告慰于始祖及列祖列宗在天之灵！

邯郸市鸡泽县曹庄镇李马昌村李氏

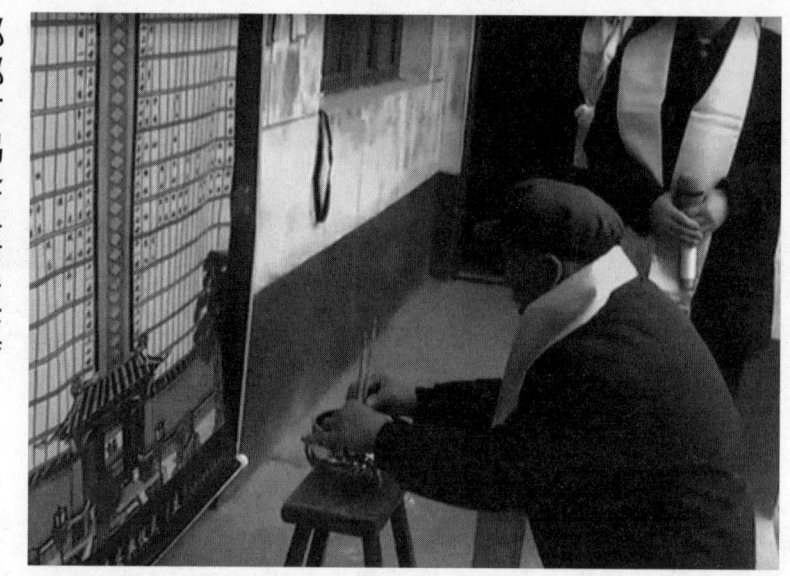

▲ 李马昌村李氏祭祖

▲ 李马昌村李氏族人颁谱现场

《李氏家谱》载，李氏高祖国官明永乐年初，奉旨自山西洪洞县迁出，至鸡泽县李马昌村，繁衍生息，扩叶散枝。

邯郸市涉县涉城镇 北岗村李氏

▲ 北岗村台科李氏增公家族祠堂门匾

▲ 北岗李氏家谱

▲ 北岗李氏十九代合影

▲ 重修李氏祠堂碑

据家谱、墓碑、祠堂碑记载：吾李氏始祖，明初由山西省洪洞县迁来。祖居阳侯国，即今山西平阳府洪洞县地，明时迁徙，瓜瓞绵绵，千支万派，俨然一大户也，至今故茔在焉。

石家庄市无极县东侯坊乡李氏

▲ 东侯坊乡李氏族谱

东侯坊李氏世系图序碑记

　　李氏祖于前明永乐时自山西洪洞迁居正定无极之侯坊，十余传族姓滋繁，旧有家谱一册，藏于祠迨。经世变散佚不存，屡议重修，宗派难考，祖德亦遂湮没不彰。嗟呼！宗法不讲久矣，修谱修祠诸大礼漫无所统，而敦睦之道？寝微。始祖墓前补立碑记，至十一世祖墓皆失考。十二世祖、十三世祖墓岿然并存，但未有碑记。岁逢戊戌，次侄荣绅赴试礼闱，临行以立碑，请方鸠工砻，而族中子弟咸以叙清世系，为言商之。从兄簪盉喜其远不忘本，而敦睦之道从此可讲也。遂于碑阴刊列一图，祇载本支，别支之无可考者故阙焉。荣绅礼闱扳罢以大挑一等，分发福建试用知县，且将宦游远方，携此拓本以往，族众亦各拓一本藏于家，庶不至再经散失。异日重修家谱，即以此为之倡也。每见世之修谱者好为夸耀。虽族望式微，往往惟其本源出于某代名贤、某朝巨族、博雅。或讥其无徵，而当世者则贵显。是尚其于敦睦之道，路焉弗详。陆子云人家兴替在义理，不在富贵。假令富贵而人无义理，正为家替。即贫贱而人知义理，正为家兴。族中子弟贵显者少，知义礼者尚不乏人。从此溯厥本源，务崇敦睦，吾族其兴乎？是为序。

　　光绪二十四年（1898）孟夏上浣凤阁谨撰基中谨书

衡水市冀州区码头李镇泊南村李氏

▲ 泊南村李氏家谱

据泊南李氏族谱续写委员会会长李正栋介绍，泊南村李氏家族祖籍河南省商丘市夏邑县周家草寺村，本姓周，祖上家境殷实，但到了元末明初，适逢战乱，再加上黄河洪水连年泛滥，家境日渐衰落，而官府徭役税负却日趋繁重，于是始祖周兴便携家眷举家迁徙至北直隶冀州，也就是今天的河北省衡水市冀州区码头李镇泊南村，同时为躲避官府税赋，便改随母姓李，自此在泊南村繁衍生息，至今已经600余年。李氏字辈："瑞，云，成，广，正，以，繁，绍，世，庆……"

在一个个李姓辈分的排序传承中，我们领教了这个家族严格的人伦纲常礼数，也目睹李姓由少到多、由衰至兴的繁衍史……

现如今，泊南李氏家族已经有三千余人，徙居四方者也不下千人，但不论身在何处，他们都谨守祖训，勤勉持家，并对《李氏族谱》都有一种共同的情感。他们常说，族谱里凝聚着自己的精神归宿和寄托，是自己的根……

来自大槐树·李氏姓氏字辈考

秦皇岛市卢龙县木井乡李氏

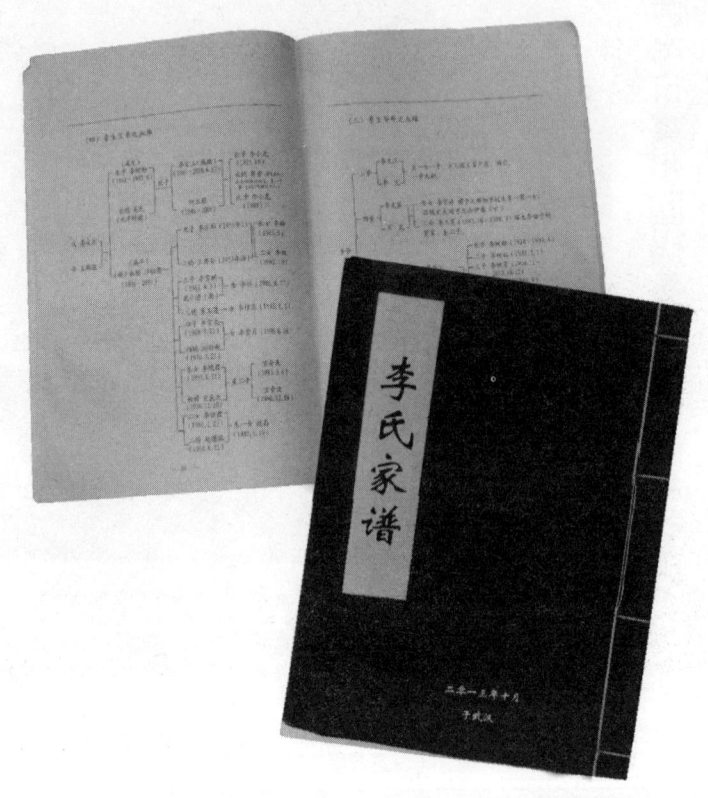

▲ 木井乡李氏《李氏族谱》

据木井乡《李氏家谱》记载：卢龙县木井乡李氏，明朝永乐十二年（1414）李氏先祖，因瘟疫或天灾由山东大榆树举家逃荒到当时按明朝区划属直隶京师（首都的旧称）的永平府辖村大李佃子，占产立庄。李氏在此地繁衍生息，人丁兴旺，逐渐形成一大户人家。清朝康熙和乾隆年间，李氏家族部分逐渐迁出大李佃子村。据《卢龙县地名汇编》记载，清朝乾隆年间，李氏家族分支由大李佃子迁出，一部分分支迁到大李佃子村西南的"新房子村"。在同一时期也有的分支迁到现卢龙县的棱头湾和昌黎县的杏树园处落户。"树"字辈的家族是在清康熙年间，迁移到大李佃子村东侧偏北的"段庄子"，后改名东李佃子村，即本支李氏宗支。

邢台市内丘县金店镇西张村李氏

▲ 西张村李氏谱轴

▲ 西张村李氏族人

邢台市内丘县金店镇西张村《李氏家谱》序

李氏家族在明洪武二年（1369）相继迁住直隶省顺德府内丘县西张村落户繁衍生存，立祖者李胡老（男姓李和女姓胡的统称）。当时兵荒马乱，勉强维持生计，生活相当艰难，家贫出孝子，发迹于五世"李得"之后，六世"通、达、顺、新"弟兄四人，西张村现存长子"通"、三子"顺"、四子"新"，俗称长门、三门、四门。次子（二门）李达过继于（四世）李伴歌。据《明史》记载，四世李伴歌父李真在燕王扫北时在任丘遭遇水贼，以身殉职，明成祖朱棣感念其忠诚，封为百户，赏敕封祠等，特赐对联一副：披坚执锐甲胄生虱轴始祖，请奸刑暴忠尽忘私弼列宗；横批：感恩图报。又对李氏后人大加封赏，四世李伴歌为明宣宗朱瞻基的伴童。朱瞻基赐其银回乡兴建了李氏家庙。李氏后代也多在锦衣卫任职。李氏宗族可谓是树大根深，枝繁叶茂，生生不息。

来自大槐树·李氏姓氏字辈考

邢台市广宗县大平乡大平台村沙丘平台李氏

▲ 大平台村沙丘平台李氏祖茔

"沙丘平台李氏"始祖，明朝护卫大将军李元福。洪武三年（1370），经过元末战争，饿殍遍野，田地荒芜。开国皇帝朱元璋布下诏令："流民归田、开荒之地归个人所有、免三年赋税。即使土地原来主人回来也不用归还。"从此大兴军屯和民屯。外调军屯，多用明初勋臣及子孙。军官世袭之制，兵籍亦是世袭制。是年夏，广宗县发特大洪水，漳河决出，平地可行舟，史称"黄水漂天"。致县境内人烟稀少，村庄骤减，留下大量土地需要耕种。

洪武四年（1371），护卫大将军李元福奉召率兵士来到广宗县，此来主要职责是守卫广宗县城和屯田以纳军饷。何地可两者皆善？"广宗城东延十里，袤百里，一望层沙，几于不毛；城北与南，亦各有沙，亘十余里，又杂碱卤，镢䦆（辛勤劳作）为艰……惟城西及西北颇善……"李元福深思后就选中城西北八

284

里的大平台村。原因是：首先距离广宗县城近、利于同防；其次村西距老漳河五里，便于屯田。最重要的是大平台村是一大村，还有居民（据说是守卫沙丘宫的佣人"相里氏"的后裔，还未逃走）和闲置房屋。村南还有一座文殊寺也可临时落足。李元福到大平台村后，令兵士临时扎寨，再筑室为营。一日，他带几个兵士巡查地形，走到村西那片草地，一眼望去约几千亩，地势低洼但很平整。虽满地是野草，但不难看出，是十分肥沃的土地。西北不远处还有条老漳河，正是屯田的好地方。又是阳春，李元福亲自率兵士开始垦荒，洒麦种黍。经过他们的辛勤耕耘，迎来了一次次丰收。不论多苦多忙，他也在闲暇之余，教授兵士和村民练武习文，布防排兵。李元福诸事亲力亲为，对人极为和善，让众兵士和村民都过上期盼已久的平安富足生活。众人甚为感激，合力在大平台村为他建了一座邸，现已无存，只留上马石一块。李元福在巡视稼穑时，在大平台村西南老漳河东岸不远处，发现一口古井，大快道："旱时灌田无忧矣！"后在井附近建房屋以便屯田。渐渐的，房屋越建越多，到靖康之难前，这里已像两个村子（就是现在的前马井村和后马井村）。李元福让长子李守道分居靠南处（前马井村），次子李志道分居靠北处（后马井村）。李元福带领三子李进道和四子李安道留居大平台村。靖难之役时，广宗县也是战场。数年后，屯田兵马散失。因李元福年事已高，以一人之力无法招回兵马，只留住村民和家人亲信。明成祖即位后，欲请他还朝。李元福回想起戎马浴血的前半生，洪武帝鸟尽弓藏，杀戮开国功勋，刚过去的帝王之家同室操戈，他对朝廷灰了心，虽有一身韬略也不愿再出仕为官，从容归隐，在大平台村安了家。由他四子名字（守道、志道、进道、安道）中可看出，他想平安度此一生。最后李元福得一善终。李元福终后葬于大平台村东，其后人在道光十八年（1838）在他墓前重立《明护卫大将军元福李公神道碑》，现存于大平台村前街李氏宗祠内，以供后人瞻仰和凭吊。至今六百四十余年中，沙丘平台李氏（李元福后人）经过了明、清、民国数次朝代更迭，战火天灾，或文臣，或武将，或农工商贾等。现万余后人，主要聚居地在：大平台、前马井、后马井、广宗城北街、牛里庄、郭里庄、北三里、威县七级等。迁居外地的多已无考。

北京市、天津市

北京顺天李氏一支家谱字辈：
　　国德凤照瑞　嘉庆岩富祥
北京李氏一支家谱字辈：
　　□□清明远　文章永世昌
蓟州区李氏一支家谱字辈：
　　振凤玉树国永
宁河县李氏一支家谱字辈：
　　荣华富贵仁
宁河县李氏另一支家谱字辈：
　　德福羡广　宝德万明
静海县李氏一支家谱字辈：
　　大树万学庆
静海县李氏另一支家谱字辈：
　　寿忠汝树玉培
静海县李氏另一支家谱字辈：
　　全万凤庆　国建富继
静海县李氏另一支家谱字辈：
　　淀福发锡畴　芝德文宝玉
李氏一支家谱字辈：
　　福发锡荣芝　德（汝）文（茂）宝玉
李氏另一支家谱字辈：
　　金富（克）恩会
李氏另一支家谱字辈：
　　守玉文长永　树立广全培

北京市房山区阎村镇大紫草坞村李氏

北京市房山区阎村镇大紫草坞村李氏宗祠碑记

碑额:"承先启后",碑中部分文字缺损,民国十三年(1924)的《良乡县志》有录。

礼:天子七庙,诸侯五,大夫三,士一。隆杀(尊卑)不同,其所以尊祖敬宗、报本追远者一也。汉唐以来,自非帝室,则宗庙之制,不讲士大夫家类,皆法适士一庙之遗意,建祠

▲ 大紫草坞村李氏宗祠碑

以祀其先。吾乡土著多系明成祖(朱棣)时迁徙之户,无甚巨族,故建祠者寥寥。相习成风,往往有既富且贵,崇侈宫室,轮奂改观,至问其所以妥先灵者,则仍循庶人祭于寝之例,揆(推测)诸于营室,宗庙为先,宫室为后之义,盖阙如也。李耀廷姻弟(姻亲晚辈),家不过中人产耳,独毅然有志于此,上请命于诸父,旁参谋于族人,于光绪戊寅宗祠告成。适予久客还乡,属为记事,以予在深州(衡水北侧,曾为州)修远,祖墓有同志焉故也。虽然予与耀廷志同,而力不足,囊客深州,见祖墓凌夷,墓田半鬻,不得不于笔耕,所入糊口之资,节而俭之,积三年而后成事;若建祠以祀先,则犹有志而未逮也。以视耀廷此举,能无歉然乎?李氏在前明时,为畿辅巨室,里居京东,其远祖墓在京城左安门外龙爪槐村,今犹祭扫也;其田产多在良乡县。国初定鼎(满清入关),优赉从龙之将士,有占圈之例。田既入旗,人亦投旗,就耕圈地,遂移居于良乡县西大紫草坞。至康熙四十八年(1709)分拨和硕履亲王(康熙十二子允祹)府当差,赏镶白旗满洲二甲喇(三百人为一牛录,五牛录为一甲喇,五甲喇为一固山)入册。今徙居邑南交道村又四世矣。其里居转徙及隶入旗籍之由,家谱未载。耀廷欲以示后人,故属为附记云。

赐进士出身候选知县游观第撰文
良乡县廪膳生陈璞书
光绪十一年(1885)岁次乙酉夏月敬立

来自大槐树·李氏姓氏字辈考

天津市红桥区西门里李氏

▲ 西门口里李氏家谱

据西门里李氏南二门与南三门1957年重修的《李氏家谱》序中载，先祖李俊，本河南汝宁府西平县人，明永乐二年（1404）迁发北地卜居静海西门口里。我族人现居村庄为：李高庄、谢高庄、南抛庄、北抛庄、仓上、唐家窑、新三村、小站、正营、葛沽、中塘、万家码头、巨馆、韩庄子、柴庄子、刘长年屯、小郝庄、张娇庄、东五里、杨家场、三间房、蔡公庄、静海镇、田家场、尚庄子、于家堡子、良王庄、史庄子、宫家屯、西桑园、小董庄、杨柳青、吴庄子、小秋庄、独流镇、唐官屯镇、大瓦头、小邀铺、周庄子、大黄庄、靳官屯、丁家村、焦庄子、陈官屯、王官屯、湾湾河、港里、中旺、双塘、宽河、牛坨子。

自十七世"钟"字始，二十个字派为：钟汝树煜培，锡涣林炳基，铭鸿荣焰增，锦汉杏燧境

山西省

■ **大同市**
　李氏一支家谱字辈：
　　　　连文元锦肇

■ **忻州市**
　五台县李氏一支家谱字辈：
　　　　唐如进广国春

■ **阳泉市**
　平定县李氏一支家谱字辈：
　　　　日英山明水秀

■ **长治市**
　沁源县李氏一支家谱字辈：
　　　　百子朝登　世有恩清
　　　　正生元光　若能治家
　　　　常怀兴宪　木果月恒

■ **晋中市**
　介休市李氏一支家谱字辈：
　　　　天应芳敷殿　国元如春（树）生
　　　　正显奇明贵　玉宝廷承登

■ **运城市**
　李氏一支家谱字辈：
　　　　景耀慎克
　李氏另一支家谱字辈：
　　　　□□传玄学　伯阳志广继
　　　　世民开唐基　太宗三晋起
　　　　长安登宝殿　科选百才智
　　　　笃印宋鸿峰　华夏法典正

■ 临汾市

洪洞县李氏一支家谱字辈：
月成兴相道

洪洞县李氏另一支家谱字辈：
万群士兆绍　延邦国永振

洪洞县李氏另一支家谱字辈：
玉亭茂树　尚传守成
克计广侯　昭燕培凡

■ 吕梁市

孝义市李氏一支家谱字辈：
贵仲成盛现　增启清开学

中阳德贞坊李十甲李氏一支家谱字辈：
洪德宗元　廷华兆晓

注：洪字辈以上先祖名讳：李楠、李树、李楷、李檠、李桂兄弟五人。

柳林县李家湾乡李氏一支家谱字辈：
良贤美庆和

■ 山西省境内其他支系

喜鹊李氏一支家谱字辈：
玉春守俊

李氏一支家谱字辈：
桂林永庭士　春景金东生
光贵兰远逢　万事庆大清

李氏另一支家谱字辈：
源聚泰华　明阁昭霞
兴仁俭让　万世吾家

晋中市昔阳县东平镇东关村学坡李氏

▲ 东关村学坡李氏族谱

东关村学坡《李氏族谱》序

俗话说：国不可一日无史，家不可一世无谱。家族无谱就没有了发展根基，就失去了长幼秩序。家族作为社会的基本构成细胞，她的繁衍、生息的兴衰史，也是一个民族发展、国家兴衰的重要组成部分。家谱虽然只是一门一宗的家族历史记录，但千千万万家族的历史记录就构成了一个国家的发展史。

昔阳县东关学坡李氏家族，在当地历史久远，属名门望族，在历朝历代各行各业出过不少杰出人才。这个家族有着良好的家规家风，并能继承发扬光大，续家谱就是其中一例。由于历史原因，最早的家谱已于元末明初遗失，清朝及后屡次修续，又因世事动乱，未能圆满流传。但祖辈修谱之念，传宗接代，从未间断。进入二十一世纪，国家繁荣昌盛，为修谱创造了有利条件。观万、洁心、山寿、保生不顾年高体衰，不具专业，勇于担当，拼命磨炼。志刚、爱慎年轻志壮，奋力奔走。维周对谱书的编排、印刷提出很多建议，并对部分文稿进行了修改、补充。全体族人尽力支持，有钱的出钱，有力的出力，终于修成族谱，铸成家族三不。

来自大槐树·李氏姓氏字辈考

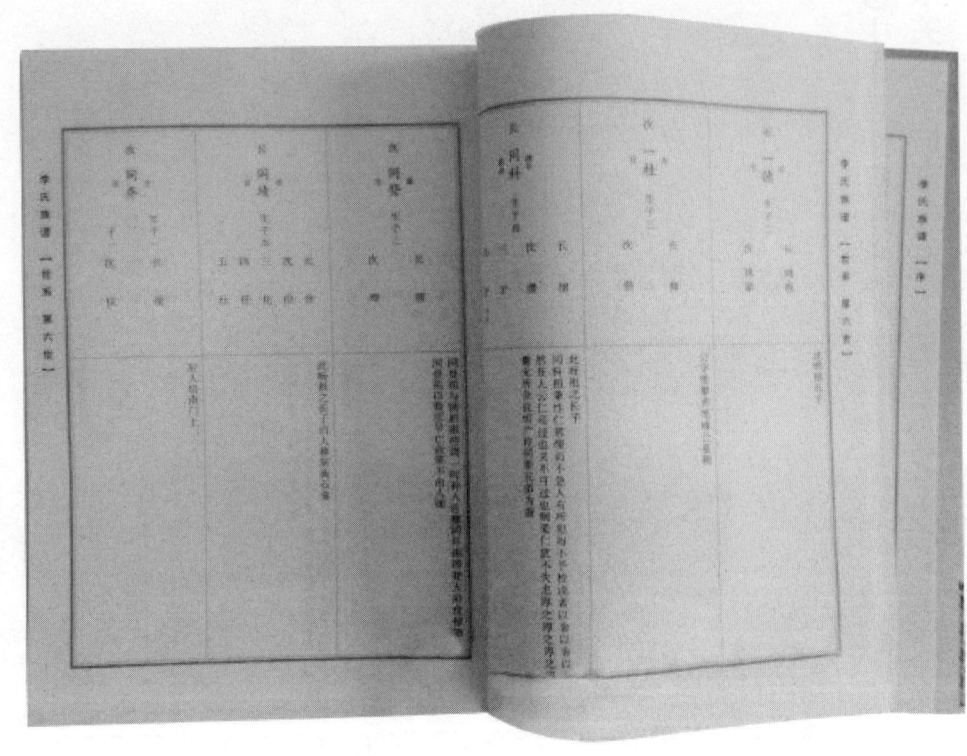

▲ 东关村学坡李氏族谱内文

　　这次修谱是在清朝期间的残谱基础上，精心对接各支小谱，形成一套较为完整的李氏家谱，这是我家族史上的壮举。这部家谱共十四卷二十册，从一个侧面展现了学坡李氏家族三百余年的发展史，将为增进族人联系，加深了解，密切亲情，起着桥梁和纽带的作用，对发扬祖辈优良家风、教育子孙后代有着深远意义。这次还利用现代化的印刷技术，扩大印数和珍藏流传范围，为后人续谱打下了坚实根基。

　　我作为这次修谱的负责人，尤感欣慰。对积极参与修谱的各位族人，表示深深的谢意！更望本家族，紧跟国势，与时俱进，人才辈出，事业辉煌，家族兴旺发达。

十九世裔孙金祥
二〇一三年四月

吕梁市中阳县牛金岭李氏

▲ 牛金岭李氏祖茔

吕梁市中阳县牛金岭李氏祖茔碑记

李氏世系石碑于清同治十三年（1874）勒石，石碑现立于中阳县城南外牛金岭李氏墓地。

碑文记述：李氏乃有虞皋陶之后裔也，自明时由陕省兑九头迁到宁乡二十余世，所可考者砂会十亩坪有坟在焉。三支人丁系德贞坊李十甲后，分户跳甲一支分于二甲、一支分于三甲，惟我先代仍在原甲。厥后世系名讳无碑可稽。独传至讳时亨祖。作坟于磁云会七亩坪，所生七子行讳可字，六门散居，行二讳可教作坟于老坟之右。立七先祖延及我曾祖，地势狭小，子孙繁衍又作坟于牛金岭，由前思后，虽代远辈疏酒祭祀之心则一故。余父在日，每逢节令以不能兼及为憾，起立世系碑意，奈事多繁琐，有志所未逮，今年正月初十，母氏云亡，二月，与父合葬，忽念及此，不胜涕泗，遂立世系于牛金岭祖茔之尊，每有祭奠可以兼及，是余承先父之志，其于报本追远之意，庶乎稍存心焉，是为序！

该碑系中阳城内水巷德贞坊李十甲李氏可教先祖支系。世系碑中，立时亨祖为始祖。二门可教为二世祖。可教之子：长伏恩、

吕梁市临县碛口镇李家山村李氏

▲ 李家山村李氏故宅（一）

▲ 李家山村李氏故宅（二）

　　李家山村李氏故宅据《李氏家谱》载：始祖李端，明成化年间，由临县上西坡村迁往临县招贤都三甲李家山村。李氏家族经世代繁衍，到清中叶已成大户。时值碛口商埠繁荣，李家也涉足于商业。据《家谱》与口碑资料佐证，时李家山有东西两大财主：东财主李登祥，人称祥财主，在碛口开的德合店、万盛永；西财主李应贤，在碛口开的三和厚。

▲ 牛金岭李氏祖茔碑（一）　　▲ 牛金岭李氏祖茔碑（二）

次伏忠为三世祖。伏忠子：鹏霄、凌霄为四世祖。鹏霄所生一子植为五世祖。植生三子：大门果实、二门果楚、三门果颖为六世祖。果实生一子栩，果楚生二子：长楠、次桂；果颖生二子：长楷、次，五子为七世祖。八世祖：栩子五：洪志、洪基、洪□、洪愈、洪□，楠子二：洪恩、洪爱；桂子二：洪□、洪悫；楷子三：洪恕、洪□、洪楙，子洪念。九世祖：洪悫子：大德，洪恩之子：立德、成德，洪爱子明德，洪基子：纯德，洪愈子二：月德、峻德、天德、世德、蓄德。第十世，纯德子：宗白、堂叔：应台、贤、周，堂伯宗圣。十一世，宗白三子：谦元、敦元、锦元。第十二世，谦元嗣子联第，英第、镜第、及第、选第、连第。十三世辈为清字辈，毕清等十二人。

　　　　大清同治十三年（1874）岁次甲戌夏四月中浣日
　　　　　　　　　　男锦元等敬述

来自大槐树·李氏姓氏宗谱考

运城市稷山县清河镇上费村李氏

▲ 上费村李氏碑楼

上费李氏碑楼建造于道光二十八年（1848），为砖雕仿木结构，单檐歇山顶，通高8.3米。整个碑楼建在4.3米见方砖石垒砌的台基上，坐北朝南，楼内立有李氏散粟义行碑一通，碑文如下：

邑乡绅士李安邦李定国伯仲氏散粟义行碑

古者比闾，族党相保相赒，恤灾救患固其所也，非以为义也。后世贫富相耀，人私其财，不免有同类而异目相视者。然吾观齐黔敖、卫公叔、宋乐、郑罕诸人，或为食于饿者，或饩粟于国人，犹想见先王之遗风。君子之所以详著经传者，非以其事有可揄扬劝励，而欲后之人之闻风而起欤？邑人州同知李安邦，已故监生李定国伯仲氏，世以乐义好施闻于乡者也。其父从九公树在时，曾割沃畲捐祠堂，祭田，族人赠范公遗风匾，颂其义。输白金佐海防军饷，朝廷议叙八九品顶戴，荣其两孙。又常以睦邻亲族，扶颠持危，训伯仲氏。伯仲氏时以父训相警。岁丙午，雨泽欠渥，禾稼歉收，牟麦未播。相与谋于室曰：吾父夙有捐济之志，而未逮今，殆行吾父志时矣。吾等当善为继之无负也。爰捐金买粟，凡村人乏食者计口给食无所却拒。于是族党中赖以保聚者百有余家。越明年，秋禾有成，乡者翟义鳌、陈万年、王永魁、李浚等，感其义合词具，禀述其颠末，吁请予言，勒石彰美。夫方年之就荒也，贫民待食，朝不及夕，人情汹汹，几难自保。然而稷之民，卒安堵饔飧，若忘其乏食者，岂非以诸君捐济之力哉？予自乙未通籍，后来宰斯邑，即闻李氏之家世有义行，心窃异之，而未遽深信也。今伯仲氏善承先志，不坠家声。不惟不以贫富相耀，乃能以贫富相通，出有余，补不足，分财散利，将与乐，罕诸人，同其义举而恤灾救患又何异？睦姻任恤之行，是盖国家承平二百余年，饮食教诲之深仁厚泽，旁洽于河汾僻壤者深乎？夫旌奖善类，以为不能者劝，司民者之责也。予既喜伯仲氏之以仁持富，世济其美。又喜乡耆之不没人善，而共彰其善也，故乐为之叙。伯氏名文魁，仲氏名武魁，世居邑之和合里上费村。

赐进士出身诰授奉政大夫同知衔知稷山县事加五级纪录六次滇南李景春顿首拜撰。

儒学廪膳生员汾阴李如圭顿首拜书

道光十二年（1832）岁次戊申六月十二日立

正面楹联：

德聚荆庭雁序鸰原同切解悬之志

恩深梓里鸠形鹄面群歌续命之田

匾　题：棣萼交辉

背面楹联：

俭以养廉修其孝悌忠信

积而能散与尔邻里乡党

匾　题：菽粟成仁

来自大槐树·李氏姓氏字辈考

阳泉市开发区平坦垴村李氏

▲ 平坦垴村李氏宗祠

李氏宗祠也称为"李家祠堂",始建于明代,它见证了平坦垴村一代代人的生息和繁衍。

据清咸丰七年(1857)续修的《平潭李氏族谱》记载,李氏宗祠修建于明朝弘治十八年(1505),为八世祖李璞"继前人之积德,培后世之昌基"而建。李氏受皇帝恩赐官员甚多,为报皇恩便扩建翻新大修祠堂,并于咸丰九年(1859)告成。

时光荏苒,自咸丰九年大修后,李家祠堂精美之名远扬,然而随着山西晋商在清朝末年开始衰落,平坦垴李氏也逐步走向低谷,祠堂损坏无人修。2003年,李氏后人捐资10万余元,将原寿圣寺神像重塑供奉,并于2005年竣工,李家祠堂才焕然一新,与世人重新见面。

在李家祠堂的墙壁上,除了描绘有李氏族人自古崇尚读书、屡次中举的画面外,还绘有后人李可赞剿匪、李璞灾荒年赈济乡民粮食、出资请人埋葬饿殍百余人等故事,可以说是光前裕后、尊祖敬宗的特有写照。

内蒙古自治区

■ 赤峰市
　　李氏一支家谱字辈：
　　　　　凤世大贵□□　树枝（志）相槐（怀）榕
■ 通辽市
　　李氏一支家谱字辈：
　　　　　家进化继

辽宁省

■ 大连市
　　瓦房店市李氏一支家谱字辈：
　　　　　文曰春运　宗嗣延长
　　　　　乃祖之光　承前启后
　　　　　百世其昌
　　普兰店李氏一支（祖籍山东莱阳）家谱字辈：
　　　　　文新德。
　　李氏一支家谱字辈：
　　　　　永庆长春
　　李氏另一支家谱字辈：
　　　　　龄永明国世忠
　　李氏另一支家谱字辈：
　　　　　永思祖德　克念宗功

李氏另一支家谱字辈：
　　　　绍德传本永　季文青长春
李氏另一支家谱字辈：
　　　　文学丕万世　永玉国鸿昌
李氏另一支家谱字辈：
　　　　元天光华日　家福保平安
李氏另一支家谱字辈：
　　　　德金志春　润广泰绍
　　　　茂世兴传
李氏另一支家谱字辈：
　　　　万德洪长春　永盛连贵金
　　　　振兴世方肇　天庭共振云

■丹东市

凤城市李氏一支家谱字辈：
　　　　德良志芳远
东港市李氏一支家谱字辈：
　　　　发富忠德林文成
李氏一支家谱字辈：
　　　　学成致荣恕
李氏另一支家谱字辈：
　　　　玉明富贵连

■锦州市

锦州市凌海市李丰村李氏一支家谱字辈：
　　　　福禄忠成友　恩庆吉世荣

■营口市

盖州市李氏一支家谱字辈：

　　　　　　树德承洪

盖州市李氏另一支家谱字辈：
　　　　　　廷升建广　连镇守田

盖州市李氏另一支家谱字辈：
　　　　　　国永廷声建　广连振守田

李氏一支家谱字辈：
　　　　　　重□□守正　可□九希丕
　　　　　　恒树同宗本

■ 盘锦市

李氏另一支家谱字辈：
　　　　　　文宗德　养一天
　　　　　　进士朝　明国纪
　　　　　　春长在　百福崇
　　　　　　龙佐大

李氏另一支家族字辈：
　　　　　　清广遇新永　田达文崇长
　　　　　　维忠洪福盛　兴景万纪元

李氏另一支家谱字辈：
　　　　　　世风金变国　礼大尚朝永
　　　　　　广长柏玉树　忠心庆万春

李氏一支家谱字辈：
　　　　　　克廷清凤桂　恒庆祥延长
　　　　　　宏开本宗彦　怀德永其昌
　　　　　　忠厚传家远　仁义敬世宽
　　　　　　诚信守法纪　和善孝惟先
　　　　　　自强勤奋正　立志思国安
　　　　　　嘉学升才智　业兴富有源

辽宁省境内其他支系

李氏一支家谱字辈：
　　　　永治兴嘉烃
李氏另一支家谱字辈：
　　　　月（岳）松玉秀运
李氏另一支家谱字辈：
　　　　洪广德启天　兴昌多家美
李氏另一支家族字辈：
　　　　起有廷洪□　德墨金仁文
李氏另一支家谱字辈：
　　　　廷永成希春　名毓殿英政东
李氏另一支家谱字辈：
　　　　盈若德□　永凤春发
　　　　祥恩玉和
李氏另一支家谱字辈：
　　　　云南发向　山东广昌
　　　　明初耀祖　金凤海洋
李氏另一支家谱字辈：
　　　　咏云成文尚　空广生树久
　　　　洪世长积德　学中万国书
李氏另一支家谱字辈：
　　　　文守继兴世　治廷永成希
　　　　春明毓殿英　政东□□□
李氏另一支家谱字辈：
　　　　文忠德仰义　天进世朝明
　　　　国继春长再　百富佐达廷

大连市旅顺口区水师营李氏

▲ 水师营李氏祖训

▲ 水师营李氏祠堂

甲午年春节水师营李氏家族祭祖

祭祀先祖,是春节期间一项隆重的民俗活动。除夕到来之前,家家户户都要把家谱、祖先像、牌位等供于家中上厅,安放供桌,摆好香炉、供品。甲午年春节水师营李氏家族祭祖仪式,体现了李氏家祖子孙后代对祖先的敬仰和缅怀之情。

吉林省

■ 长春市

九台市李氏一支家谱字辈：

殿金海忠春

农安县李氏一支家谱字辈：

衍奕兆谋　绪祚克周
广集鸿猷　与国咸休
赞修丕业　继承儒宗
鸣钟宝鼎　永振家声

李氏一支家谱字辈：

万世永昌　儒再久长

■ 延边朝鲜族自治州

李氏一支家谱字辈：

圣继春长在　淑慎荣作光
敬修全真如　魁元乃世昌

■ 吉林省境内其他支系

李氏一支家谱字辈：

玉洪彦景

李氏另一支家谱字辈：

井仕纪传万代

李氏另一支家谱字辈：

德兴余仁寿　万世永和平

黑龙江省

■ 哈尔滨市

李氏一支家谱字辈：

开运炳灿和　品义鹏方洛
祥凤来朝泰　玉石登文学

李氏另一支家谱字辈：

自秉诚永茂　天宝久远长
安居世正福　乐业其传祥

■ 大庆市

李氏一支家谱字辈：

言文忠李金福禄

■ 双鸭山市

尖山区李氏一支家谱字辈：

文章昭著　景运肇开
祖德崇长　贤才佑启
先猷式守　敦笃彝伦
和敬钟祥　家声永振

■ 黑龙江省境内其他支系

李氏一支家谱字辈：

九修学林

李氏另一支家谱字辈：

万克福明

李氏另一支家谱字辈：

鸿永树成

李氏另一支家谱字辈：

景国兴家

李氏另一支家谱字辈：
   阳乃文传恒
李氏另一支家谱字辈：
   彦长守敬忠
李氏另一支家谱字辈：
   国永清凤 明岐山秀
李氏另一支家谱字辈：
   树荫延德广 丕振永家声
李氏另一支家谱字辈：
   金凤云成瑞 林志玉淑春
李氏另一支家谱字辈：
   永世少嘉传 景业震守连
李氏另一支家谱字辈：
   玉尚同焰沛 钟英址玉培
李氏另一支家族字辈：
   永世起承德 庭延盛学芳
   安心传宝玉 国泰庆云昌
李氏另一支家谱字辈：
   芝士永文国 连万景芳春
   志家承祖德 耕玉振金生
李氏另一支家谱字辈：
   欲明洪永庆 万世树长青
   风连落久□ 树国采凤明
李氏另一支家谱字辈：
   国德万进举 志松来克春
   庆居文明世 茂选坐良臣
李氏另一支家谱字辈：

山景守仕庭　玉科德彦世
元成广万大　建国少鸿文

上海市

李氏一支家谱字辈：
彦光宏开梅世喜

江苏省

■ 南京市

江宁区李氏一支家谱字辈：
君定国安　保万年□

江宁区李氏另一支家谱字辈：
春本明伦　毓秀忠英

江宁区李氏另一支家谱字辈：
非忠成大立　作述绍其堂

李氏一支家谱字辈：
鸿鹤家绍

李氏另一支家谱字辈：
献令子　名臣相

李氏另一支家谱字辈：
占文锡武　集俊培英

李氏另一支家谱字辈：
大有朝世自　永文三宏成
学长仕国家　恩夕传宗远

李氏另一支家谱字辈：

正国士学文　世代永隆兴
祖德乾坤大　诗书裕后昆
箕裘绵奕骥　礼乐振家声

■ 镇江市

句容市李氏一支家谱字辈：

德绍承宪章克永

■ 常州市

李氏一支家谱字辈：

翼宝祖宗之德

■ 无锡市

宜兴市李氏一支家谱字辈：

昌良作开永

江阴市李氏一支家谱字辈：

南雅其祥合　西都本廑呈
和敦观左有　富有庆安平

江阴市李氏另一支家谱字辈：

太官人讳义　司千两派承
更增君应万　秋即林傅均

江阴市李氏另一支家谱字辈：

文景荣人金　胜绍木太雍
学高邦大美　隆盛遇先春

江阴市李氏另一支家谱字辈：

万文浩志仲　孟春荣（强）茂盛
嘉胜学俊永　德孝润天伦
长位精忠显　功名情廉珍

■ 苏州市

京江李氏一支家谱字辈：
  福泽由天定　心田在而耕

昆山市李氏一支家谱字辈：
  世以厚德传家　儒雅修身为本

李氏一支家谱字辈：
  维（克）宝（仁）忠志昌

李氏另一支家谱字辈：
  存有永德光国

■ 徐州市

江宁区李氏一支家谱字辈：
  春本明伦　毓秀忠英

邳州市李氏一支家谱字辈：
  朝庆兴明良　金玉发辉光

铜山区李氏一支家谱字辈：
  朝步明田　润继连升
  科家鼎盛

半山李氏一支家谱字辈：
  世居纪星会　秉志再永光
  孝正延邦彦　华荣庆太昌

新沂市李氏另一支家谱字辈：
  唐兴长建

新沂市李氏一支家谱字辈：
  瑞玉文长（学）士（高）良

沛县李氏一支家谱字辈：
  成凤德光

沛县李氏另一支家谱字辈：
  延后广惟

沛县李氏另一支家谱字辈：
　　德正延厚广
沛县李氏另一支家谱字辈：
　　敬承洪延绪　福厚毓德长
沛县李氏另一支家谱字辈：
　　蕴嘉启廷锡　克昌振永兴
沛县李氏另一支家谱字辈：
　　家书凤传成　本正尊祖训
　　克夫纪世出
沛县李氏另一支家谱字辈：
　　君尔元宣　子若孙曾
　　汝逊念之　其乃有济
　　允以为吉　亦克永迪
沛县李氏另一支家谱字辈：
　　克景宗法　善承祖训
　　忠厚传家　光大存心
　　兴宪邦祥　洪庆敦芳
　　敬慎广允　荣昌继长
沛县李氏另一支家谱字辈：
　　龙世功复应和□　绵秉宗立士道文
　　培希树世宋诒谋　垂裕笃庆锡光景
　　耀崇昌云汉昭章
丰县李氏一支家谱字辈：
　　守中为培
丰县李氏另一支家谱字辈：
　　振桂学新
丰县李氏另一支家谱字辈：

德奉双道玉　云台福世昌

丰县李氏另一支家谱字辈：
新士延景风云　荣广义祥敬

丰县李氏另一支家谱字辈：
文绍永成宏家玉　长君明丕胜世金

丰县李氏另一支家谱字辈：
荫春仰成耀　开秀显登朝
忠修延庆祥　善发福永强

丰县李氏另一支家谱字辈：
允再子兴圣　继世元明传
修申文存善　风华正茂全
清平尊道乐　仁爱超纲锦

丰县李氏另一支家谱字辈：
谨厚居心　和平继世
德立道明　尊主淳叙
乐善忠良　严守其长
义方传家　恒正安邦
宜学仰效　繁盛永昌

睢宁县李氏一支家谱字辈：
友振玉光

睢宁县李氏另一支家谱字辈：
允玉树（春）荣

睢宁县李氏另一支家谱字辈：
允源荣长　绍承先业

睢宁县李氏另一支家谱字辈：
春秀荣华艳　忠道维祥献
兴德传志广　明智永庆贤

江苏省

睢宁县李氏另一支家谱字辈：
  明道中兴邦　大有为星（音）瑞
  □□怀学堂

李氏一支家谱字辈：
  长元广大

李氏另一支家谱字辈：
  凤宗保善绍

李氏另一支家谱字辈：
  文德荣廷秀

李氏另一支家谱字辈：
  田运继连升

李氏另一支家谱字辈：
  启继昌兴加

李氏另一支家谱字辈：
  香玉宝庆长传之

李氏另一支家谱字辈：
  新良金玉发辉光

李氏另一支家谱字辈：
  明兴洪涛冲东海

李氏另一支家谱字辈：
  孟西德祥兆崇正

李氏另一支家谱字辈：
  振贵成四相仰先

李氏另一支家谱字辈：
  献令子　名臣相

李氏另一支家谱字辈：
  文成凯悌　宣慈慧合

李氏另一支家谱字辈：
　　　　德昌继成圣　大正曹帮
李氏另一支家谱字辈：
　　　　敬臣光祖德　盛世传家远
李氏另一支家谱字辈：
　　　　忠厚传家远　春月顺世昌
李氏另一支家谱字辈：
　　　　景玉绍光兆　广恩继世长
　　　　传家维政治　孝圣保宪章
李氏另一支家谱字辈：
　　　　星季传世广　照宪落凡祥
　　　　令德维存秀　清召念显阳
李氏另一支家谱字辈：
　　　　大有朝世自　永文三宏成
　　　　学长仕国家　恩夕传宗远

■ 连云港市

灌云县李氏一支家谱字辈：
　　　　庆传家大
东海县李氏一支家谱字辈：
　　　　长保发传
东海县李氏另一支家谱字辈：
　　　　学传长永
东海县李氏另一支家谱字辈：
　　　　兆庆佃学爱
东海县李氏另一支家谱字辈：
　　　　克和同廷敬
东海县李氏另一支家谱字辈：

天步学廷前荣家

东海县李氏另一支家谱字辈：

可广建兴盛　克和同廷敬
安邦永士兆

赣榆区李氏一支家谱字辈：

正木有玉

赣榆区李氏另一支家谱字辈：

恒长怀正木有玉

赣榆区李氏另一支家谱字辈：

诗为至宝　新作良田

赣榆区李氏另一支家谱字辈：

泰安宗入庆　传家大启祥

赣榆区李氏另一支家谱字辈：

隆广奎书培　玉凤庆三义

赣榆区李氏另一支家谱字辈：

传加大其祥　元臣祝厚泽
为善济时康　诗书从汝景
道德守奕香　中和润化育
勋业名振扬　云仍怀至宝
万代炳余光

李氏一支家谱字辈：

广学正传

李氏另一支家谱字辈：

仁其景春晖

李氏另一支家谱字辈：

得传家　大其祥

李氏另一支家谱字辈：

　　　　　　泰山宗玉庆　传家大启祥
　　李氏另一支家谱字辈：
　　　　　　爱国家宜　世德怀忠
　　　　　　作善兴宗
　　李氏另一支家谱字辈：
　　　　　　学乃身之宝　儒为席上珍
　　　　　　君看为宰相　比用读书人
　　李氏另一支家谱字辈：
　　　　　　藩朝集干端　先祯文卓汝
　　　　　　常商承有德　国钦广春维
　　　　　　学正传方永　心同继克昌

■ 淮安市

　　淮阴区李氏一支家谱字辈：
　　　　　　法玉兴隆久　大启继克昌
　　淮阴区李氏另一支家谱字辈：
　　　　　　隆久大启克昌
　　金湖县李氏一支家谱字辈：
　　　　　　昌永正春
　　金湖县李氏另一支家谱字辈：
　　　　　　广（如）进（贤）泰兴　鹤逢培荫
　　　　　　长大永久（九）
　　洪泽县李氏一支家谱字辈：
　　　　　　有永（勇）邦德　九如学文
　　　　　　山洪发达　创建大道
　　李氏一支家谱字辈：
　　　　　　兆金洪健
　　李氏另一支家谱字辈：

炳立从顶

李氏另一支家谱字辈：
　　登国金银

李氏另一支家谱字辈：
　　平敬增前信

李氏另一支家谱字辈：
　　泰（太）元国步

李氏另一支家谱字辈：
　　珍彦永登同章万

李氏另一支家谱字辈：
　　文玉殿　维新庆

李氏另一支家谱字辈：
　　如中青　云志寅（玉）

李氏另一支家谱字辈：
　　春（靖）大开宝（保）　树红先知（志）
　　结（吉）后有光

李氏另一支家谱字辈：
　　学广耀中华　福泰永延年
　　昌乐恒达久　邦家顺瑞康
　　丹丽清俊逸　源泉林锺秀
　　峰岳天际长

■ 盐城市

阜宁县李氏一支家谱字辈：
　　有容德乃大

滨海县李氏另一支家谱字辈：
　　学夫德功章　利明禾木光

射阳县李氏一支家谱字辈：

元发树国

射阳县李氏另一支家谱字辈：
文仁立正

射阳县李氏另一支家谱字辈：
长步青云　以成大业

射阳县李氏另一支家谱字辈：
学富德功彰　利宾观国光
龙凤连兰贵　同发满庭芳

李氏一支家谱字辈：
步庆文运

李氏另一支家谱字辈：
文正保宏金

李氏另一支家谱字辈：
锦庭孝仕　成永居志

■ 扬州市

仪征市李氏一支家谱字辈：
道德传经业　方正国家清

高邮市李氏一支家谱字辈：
碧胜云启　三掌钰宗
震金大学　光道德永

宝应县李氏一支家谱字辈：
以家永文

宝应县李氏另一支家谱字辈：
广洪崇立普

李氏一支家谱字辈：
春宏得有大

李氏另一支家谱字辈：

鸿大朝杰天元

李氏另一支家谱字辈：

世时廷长万开兆　国正天星顺□□

■ 泰州市

姜堰区李氏一支家谱字辈：

寿书祥（如）玉宝

兴化市李氏一支家谱字辈：

鹤兆德山春其建

兴化市李氏另一支家谱字辈：

本文怀（志）得（永）加石子

李氏一支家谱字辈：

进庆余志如

■ 南通市

如皋市李氏一支家谱字辈：

锦应耀盛秀长子

如皋市李氏另一支家谱字辈：

士（鹤）民（鸣）承德

如皋市李氏另一支家谱字辈：

应盛景耀秀长志（子）

如皋市李氏另一支家谱字辈：

德宗其昌　百世斯良

本实为知　源远流长

李氏一支家谱字辈：

大福伯有

李氏另一支家谱字辈：

家世有长

李氏另一支家谱字辈：

洪公继序思

■ **宿迁市**

沭阳县李氏一支家谱字辈：
永立宏同大

沭阳县李氏另一支家谱字辈：
长怀本宗　敬承德（祖）国
孝友启家

沭阳县李氏另一支家谱字辈：
正相楷彭　汉均应庭
克宗元允　华宝国赐
玉宏明义　继业乃恩
修俊启本　耕腾来鹏
雅陶有范　典摸晋仁
廉洁清秀　瑞福乾坤

泗阳县李氏一支家谱字辈：
志继前仁

泗阳县李氏另一支家谱字辈：
寒章勇跃　克念卓盛

泗阳县李氏另一支家谱字辈：
法从新隆久　大启继克昌

泗阳县李氏另一支家谱字辈：
道立功成　登朝作相
安邦定国

泗阳县李氏另一支家谱字辈：
宗开保步　长发其祥
居家秉正　永世增光
维前启后　久怀立业

泗阳县李氏另一支家谱字辈：
　　　　保开培长怀　青修光祖德
　　　　自如永定玉
泗阳县李氏另一支家谱字辈：
　　　　克念卓盛（竺）　寒章允（充）耀
　　　　辅国永祥　傅家厚德
　　　　贞远运会　富贵光昌
泗洪县李氏另一支家谱字辈：
　　　　自如永定玉　保开培长怀
　　　　清修光祖德　同郁柱书才
　　　　登本万源胜　克云兆续凯
　　　　持景捍具文（宏）　再存广传彩
李氏一支家谱字辈：
　　　　昌学尚经常　孝友作则

■ 江苏省境内其他支系

李集李氏一支家谱字辈：
　　　　思开德敬修加章
李集李氏另一支家谱字辈：
　　　　敬修甲章　大政提纲
李集李氏另一支家谱字辈：
　　　　□□成山　敬修甲章
　　　　大政提纲
李氏一支家谱字辈：
　　　　锦永长大
李氏另一支家谱字辈：
　　　　树德有永
李氏另一支家谱字辈：

春久恩从
李氏另一支家谱字辈：
兰上绍汝
李氏另一支家谱字辈：
兆学生元
李氏另一支家谱字辈：
邦正朝兴国
李氏另一支家谱字辈：
吉庆宗鸿良
李氏另一支家谱字辈：
家同兴立志
李氏另一支家谱字辈：
德功章利兵
李氏另一支家谱字辈：
安永怀瑞兴启
李氏另一支家谱字辈：
凤云启祥红晕
李氏另一支家谱字辈：
堂春俊全　年永如新
李氏另一支家谱字辈：
文国景同宝　□邦成光裕
李氏另一支家谱字辈：
富贵□国□　寒章勇跃□
克念卓盛□
李氏另一支家谱字辈：
玉福学廷荣　芝兰百世昌
忠厚传家远　诗书礼义长

南京市高淳区淳南李氏

▲ 高淳区淳南李氏祠堂

淳南李氏宗祠落成庆典祭祖祭文

时维公元二〇一六年一月廿四日，岁次乙未腊月十五吉旦。值此淳南李氏宗祠落成之际，淳南李姓五房裔众兹深怀敬仰肃穆之情，谨具少牢俎馐、素果甜品、清茗醪浆、香烛之仪、雅乐之礼、虔诚之心，恭祭于列祖列宗位下，并祭以文曰：

序属季冬，时逢辰良。升平盛世，瑞兆涵光。
年丰岁稔，壮举共襄。家庙告竣，黻黼锦章。
举族同庆，欢聚祖堂。恭呈祭祀，列祖酒觞。
抚今追远，逸兴遄扬。淳南李姓，源远流长。
煊煊望族，陇西发祥。肇启新淦，祖功煌煌。
奕叶簪缨，翰墨书香。匡扶宋室，兴师勤王。
建炎三年，护驾宋王。南迁临安，中山开疆。
宏开族脉，又启辉煌。洪武四年，始祖迁港。
吾祖英伟，相貌堂堂。武功韬略，镇守一方。
肇基开业，牛耳古港。筚路蓝缕，伐榛刈莽。
务实进取，艰辛拓创。儿孙戮力，淳南名扬。
有典有则，树德树芳。里人德之，咸称所长。
崇祯初年，族党和畅。鸾岗嘘云，二公德望。

登高一呼，祠谱建创。流年风雨，兵燹洪荒。
家园凋敝，民生艰忙。昭穆失序，祠圮谱荒。
徒留空址，族党心伤。欣逢治世，建祠是商。
吾族裔众，一呼百唱。爰集贤良，筹谋同襄。
鸠工庀材，隆隆盛况。宗祠告竣，家谱酝酿。
祝我中华，国泰民康。和谐发展，蒸蒸日上。

▲ 高淳区淳南李氏家谱

佑我族人，发愤图强。英才辈出，族声烺烺。
五房竞秀，凤起龙骧。瓜瓞绵绵，世代荣昌。
建功立业，再谱华章。燕翼贻谋，麟趾呈祥。
亹亹继继，裔裔皇皇。代有俊贤，国家栋梁。
皖山苍苍，港河泱泱。祖德祖风，山高水长。
告祖礼成，垂赐吉祥。佑吾族党，万世隆昌。
今兹典礼，心旌激荡。恭敬吾祖，恩深泽长。
赤子之心，如水汤汤。素纸祭文，聊表衷肠。
先辈威名，享我蒸尝。先辈有灵，受茗受酿。
先辈有知，来格来觞。肴馔敬献，伏惟尚飨。
乙未季冬吉旦，淳南李氏族人顿首九叩拜告。

二十三世孙 李求炯 拜撰
乙未腊月十五日

徐州市陇西堂李氏

▲ 陇西堂李氏宗祠落成典礼暨祭祖仪式掠影（一）

▲ 陇西堂李氏宗祠落成典礼暨祭祖仪式掠影（二）

▲ 陇西堂李氏宗祠落成典礼暨祭祖仪式掠影（三）

徐州市沛县胡寨镇杨店村李氏

▲ 杨店村李氏祖碑园

▲ 杨店村李氏家谱　　　　▲ 杨店村李氏祖茔

据《李七公墓表》记载，现在居住在徐州铜山、丰县、沛县的李氏，是由真定府真定县迁来，"世袭锦衣卫"。由二十世到四十世分别字派是：敬臣光祖德盛世传家远浩然清秀雅荟萃贤良昌。

来自大槐树·李氏姓氏字辈考

盐城市大丰市新丰镇圩中村李氏

▲ 圩中村隆重举行李氏后裔祭祖大典掠影

　　公元2014年4月3日，甲午年三月初四，陇西氏族，迁盐始祖世杰公后裔，贤、良、方、正四大门支，良、方公后裔主祭，贤、正公后裔代表列席，近千宗亲，怀着十分虔诚之心，诚备香烛纸箔，鲜花寿果，举行了隆重的祭祀大典。

浙江省

■ 杭州市

下城区李氏一支家谱字辈：

唐晋汉周　英雄豪杰
士起家惟　道德济世
有良能永　思成孝则
宗传允可　征仁让修

■ 嘉兴市

嘉善县李氏一支家谱字辈：

学茂火（灬）土秉　清木国□保光

■ 湖州市

李氏一支家谱字辈：

开国应有道

■ 宁波市

鄞州区李氏一支家谱字辈：

振助朝纲　世敦孝友

慈溪市李氏一支家谱字辈：

李安仁伟□　信义俨侦佳
贵显承思（恩）宠　忠良远益昌
宏能思继绪　奕裔永芬芳
久大家声振　绵延祖德长
椒聊蕃百世　荣富集千祥

李氏一支家谱字辈：

大义必尚尧仁　中和恒孝本

■ 金华市

兰溪市孟湖李氏一支家谱字辈：

富良魁名显　绍通美经伦
联枝芳盛昌　积善鸿漠远

兰溪市李氏一支家谱字辈：
长观旺时　森富贵荣
华积庆余　绍昌盛蕃
衍康泰怡　良和顺祯祥

竹马馆东李氏一支家谱字辈：
成震泰可忠　茂礼志倚谟
葵普光曾愿　启信怡云建
慈昂济得信　端恭良壬拱
华进敬尚瑷　文胜长魁顺
记馀贵厚忠　共盛福献成
元处宗秀继　忠皋绪绍缵
维纲绮纾绸

李氏一支家谱字辈：
尚释崇能昌　进呈锦淑相
诗礼启文明　孝友隆光□

■ **温州市**

瑞安市陈山李氏一支家谱字辈：
崇俭恭敬　孝友德协
福寿康宁

永嘉县下塘李氏一支家谱字辈：
明正必培　本秀启真

永嘉县李氏一支家谱字辈：
盛世永仲启修纯

平阳县李氏一支家谱字辈：
昌世守宗光

平阳县李氏另一支家谱字辈：
　　　　　　伯仲士启永　思秉正仁孝
　　　　　　允敦淑雍作　圣坦顺□□

苍南县沿浦镇李氏一支家谱字辈：
　　　　　　镇瑞户朝鸣　志作友士宗
　　　　　　文世如君则　开元德景荣

苍南县岱岭李氏一支家谱字辈：
　　　　　　显景振元　国士子鸣
　　　　　　承大有学　绍先圣志
　　　　　　步青云桂　兰挺秀奕
　　　　　　世昌荣□

苍南县莒溪镇一支家谱字辈：
　　　　　　念肇世子□　文国士伯永
　　　　　　必有忠信思　宗荣昌盛诗

苍南县李氏一支家谱字辈：
　　　　　　将作道统斯

苍南县李氏另一支家谱字辈：
　　　　　　功进大日云　长志延宝义
　　　　　　知新若敏求　轶思铭景慕
　　　　　　简靖迪先猷

乐清市李氏一支家谱字辈：
　　　　　　昌邦国锡步

乐清市李氏另一支家谱字辈：
　　　　　　龙安方振启

乐清市北阁李氏一支家谱字辈：
　　　　　　宗彦卿秉一　明允丞之吉
　　　　　　大夫士子贤　显云昭如日

好义本质直　纲常喜敦秩
起居承顺严　肃雍宜家室

畲族李氏一支家谱字辈：
显景振无国　□士子鸣承
大有学绍先　圣志步青云
祖上诒译允　启斯文□□

畲族李氏另一支家谱字辈：
肇世子文　国土伯永
必有忠信　思宗荣昌，
盛诗书振　家声明钦
清日茂祖　德保安邦

李氏一支家谱字辈：
守大应君国　敷锡士文家
隆安方振启　万世庆承昌
敦厚傅忠本　存仁定头扬

李氏另一支家谱字辈：
元一朝维大　光正明国昌
启遵雍熙盛　修纯惠笃康
幼学崇信义　宏文绍继彰
徒新增佳景　秉德贯天良

■ **丽水市**

龙泉市李氏一支家谱字辈：
师圣道善

缙云县李氏一支家谱字辈：
正恺大小　四五六佰
庆千文继承　仁鲁参宏夔
齐整慈祥惠　和忠肃恭懿

　　　　　　明允笃诚宣　　圣广渊冯翼

缙云县李氏另一支家谱字辈：

　　　　　　保义廉千万少迁　　仁次连洪入云边
　　　　　　英芳茂盛荣华显　　广大安康福寿昌
　　　　　　道德崇高元敬让　　慈祥敦厚本温良
　　　　　　贤明忠肃宽和裕　　信义贞诚俊哲光

云和县石塘镇李氏一支家谱字辈：

　　　　　　元亨利贞　　丹斌仲森
　　　　　　志邦福应　　怀以文□
　　　　　　李正世士　　大荣国光
　　　　　　昌李承道　　德培育良
　　　　　　家修廷献　　行举言扬
　　　　　　功成名立　　惠普泽长
　　　　　　辉煌宗祖　　安守伦常
　　　　　　英嗣俊秀　　奕代传芳

阳县李氏另一支家谱字辈：

　　　　　　光开显通明　　成家传清英
　　　　　　鸿莲瑞世盛　　国朝文士贞
　　　　　　修孝悌忠信　　继唐虞夏商
　　　　　　存仁义礼智　　学孔孟周姜
　　　　　　庆琼林玉樹　　喜兰馨桂香
　　　　　　怀厚德轼福　　宝积善必昌

松阳县象溪李氏一支家谱字辈：

　　　　　　顺礼智富福禄昌　　怡蒙慷恺晋祯祥
　　　　　　谦让肃雍敦厚道　　安洪繁衍俊豪章

松阳县玉岩李氏一支家谱字辈：

　　　　　　元禄通惟志　　郎佛并德仲

凤继长永世　发起进荣宗
仁义家祥瑞　懋盛邦兴隆

松阳县李氏一支家谱字辈：

光开显通明　成家传清英
鸿莲瑞世盛　国朝文士贞
修孝悌忠信　继唐虞夏商
存仁义礼智　学孔孟周姜
广琼林玉树　喜兰馨桂香
怀厚德轼福　宝积善必昌

■ 绍兴市

嵊州市李氏一支家谱字辈：

万开新曾　庆明恭梁
唐晋汉周　英雄豪杰
士起家惟　道德继世
有良能永　思成孝则
宗传允可　征仁让修

嵊州市李氏一支家谱字辈：

和悦钦敬　齐壮中正
嘉则唯贤　克念作圣
学成名贵　大通时宁
修德乃昌　积善有庆

李氏一支家谱字辈：

春树龄恒懋　鸿基世泽昌

■ 衢州市

江山市李氏一支家谱字辈：

福文景万良　廷祖德光士
贻谋先德业　孝友传家宝

　　　　　　　　诗书能继世　兰桂永流芳
　　江山市李氏另一支家谱字辈：
　　　　　　　　德圣福寿康　宁仁义礼智
　　　　　　　　信宽裕温柔　发强刚毅齐

■ 台州市
　　仙居县李氏一支家谱字辈：
　　　　　　　　仁义礼智信　天地元黄宇
　　　　　　　　宙兰馨竹秀
　　李氏一支家谱字辈：
　　　　　　　　世荣文昌

■ 浙江省境内其他支系
　　李氏一支家谱字辈：
　　　　　　　　应华显杨昌彦
　　李氏另一支家谱字辈：
　　　　　　　　朝纲世登　永吉大昌
　　李氏另一支家谱字辈：
　　　　　　　　德乃安邦宝　传家定克昌
　　　　　　　　汝心为远效　祖道允延长
　　李氏另一支家谱字辈：
　　　　　　　　唐晋汉周　英雄豪杰
　　　　　　　　士起家惟　道德济世
　　　　　　　　有良能永　思成孝则
　　　　　　　　宗传允可　征仁让修
　　李氏另一支家谱字辈：
　　　　　　　　元禄通惟志　郎佛并德仲
　　　　　　　　凤继长永世　发起进荣宗
　　　　　　　　仁义家祥瑞　懋盛邦兴隆

来自大槐树·李氏姓氏字辈考

温州市苍南县望里镇北岙村李氏

▲ 北岙村李氏宗祠落成典礼现场掠影（一）

▲ 北岙村李氏宗祠落成典礼现场掠影（二）

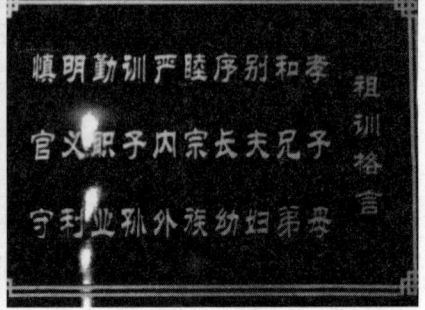
▲ 北岙村李氏祖训

苍南李姓，系历史悠久的望族。据史志资料记载，由于年远代湮，清初又值"奉旨迁界"，致世系鸿支俱难查考。入迁苍南的李姓，于五代、南宋、明末、清初入迁定居。

望里南北岙李姓支派，始迁祖李景新，于清顺治十七年（1660）由平阳入迁定居。

望里北岙李姓支派，始迁祖李景标，于清康熙四十二年（1705）由平阳县都薛岙入迁来此定居。兄弟同居，子孙发达，后裔分居芦浦陈鉴垟、江山麟头、炎亭、小渔、石砰、林山头、前官、舥艚、下厝桥以及平阳、温州、福州等地。

岱岭福掌李氏支派，始迁祖李文凤与兄李文表。其先祖李廷王，原籍福建安溪县湖头，因寇乱逃至福州汤岭蓝色艳家（畲族）借宿，于是入赘蓝家，后转徙福鼎县（今福建福鼎市）白岩雁落垟，其子李肇基入迁莒溪水碓头；至第五世李文凤、李文表兄弟，于清康熙年间蒲门展界时，入迁来此定居，子孙发达，后裔分居各地。

安徽省

■ 合肥市

巢湖市李氏一支家谱字辈：
有传本家

李氏另一支家谱字辈：
盛嗣益修　月正良忠

李氏另一支家谱字辈：
天原成启世长有　大时政忠良克兴
家道学志贤圣文　富经书绍先继后
治国之儒□□□

庐州李氏一支家谱字辈：
孟宗春林　自如□□
本传万源　延年永庆
德泽绵长　仁义咸进
修身齐家　世安国定

长丰县李氏一支家谱字辈：
克家有子　光昭先泽

长丰县李氏另一支家谱字辈：
举廷培兴　家传继广
昭宪庆樊祥

庐江县李氏一支家谱字辈：
远康传忠孝

庐江县李氏另一支家谱字辈：
增红常吉传　立继正家山

庐江县李氏另一支家谱字辈：

　　　　自正天之道　其中世必昌
　　　　贤才光国士　德厚永传芳
庐江县庙头李氏另一支家谱字辈：
　　　　百代承（光）先业　千年永继昌
　　　　声宏原实大　积厚定荣芳
庐江县青龙山李院李氏一支家谱字辈：
　　　　元英光正　依仪盈兴
　　　　吉功立德　虹书为锦
　　　　文章华国　大启家升
　　　　克守先蒙　万事长明
李氏一支家谱字辈：
　　　　钱如修广　玉发咸赵
李氏另一支家谱字辈：
　　　　有怀崇世德　立志启宗华
李氏另一支家谱字辈：
　　　　宇昌（君）子吉才　举廷（周）培□
　　　　兴家传继广　昭宪庆樊祥
李氏另一支家谱字辈：
　　　　□孟太杰子　德玉贤廷培
　　　　兴家传继广　昭宪庆樊祥
李氏另一支家谱字辈：
　　　　孟宇君（杰、世）　子德（吉、国）才（志）
　　　　举（开）廷培　兴家传
　　　　继广昭　宪庆樊
　　　　祥文章　竹秀乐

■ 蚌埠市
　　五河县李氏一支家谱字辈：

元中华德道　乾坤如海常

五河县李氏另一支家谱字辈：

玉文章华　国振泽家声

龙子湖区长淮镇李氏一支家谱字辈：

增偕廷玉广　家传国学宏

■ 芜湖市

无为县李氏一支家谱字辈：

卓尚维□　德荣（音）昌

无为县李氏另一支家谱字辈：

贤良照本立　家学必秀溪
□□□□□　陈召有钱泽

■ 淮南市

舒城县李氏一支家谱字辈：

文学慕先贤

李氏一支家谱字辈：

家启宏仁

李氏另一支家谱字辈：

金德国家义自宝

李氏另一支家谱字辈：

元美光先绪　敦修大守成
广传家仕本　唯学可长荣

■ 亳州市

李氏一支家谱字辈：

孝守金廷振柄

李氏另一支家谱字辈：

宗仰尚孝守　金廷振丙培

敬忠慈恩有　宫善诚信良

■ **阜阳市**

苗集镇李老村李氏一支族谱字派（部分）老五门：

一门：

　　金充宗　大丙玉
　　景贤群　楚林深
　　运文泽　书潭墨

二门：

　　国峰昌　学守传
　　家宝景　贤佐郡
　　城永彦　崇潭绍

三门：

　　怀治德红　成少丙栋
　　玉景贤群　佳仁享应
　　鸿善端尚　襄弘□□

四门：

　　红少振　栋玉景
　　贤群云　雨连城
　　海肇倚　启潭传

五门：

　　红振南　园春景
　　正相宜　君属春
　　顺远传　祥潭承（宗学红平辈）

李氏一支家谱字辈：

　　邵梦世春　永玉明元
　　同兴家道　纪应一文

李氏另一支家谱字辈：

　　　　　文春风龙启祥云　　德仲财广福禄升
　　　　　永庆高寿恩惠长

■ 淮北市

李氏一支家谱字辈：

　　　　　经传道德　　国述辉煌

■ 宿州市

灵璧县李氏一支家谱字辈：

　　　　　灯久光明　　永怀道德

灵璧县李氏另一支家谱字辈：

　　　　　春振田有敬　　承修远允让
　　　　　恭明崇善吉　　昌瑞启麟祥

萧县李氏一支家谱字辈：

　　　　　肇献乐凡祥

萧县李氏另一支家谱字辈：

　　　　　兆现乐凡祥　　令德维存佑

萧县李氏另一支家谱字辈：

　　　　　纲常治世　　纯忠厚传
　　　　　家有逸方

萧县李氏另一支家谱字辈（陇西堂）：

　　　　　兴毓传继广　　昭宪乐繁祥
　　　　　令德维存佑　　钦绍念显扬
　　　　　根深枝叶茂　　源远流水长

李氏一支家谱字辈：

　　　　　上继绪先志

■ 滁州市

定远县李氏一支家谱字辈：

　　　　　培东芳子发

定远县李氏另一支家谱字辈：

  永大明天东　正长玉培发

  广道德昌茂　万士文雪寺

定远县李氏另一支家谱字辈：

  光宗扬祖　隆盛荣昌

  正家治国　贤孝纯良

  才能增益　道德深长

  久存世泽　永绍书香

定远县关门李氏一支家谱字辈：

  宗邦弘祖德　延世承天泽

  大国永亨嘉　公辅懋伟绩

明光市李氏一支家谱字辈：

  苍荣先德　大世（仕）可中

  丙仁首道　万代克承

■ 六安市

寿县李氏一支家谱字辈：

  克世家传

寿县李氏另一支家谱字辈：

  乾坤延泽广　胜世尚贤良

■ 安庆市

太湖县李氏一支家谱字辈：

  永隆克声振　名显耀世宗

桐城市李氏一支家谱字辈：

  国定人良广　家和庆必余

  道登传世友　学政禄时书

枞阳县李家塝李氏一支家谱字辈：

  吕贤大用　为善必昌

　　　　　　齐全克政　　燕翼贻谋
　　　　　　来家智庆　　余万恩年
望江县伦要堂李氏一支家谱字辈：
　　　　　　贵胜庆道妙　　敏永文仕万
　　　　　　大木一志良　　思正广学光
　　　　　　德继先时序　　材传亿世英
　　　　　　自能宾上国　　可以锡嘉名

■ 宣城市
广德县李氏一支家谱字辈：
　　　　　　先本之立　　志道宜生

■ 池州市
东至县张溪镇李氏一支家谱字辈：
　　　　　　加修孝雨中
石台县李氏一支家谱字辈：
　　　　　　尚玉方为桂　　传家绍有文
　　　　　　一元开朝瑞　　百代启青云

■ 安徽省境内其他支系
岐阳李氏一支家谱字辈：
　　　　　　宗邦弘祖德　　延世承天泽
　　　　　　大国永亨嘉　　公辅懋伟绩
李氏一支家谱字辈：
　　　　　　鸿昌修德邦
李氏另一支家谱字辈：
　　　　　　孔道大光
李氏另一支家谱字辈：
　　　　　　能用光家帮
李氏另一支家谱字辈：

文景玉金秀

李氏另一支家谱字辈：
德春新长金红道

李氏另一支家谱字辈：
大德明开　光金字美

李氏另一支家谱字辈：
正敏茂光昌　登宏远大

李氏另一支家谱字辈：
天先尚家廷　道德扬华贵

李氏另一支家谱字辈：
伟孝传家　式承先德
光荣中国

李氏另一支家谱字辈：
承祖宗绪　广大永昌
世传有道

李氏另一支家谱字辈：
文武昌世代　超美映朝廷（音）

李氏另一支（原籍湖北钟祥）家谱字辈：
宏德明传家福万

李氏另一支家谱字辈：
贵德安昌□　松柏重隆庆
诗书传万民

李氏另一支家谱字辈：
光嘉承祖德　佐国建宗功
维念善益庆　永习孝哲忠

李氏另一支家谱字辈：
开光大典文名　少祖为忠孝传家

贵德根成前雨　后雪百事显方明

李氏另一支家谱字辈：

　　　　恩荣承祖德　惊蛰兆祯祥
　　　　孝友贻谋远　修齐裕后昌
　　　　诗书传燕翼　兰桂永腾芳
　　　　植本枝芬茂　存仁寿尔康

李氏另一支家谱字辈：

　　　　山衣预示雨　继学养景品
　　　　国公天水茂　元德振家声
　　　　大本先忠孝　从延发正英
　　　　诗书登甲第　理应惜光阴

李氏另一支家谱字辈：

　　　　会一映宗　西如炳帮
　　　　德善为师　传芳万春

李氏另一支家谱字辈：

　　　　宗仰尚孝守　金廷振丙培
　　　　敬忠慈恩有　宫善诚信良

李氏另一支家谱字辈：

　　　　永大明天东　正长玉培发
　　　　广道德昌茂　万士文雪寺

李氏另一支家谱字辈：

　　　　从义开基本　立德永世昌
　　　　文章华国正　大道克家良

李氏另一支家谱字辈：

　　　　士贤登国典　才丰要玉堂
　　　　忠良传家远　振守世若昌

淮北市濉溪县李桥村李氏

▲ 李桥村李氏祭祖

▲ 李桥村李氏祖碑(一)

▲ 李桥村李氏祖碑(二)

据李桥村《李氏家谱》记载：淮北市李桥村李氏，自明朝洪武三年（1370）由山东省济南府迁来，兄弟四人奉调来宿地居住。长祖名字叫中，居宿县东北冲疃，次祖居符离集东顺河集之八孔桥，三祖孝，即李桥之来祖，卜居口子东李桥村，四祖悌，居蔡里南蒋疃村。

蚌埠市怀远李氏

▲ 怀远李氏祭祖掠影（一）

▲ 怀远李氏祭祖掠影（二）

安徽省蚌埠市怀远李氏宗族丁酉清明祭祖文

维公元二○一七年中华民族扫墓之期，怀远李氏宗族举行祭祖大典，族长李庚雄谨代表八方宗亲致祭于列祖陵前曰：

丁酉季春，清明怀远。兴隆我族，大典东山。始祖讳实，籍贯江南。明季北迁，从军戍边。职任指挥，诰封武略。功荫五世，解甲归田。芦河细流，横山绵延。我族生息，五百余年。积善蓄德，风气淳朴。时移世变，根深本固。勤耕苦读，人才辈出。故乡熟地，称为望族。八世作舟，初修族谱。光前裕后，再四赓续。五脉后裔，次第有序。八方宗亲，认同归属。今逢盛世，祭我列祖。泱泱大族，济济来聚。网络发达，天涯邻处。交通便利，千里乐途。面见相亲，因系血缘。志念趋近，果信同源。恩承祖德，凝结精神。言传先训，与时俱进。宗法重情，纲纪依国。宗旨互助，民主是托。山河长在，日月永辉。告我族人，奋发有为。同心同德，涵养正气。群策群力，振兴经济。矢志不渝，家国一体。陈情慷慨，皇天鉴之。伏惟尚飨。

江西省

■ 南昌市

南昌县李氏一支家谱字辈：

辂德宝弼　岑林松荣
义乾朝集　千端可夫
亭文本处　如吉士春
韶淑近日　开正大光
明显忠厚　传家鸿儒

南昌县广福镇李氏一支家谱字辈：

橦贤烈秀增福茂。

南昌县幽兰乡青塘村李氏一支家谱字辈：

一本以光先　德道传家久
丕言振在斯

李氏一支家谱字辈：

应嘉日敬财

李氏另一支家族字辈：

奕世其昌　恭洪泰运

李氏另一支家谱字辈：

四书尊孔孟　道继允延鸿
德兴裕□□

李氏另一支家谱字辈：

先公宏泰运　承志重家传
茂道思崇学　贻谟定作贤

李氏另一支家谱字辈：

伴国仕光春　谌应时坤尚
祖德恢宏业　忠孝义节芳

永远发长祥

李氏另一支家谱字辈：

德光宪晒琨　杰景宗源懋
演振邦孟仲　慧迎本学迪
崇方成惟大　匡松时克国
庭汝元尚洪　焕友志应嘉
曰敬才之达　承启继文端

■ 九江市

永修县李氏一支家谱字辈：

宇宙文章　宏大悠长
祖功宗德　承守传芳

李氏一支家谱字辈：

代平成德

李氏另一支家谱字辈：

仁宗邦友庆

李氏另一支家谱字辈：

洪子道发传　时中国乃泰

李氏另一支家谱字辈：

国正天心顺　家传世泽长

李氏另一支家谱字辈：

国正天心顺　忠良万世昌

李氏另一支家谱字辈：

国正天心顺　家和业自新

■ 赣州市

大余县李氏一支家谱字辈：

生有日月星辰瑞

赣县李氏一支家谱字辈：

六千万德名　建立正道定

邦胜聪仲友　李风世隆朝
尧瞬寓汤玟　武周继大勋
忠厚承先德　诗书启后贤
宗枝联一本　富贵享高年
逢春开景远　和日颂升平

信丰县李氏一支家谱字辈：
　　树薰坊江泽

信丰县李氏另一支家谱字辈：
　　少王念万惟　升禹壬荣胜
　　坚贵子世理　均庆志一应
　　茂大昌启盛　承先德永隆
　　芳傅才学宗　高汉日华洪
　　积善为家宝。

信丰县李氏另一支家谱字辈：
　　少王念万惟　升禹壬荣胜
　　汉唐梅极显　朝嵌公用常
　　开时大有光　发日兆恒祥
　　进德本期懋　学文定成章
　　名家昭世守　盛国拔才良

信丰县李氏另一支家谱字辈：
　　仕□玉开祥　通梅珊青尚
　　显贵庭天朝　时春日大昌
　　景运芳华萃　文章德泽长
　　家傅修道义　国泰进忠良
　　信是声名远　丰亨兆吉祥

石城县李氏一支家谱字辈：
　　卫国安邦泰　乾元亨利贞

石城县李氏另一支家谱字辈：
　　　　　　仲万振奈仁　瑞白崇思成
　　　　　　大文开秀士　英俊立朝迁
　　　　　　忠石能定位　义志得芳名
　　　　　　吾家存正遘　千载召书生

李氏一支家谱字辈：
　　　　祖德永传扬

李氏另一支家谱字辈：
　　　　常义有道帮

李氏另一支家谱字辈：
　　　　联科及第登金榜

李氏另一支家谱字辈：
　　　　君民兆升平　文明绍祖德

■ 吉安市

永丰县李氏一支家谱字辈：
　　　　振朝登盛（圣）隆国

泰和县李氏一支家谱字辈：
　　　　国华在文章

泰和县李氏另一支家谱字辈：
　　　　应华繁芝如开选

泰和县李氏另一支家谱字辈：
　　　　长诵诗书　东作其勤

泰和县螺溪镇南冈村李氏一支家谱字辈：
　　　　　　公禹仲叔皆如伯　圭章弘元宗思应
　　　　　　仰维显祖承先烈　誉颂循良书纪明
　　　　　　修德行仁衍世泽　忠君为国作邦桢
　　　　　　彰传美盛人文茂　祥发定生继起英

安福县泸溪李氏一支家谱字辈：

春辉紫杏　夏映红莲
秋催桂发　冬送梅先

安福县洤溪李氏另一支家谱字辈：
东阶叶茂　南圃枝荣
西园花盛　北苑香清

李氏一支家谱字辈：
纪承祖志

■ 上饶市

广丰县李氏一支家谱字辈：
寿□义忠和孝

鄱阳县瓦屑坝李氏一支家谱字辈：
国念从家正　先敦孝友新
显成四厚德

鄱阳县李氏一支家谱字辈：
荣华宝贵　□□□□
松坚柏秀　桂馥兰馨

李氏一支家谱字辈：
祖守位康润

■ 萍乡市

李氏一支家谱字辈：
一学观成正道庭　炳垣锦耀日维新
文章报国风声远　忠孝传家天性贞
竹帛名垂提旧籍　王侯位显拔群伦
西平世泽三河衍　霞蔚云蒸席上珍

■ 新余市

李氏一支家谱字辈：
明茂恒亨珍财

李氏另一支家谱字辈：

　　　　　钟深根烈垢　　锡泽乐熙升

■ 宜春市

万载县李氏一支家谱字辈：
　　　　　茂其枝必荣

靖安县李氏一支家谱字辈：
　　　　　首苾言仕昌　　博厚高明久
　　　　　和良万载扬　　正德锡荣光

樟树市临江镇李氏一支家谱字辈：
　　　　　廷世文兴　　从现应锦
　　　　　承山如明

丰城市段潭乡湖茫村李氏一支家谱字辈：
　　　　　世与万邦孟　　汝以允志迪
　　　　　斯文秉公良　　启佑怀懋德
　　　　　克绍兆昌运　　乾元定有光

丰城市李氏一支家谱字辈：
　　　　　光宗由孝友　　欲后必知书

丰城市李氏另一支家谱字辈：
　　　　　贵宗云朝春光庆　　天道显昭崇典则
　　　　　玉成才美期登用　　大建文模转正直

丰城市李氏另一支家谱字辈：
　　　　　宗南世与　　万邦孟汝
　　　　　以允志迪　　文忠佳士
　　　　　元华哲昌　　若皇斯□

丰城市李氏另一支家谱字辈：
　　　　　宗南世与　　万邦孟汝
　　　　　以允志迪　　斯文秉公
　　　　　良启佑怀　　懋德□□

丰城市李氏另一支家谱字辈：

行鼎庆希人永则　尚春文钟山仍先
启运应时芳济世　宏仁统绪长省己
修身存孝悌齐家　有法正纲常□□

■ 抚州市

乐安县李氏一支家谱字辈：
运昌正东来

临川区李氏一支家谱字辈：
天将下月色　清□照柔心

南丰县李氏一支家谱字辈：
怀金自维光

南丰县李氏另一支家谱字辈：
步相善继

■ 江西省境内其他支系

李氏一支家谱字辈：
笔生芳长启

李氏另一支家谱字辈：
光家承主德　左国建宗功
维念善余庆　永世孝作忠
五线保安红　荣华富贵龙

福建省

■ 福州市

福清市李氏一支家谱字辈：
圣世庚登　云振宗桂祖

连江县李氏一支家谱字辈：

　　　　　嘉元乃庆　　尊贤忠学
　　李氏一支家谱字辈：
　　　　　考祥荣良应

■ 泉州市

　　金门县李氏一支家谱字辈：
　　　　　长志君廷　　秀振耆英
　　　　　熙和丕焕　　世炳嘉祯
　　南安市梅山镇芙蓉路李氏一支家谱字辈：
　　　　　公卿侯世德　　丕承远垂芳
　　南安市柳城街道李氏一支家谱字辈：
　　　　　秉发朝宗　　树德永祥
　　　　　文章华国　　薰业荣方
　　南安市柳城街道榕桥工业区李氏一支家谱字辈：
　　　　　国兆世善先荣茂　　家传诗训后汪洋
　　　　　书香丕振流芳远　　耀族光宗永吉昌
　　南安市李氏一支家谱字辈：
　　　　　诸夏传闻　　居思一统
　　　　　孔孟尊文
　　南安市李氏另一支家谱字辈：
　　　　　汝子延自　　必世为宗
　　　　　有建于国　　引成斯志
　　　　　用保孙贻　　英贤鼎起
　　　　　翼赞鸿基
　　南安市李氏一支家谱字辈：
　　　　　应以仕存□　　维尚永隆系
　　　　　滋森炎增锡　　活根焕培钦
　　　　　泽梁炳基钰　　治栋熄坦铨

洪甫瑞均懿

晋江市青阳镇竹树下村李氏一支家谱字辈：

恭敬惠义允　宜诒谋燕翼

晋江市石圳李氏一支家谱字辈：

子维成钦有国

晋江市石圳李氏另一支家谱字辈：

璀璨图书府　珪璋礼义家

晋江市石圳李氏另一支家谱字辈：

各敬尔仪　聿修厥德

长发其祥　子孙千亿

李氏一支家谱字辈：

公侯驸马伯　弥孙昭孝悌

法祖尚丕前　忠诚弘国盛

仁礼蔚嗣贤　兴复我邦家

齐美万斯年

■ 南平市

光泽县李氏一支家谱字辈：

树培耕尚秀登

邵武市李氏一支家谱字辈：

世得作应　运贤招清

■ 漳州市

诏安县李氏一支家谱字辈：

国兆世善先荣茂　家传诗训后汪洋

书香丕振流芳远　耀族光宗永吉昌

■ 三明市

明溪县李氏一支家谱字辈：

朝廷士子　家国贤良

经书传世　百代其昌

宁化县李氏一支家谱字辈：

贤良□登上科名

宁化县李氏另一支家谱字辈：

天福德赐明　凤厚春世日

本枝长懋祥　人传咸振力

似古尚忠仁　万年承祖泽

和顺迪吉康　淳良由可则

宁化县李氏另一支家谱字辈：

天福德赐明　凤厚春世日

本枝长懋祥　人传咸振力

似古尚忠仁　万年承祖泽

和顺迪吉康　淳良由可则

宁化县李氏一支家谱字辈：

贤良□登上科名

■ 宁德市

寿宁县李氏一支家谱字辈：

兴大自之　二万兆尚

伊尹周公　宣承启烈

式典左招　赞瑞奕世

李氏一支家谱字辈：

鸣庭树宪　守长芳辉

■ 龙岩市

长汀县汀州镇李氏一支家谱字辈：

继先续后　根枝一处

绵延世泽　举祖流芳

长汀县汀州镇李氏另一支家谱字辈：

功成昭模纪　奕世永流芳

子孙贤且美

长汀县李氏一支家谱字辈：

林时财文希（元）皓

李氏一支家谱字辈：

子孙万代隆　乾元永吉昌

■ 福建省境内其他支系

闽李氏一支家谱字辈：

继传忠孝绍先贤　振作家邦承祖德

仙游李氏一支家谱字辈：

希瑞一其开　学伯起舜禹

汤文武仁义　礼智□□□

李氏一支家谱字辈：

宏升克绍成基锡

李氏另一支家谱字辈：

清庆思孝在扬铭

李氏另一支家谱字辈：

正自大学继　鸿儒道法传

时中国乃泰　至善家方延

李氏另一支家谱字辈：

朝廷士子　家国贤良

经书传世　百代其昌

李氏另一支家谱字辈：

正自大学继　鸿儒道法传

时中国乃泰　至善家方延

龙岩市汀州李氏

汀州李氏家庙，是纪念入汀李氏大始祖宝珠公的，故又称宝珠公总祠，取名"一本堂"。宝珠公，名珠，原名德，又名大郎，号宝珠，是唐太宗李世民的第二十八代裔孙；是一生忠诚为国，被世代誉为"忠贯金石之良将"的李纲（宋朝观文殿大学士，官至丞相）之五世孙。于（宋朝淳熙三年（1176）丙甲岁三月十九日辰时）生于江西赣州石城渡，六岁随父奎公（原名燔，宋朝枢密副使）迁福建宁化石壁，在宋朝曾任县令尹等职。时值宋末元初，天下大乱，南迁人流不断。宝珠公促其子外迁，还写了"继先续后，根枝一处，绵延世泽，举祖流芳"十六字交付各子以作留念。他与夫人舍不得离开石壁，坚持留下守其艰苦开创的基业。直到淳祐十一年（1251）76岁时，才被其子木德、火德二公接往福建上杭赡养，卒于宝祐三年（1255），享年80岁。妣潘氏，生六子一女，即金德、木德、水德、火德、土德、田德，女云七姑娘。

宝珠公裔孙已繁衍到三十多代，枝繁叶茂，遍及闽、粤、赣、浙、桂、蜀、黔诸省，港、澳、台地区，东南亚、欧美诸国，嗣裔甚众，英才辈出。

近几年来，许多旅居海外的宗亲前来参观、考察，寻根敬祖，寄托追思，弘扬祖德。有宗亲们的诚心和努力，独具特色的李氏家庙（宝珠公祠），在修复之后将像一颗璀璨的宝珠，为客家首府、历史文化名城长汀增辉添彩。

▲ 汀州李氏家庙

▲ 汀州李氏宗祠

龙岩市上杭县李氏大宗祠

上杭李氏大宗祠（又名敦叙堂），始建于1836年，用于供奉纪念李氏入闽始祖火德公。目前，李氏后人已遍及闽、粤、赣、浙、湘、苏、川、桂、黔、澳、台地区及菲律宾、印尼、马来西亚、新加坡、泰国等东南亚各国和美国、日本、英国、法国、德国等。

每年从春分到清明，李氏后人祭祖之人纷至沓来，上杭县稔田镇官田村车流、人流不断。

▲ 上杭县李氏宗祠掠影

福州市长乐区金峰镇华阳长乐市华阳李氏

▲ 华阳李氏宗祠掠影(一)

天下李氏出陇西,陇西是李氏的发祥地。

长乐李姓宗支繁多、历史悠久、迁入长乐原因不一、年代不尽相同。虽源自四方,各有房号。然而,脉系陇西,皆同根、同源。

据《长乐县志》及《湖尾李姓族谱》等记载,李姓或避乱南渡,或提兵入闽,或谋生南国,或邻县划归,以及解放战争时期随军南下等原因,先后自河南、江苏、辽东、山西及本省各地入迁长乐计:26支,其中唐、宋12支,元、明、清10支,民国后4支,营前街道下洋村的始祖为李德硕。

下洋村北有一座华阳李氏宗祠,始建于明宣德年间,清光绪戊戌年重建。祠内有石柱四对,戏台、楼座、藻井等

▲ 华阳李氏宗祠掠影(二)

保存完好,正厅高悬明天启年间进士牌匾。还有一对玉音柱楹联,引自明成化间宪宗封赠本话李宗达(温州知府)父母旨诏。

台湾省

■ **台北市**

嘉义县李氏一支家谱字辈：

君曰权光际　永鸣国上楼
文延开景运　世代德常新

■ **台南市**

李氏一支家谱字辈：

尔有启兴乡　鸿图开泰运
文章正达时　朝廷逢科取
世代显荣旗

■ **台湾省境内其他支系**

李氏一支家谱字辈：

嘉元乃庆　尊贤忠学

李氏另一支家谱字辈：

子孙万代隆　乾元永吉昌

李氏另一支家谱字辈：

朝廷士子　家国贤良
经书传世　百代其昌

湖北省

■ 武汉市

  武昌区李氏一支家谱字辈：
    天开作则　定国安邦
  汉阳区李氏一支家谱字辈：
    贤良为邦上　佐家必永昌
  江夏区李氏一支家谱字辈：
    文明定正帮　成忠少纪起
    世代万鸿昌
  江夏区李氏另一支家谱字辈：
    天地永余国　文明定正帮
    成忠少纪启　世代万宏昌
  黄陂区李氏一支家谱字辈：
    元兴天志四子公　万臣廷承时应发
    君世魁先中景楷　连朝圹熙基钟泰
    荣耀堪钦永乐光　陛锡汝愁勋远铭
    汉辑辉增银潢树　炳均鉴法渠焕堂
  新洲区李氏一支家谱字辈：
    文华汝世应　以定吉亨通
    永守先贤泽　方希奕代隆
  洪山区李氏一支（湖广省麻城县（今湖北麻城市）于明末清初入川）家谱字辈：
    天开景运生　习光为大启
  李氏一支家谱字辈：
    清洪福昌
  李氏另一支家谱字辈：

大道传家宝

李氏另一支家谱字辈：

君明风子玉　文运正书香

李氏另一支家谱字辈：

善仕盛朝相　名儒尚国华

李氏另一支家谱字辈：

朝德文茂　璟太显达

金福忍□

李氏另一支家谱字辈：

先正玉士志　万尚中明光

本之祖德大　传代定昌□

李氏另一支家谱字辈：

昭兹来许　方元成家

诗书经义　圣之英华

若启后昆　必绍前贤

克绳祖武　孝友为先

文人蔚起　才士□生

■ 宜昌市

宜都市李氏一支家谱字辈：

光明正大□　（孝）友从家道□

承先化泽长　修德隆进运

宜日万世昌

长阳土家族自治县高家堰镇（原贺家坪，木桥溪）车沟李家坪李氏一支家谱字辈：

永世发达　光德远长

祖宗兆祚

当阳市李氏一支家谱字辈：

    国廷大运昌　道在可洪光

    学应陈中志　其家维德良

当阳市李氏另一支家谱字辈：

    世时正宏大　光宗承荣昌

    永远传家德　贤名达万方

李氏一支家谱字辈：

    光先绪元

李氏另一支家谱字辈：

    光文国胜庆

李氏另一支家谱字辈：

    开大发达　邦家之光

李氏另一支家谱字辈：

    宏开定发祥

■ 襄阳市

南漳县李氏一支家谱字辈：

    元枝勋在锡

宜城市李氏另一支家谱字辈：

    时运开太昌

阳市李氏另一支家谱字辈：

    兆理华新启　德发万龙长

枣阳市李氏一支家谱字辈：

    明白万子　荣华富贵

    和乐平康　家齐国治

    永保吉昌

枣阳市李氏另一支家谱字辈：

    文运洪开　培元广传

    万世永昌

枣宜城市李氏一支家谱字辈：
先丈文章四针长　发云景秀家必昌

李氏一支家谱字辈：
先公德正　道开文世

李氏另一支家谱字辈：
祥同为有光

李氏另一支家谱字辈：
秀启士加　文定花国

李氏另一支家谱字辈：
正大光明　修齐治平

■ 黄石市
大冶市李氏一支家谱字辈：
善士盛朝相　名儒尚国华
道隆开泰运　功茂起祥霞

大冶市李氏另一支家谱字辈：
盛仕善朝向　名于尚国华
清（青）龙开泰顺

阳新县李氏一支家谱字辈：
子芳应单正　兴国世永运
祖德发祥远　名儒尚邦华

■ 鄂州市
李氏一支家谱字辈：
念千二原　德清□□
守待锡光　立从端方
云景广应

■ 随州市
广水市山县李氏一支家谱字辈：

长开景润

广水市李氏一支家谱字辈：
文章华国　忠厚传家

广水市应山李氏一支家谱字辈：
秀礼元文　正大光明
永世荣华

李氏一支家谱字辈：
理从开天　汉家传子

李氏另一支家谱字辈：
正大光明道德成

李氏另一支家谱字辈：
文明泽孔长　佐财君佑代

李氏另一支家谱字辈：
永作朝廷相　文章万代宗
天子贵人龙

■ 荆州市

江陵县白马李氏一支家谱字辈：
慈必文学宗　先大克家子

监利县李氏一支家谱字辈：
茂天佑启贤能

监利县李氏另一支家谱字辈：
宏（音）承（音）贵显　学守尊光

监利县李氏另一支家谱字辈：
仕全其学　家国之光
文人继起　凤鬻龙骧

石首市李氏一支家谱字辈：
先登祖玉

石首市李氏另一支家谱字辈：

国正天孙常有庆　家其祖佑自多云
少先大义为忠孝

李氏一支家谱字辈：

成中召祖训孝

李氏另一支家谱字辈：

国正天兴顺　朝启大昭祥
官清民自安　万代永远昌

李氏另一支家谱字辈：

继续承代忠孝子　宜光祖德振家声
太运天开广俊英

李氏另一支家谱字辈：

永宝忠万年　洪辉祖泽明
书香开世运　上达必仙人

李氏另一支家谱字辈：

逢水仕金廷　阳一可必自
居世成善国　其家祥光美

■ 荆门市

沙洋县李氏一支家谱字辈：

学文怀祖训　道德振芳生
立志应光大　继先有显荣
忠孝仁义信　贤良裕后昆
诗书锦长远　万世永遂行

钟祥市李氏一支家谱字辈：

祥祯百世　福禄定延

钟祥市李氏另一支家谱字辈：

大清国平　发光祖瑞

钟祥市李氏另一支家谱字辈：
　　　　世运宏开　大吉昌盛
钟祥市李氏另一支家谱字辈：
　　　　国学中新昌　天开东方强
钟祥市李氏另一支家谱字辈：
　　　　国正家福庆　民顺泽安宁
钟祥市李氏另一支家谱字辈：
　　　　泰士传家宝　永远定银昌
钟祥市李氏另一支家谱字辈：
　　　　善士盛朝相　明儒如国泰
钟祥市李氏另一支家谱字辈：
　　　　元定成华文　登厚传家宝
钟祥市李氏另一支家谱字辈：
　　　　文运显宗祖　光明大吉昌
钟祥市李氏另一支家谱字辈：
　　　　维文知清后　廷元广继宗
钟祥市李氏另一支家谱字辈：
　　　　大学开文运　道德克明兴
钟祥市李氏另一支家谱字辈：
　　　　德华传世广　道达守业长
钟祥市李氏另一支家谱字辈：
　　　　德在大兴道　兴明传宗远
钟祥市李氏另一支家谱字辈：
　　　　锋亨道怀德　加国文光士
钟祥市李氏另一支家谱字辈：
　　　　正照德宏兴国　定知家有光明
钟祥市李氏另一支家谱字辈：

宽宏广大　传家光明
毓从祖德

钟祥市李氏另一支家谱字辈：
洪卫祖德　永裕群方
传家有本　首道乃光

钟祥市李氏另一支家谱字辈：
家承义方　永继中正
祖有余德　世必昌盛

钟祥市李氏另一支家谱字辈：
国政家昌　庭传宏大
培作纯源　光毓长承

钟祥市李氏另一支家谱字辈：
国有元良　万代永昌
家传正道　长发吉祥

钟祥市李氏另一支家谱字辈：
克绍先德，传家必昌
国民大事　一定兴旺

钟祥市李氏另一支家谱字辈：
世启中天　道祖学仙
大唐开国　万代永传

钟祥市李氏另一支家谱字辈：
国正天兴顺　官清民自安
坤贤乾和少　子孝父心宽

钟祥市李氏另一支家谱字辈：
光荣立祖德　佐国建忠功
为廉家毓庆　永世孝直中

钟祥市李氏另一支家谱字辈：

礼大学传方　明国家正祥

永珍为开选　玉祖德应昌

钟祥市李氏另一支家谱字辈：

山川宏广大　传家善为宝

天道志锡祥　永远庆克昌

钟祥市李氏另一支家谱字辈：

世自登元善　忠功启后贤

家修维现本　逐述亿万年

钟祥市李氏另一支家谱字辈：

春国荣登世　光德义宗玉

金木水火土　清廉可振家

钟祥市李氏另一支家谱字辈：

淳横炳轨钧　泽业耀堪钦

法树辉堂锦　流荣灿坐铭

钟祥市李氏另一支家谱字辈：

从天万世兴　进士佐龙廷

上国升光彩　相传卫楚秦

钟祥市李氏另一支家谱字辈：

国正天心立德　官清民安吉祥

义源思本传后　华家耀祖永昌

钟祥市李氏另一支家谱字辈：

世维四香李　兴启大天高

祖德宏兴顺　家传万代明

修道文学厂　孝有永长春

钟祥市李氏另一支家谱字辈：

元朝永宏　光中耀祖

万代新明

钟祥市李氏另一支家谱字辈：
　　　　生子贤良家运昌　宗德恩泽万世长
钟祥市李氏另一支家族字辈：
　　　　心传永远　明德光先
　　　　克家有道　正本清源
钟祥市李氏另一支家谱字辈：
　　　　文兆学士　正应朝廷
　　　　宏承祖德　永希克昌
钟祥市李氏另一支家谱字辈：
　　　　维家传先绪　尊宗超世昌
　　　　永远守祖志　国泰民安康
钟祥市李氏另一支家谱字辈：
　　　　承守祖德　永继先志
　　　　宪发朝廷　万世照中
钟祥市李氏另一支家谱字辈：
　　　　大正光伦振先德　万代家兴继祖泽
　　　　培成文学永长远　治国有道必佳乐
钟祥市李氏另一支家谱字辈：
　　　　延传宏大　培作纯元
　　　　先绪长存
钟祥市李氏另一支家谱字辈：
　　　　一本家三远　万子同克昌
　　　　光先明太祖　孝廉永存芳
钟祥市李氏另一支家谱字辈：
　　　　元明昌隆　大姓宏开
　　　　继承祖德　永世泽长
钟祥市李氏另一支家谱字辈：

元亨利贞　继业绪统
启发文明　凤麟起瑞
福禄祯祥

钟祥市李氏另一支家谱字辈：
治昂万智　应峦元升
如崇汉世　德顺光前
安邦定国　秀启文贤

钟祥市李氏另一支家谱字辈：
正大光明记中天　道德仁义孝元年

钟祥市李氏另一支家谱字辈：
宗世子大常　民兴昌天开
东放强祖德　永传良民政
守顺能建邦　保和平□□

钟祥市李氏另一支家谱字辈：
运盛文明作　云发万代实
家青起久友　富贵振京师

钟祥市李氏另一支家谱字辈：
瑶永作兴起　当家祖德耀
国荣天下顺　正大光明成

钟祥市李氏另一支家谱字辈：
泰本熙尧镕　源枝勋载锡
永业烈垂

钟祥市李氏另一支家谱字辈：
正大光明道　天国传家兴
继承祖先德　万世永安定

钟祥市李氏另一支家谱字辈：
正大光明　元士文泽

万代尚昌　如克孝友
道德锡佳　忠厚传家

钟祥市李氏另一支家谱字辈：

天真方来兆　文章启大中
贤生达金国　乘胜事有功

钟祥市李氏另一支家谱字辈：

长登孝友　勤俭家传
身逢昭代　学守古贤
永怀启绪　立志承先
祥祯百世　福履定延

钟祥市李氏另一支家谱字辈：

成德达才　克振家邦
代承祖阴　必有祯祥
俊贤蔚起　为国之光
中正传世　福禄礼常

钟祥市李氏另一支家谱字辈：

大道治世□　立志茂名□
学祖德永承　作佳今义文
宏扬中华久　本宗万年安
为善何秀美

钟祥市李氏另一支家谱字辈：

士丙良元　继富承昌
东旭耀光　顺德家旺
玉清纯洁　金贵银亮
国泰民安　荣华水长

钟祥市李氏另一支家谱字辈：

万洪史秀云　世国正永尊

家学逢光大　绪兆儒玉文
兴华育栋臣　延泽定邦宁
敬先昭祖德　怀宇志昌平

钟祥市李氏另一支家谱字辈：

远大能安国　心丹可克家
世代继祖业　立志振中华
美景长存在　青春永焕发
邦正民富强　文化育贤良

钟祥市李氏另一支家谱字辈：

正朝安邦　万世兴祥
明选中国　祖耀宗常
一官德清　三元治保
君臣照运　自家高登

钟祥市李氏另一支家谱字辈：

正大光明　万世荣昌
朝文夕武　报国兴邦
勤俭朴实　富裕安康
忠孝仁义　俊秀弘扬

钟祥市李氏另一支家谱字辈：

正大光明　忠良善贤
诗书启智　文美华章
崇尚科学　耀祖兴邦
吉兆瑞林　家国永昌
传承千秋

钟祥市李氏另一支家谱字辈：

正大传家永　文明启世长
道德绍先志　修治祖克昌

积善增余庆　训子有义方
勤俭创业本　耕读名俱扬

钟祥市李氏另一支家谱字辈：

安居乐业　玉合同情
炳忠执正　开国盛家
后世称明　得必有邻
龙光燕喜　康祥云集

钟祥市李氏另一支家谱字辈：

行春住国后　开礼世运光
家修廷自献　祖远东南方
鄂钟永承业　正大继青鹏
龙孙久传贤　文武万代宏
荣发照富贵　星明月园辉
丹典五洲同　英俊显安章

钟祥市李氏另一支家谱字辈：

积善之家　必有余庆
诗云启礼　荣华富贵
继祖承先　传宗奉献
忠孝为本　世代永光

钟祥市李氏另一支家谱字辈：

洪材焕城锋　泰本熙尧镕
源枝勋在锡　永叶烈垂宏
淳模炳轨钧　泽业耀堪钦
法树辉堂锦　流荣灿坐铭

钟祥市李氏另一支家谱字辈：

厚景凤孟文　成世大自启
维永正楚国　代钟仕品乾

滋培裕自发　建树焕先传
显贵耀宗祖　学治理安邦
勤俭家万新　福贵寿茂昌

钟祥市李氏另一支家谱字辈：

其大实绍有　甲子本如定
正世传宗德　向继必克昌
文学承祖光　永远国安泰
仁义和生财　新开志宏章

钟祥市李氏另一支家谱字辈：

世时一尚启英明　承秉三光景运兴
宗祖开先维以德　本朝家国在仁君
学士文传可代天　汝能宏道自安全
登崇必若怀清治　永绍龙章保万年

钟祥市李氏另一支家谱字辈：

天大师文振　世继道德开
国正中梁在　仁义传万代
时光如金贵　珍惜百益来
学海书必克　锦辉任重远
地方保平安　家庭应相爱
四庆清洁春　幸福井泉水
利剑守政权　军威定乾坤
立志孝先祖　创业建奇功
人康思想美　昌盛树新风
善良多朋友　兴望玉石明
和生富裕财　瑞雪兆丰年
登高观日月　吉祥彩云飞

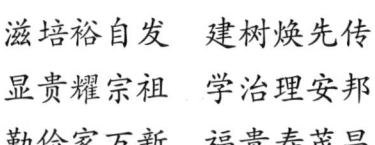

李氏一支家谱字辈：
　　　　形文忠厚传　维学永光先
李氏另一支家谱字辈：
　　　　光家承主德　左国建宗功
　　　　维恋善余庆　永世孝作忠
李氏另一支家谱字辈：
　　　　世文之应　正大光华
　　　　永维邦国　瑞兆万芳
　　　　忠厚传家　祖德绍章
　　　　必定运昌
李氏另一支家谱字辈：
　　　　士志开平太　家昌启秀文
　　　　召来崇正学　佐尚建红星

■ 十堰市

房县李氏一支家谱字辈：
　　　　国尚西平吉　宗传学世民（明）
竹山县李氏一支家谱字辈：
　　　　之长文学秀　大明国泰青
　　　　红玉登金榜
陨县李氏一支家谱字辈：
　　　　相安长　学富贵
郧县杨溪镇伏山李氏一支家谱字辈：
　　　　国玉开全太　家正永万年
　　　　文明清泽远　仁义继先贤
郧西县李氏一支家谱字辈：
　　　　长永光宗祖　德宏世必昌
　　　　齐家惟孝友

郧西县李氏另一支家谱字辈：
>知寺皮红挺　茂德涌慈心
>赵华孔享席　一月起羌秦

李氏一支家谱字辈：
>历代永兴绵　绅秉廷钧轩
>尚义光先祖　文儒启后贤

李氏另一支家谱字辈：
>善世盛朝向　明儒尚国华
>文章舒锦绣　诗赋丽云霞

李氏另一支家谱字辈：
>国正天性顺　官清民子安
>妻贤夫祸少　子孝父心宽

■ 孝感市

应城市李氏一支家谱字辈：
>忠厚传家　文章华国

孝昌县李氏一支家谱字辈：
>崇学时思　树德务滋
>端本敦厚　荻承宗基
>发扬光大　正道新名
>培成国用　世代家齐
>照派相传　名同公取
>免致重袭　乱其纲纪

安陆市李氏一支家谱字辈：
>派衍陇西代象贤　簪缨甲第庆缠绵
>南宫归荻超今古　兆楚人文极万千

安陆市李氏另一支家谱字辈：
>学纪尚书咸锡福　金传道德一争光

汉川市李氏一支家谱字辈：

为朝左相　必有贤良

汉川市李氏另一支家谱字辈：

誉颂循良书纪明

汉川市李氏另一支家谱字辈：

公汝从属阶雨柏　奎章鸿绿应师中
仰维显祖成先烈　誉颂循良书纪名
修德广仁掩世泽　忠君为国作帮真
张祥美胜人文茂　长发定生继启英

汉川市李氏另一支家谱字辈：

书才铭同

李氏一支家谱字辈：

立代树公　家传远祖

李氏另一支家谱字辈：

启延宗庆　统承宏系
基贤继圣

李氏另一支家谱字辈：

方正端凝　启延宗庆
统承宏绪　基贤继盛
显扬先业　邦家之光
文章炳耀　永世其昌

■ 黄冈市

黄梅县李氏一支家谱字辈：

天时开泰运　成象景自新

黄州区李氏一支家谱字辈：

□□□运大　绍祖功业新
忠义莫宏远　诗书逸永绵

　　　　　仁孝传家久　重德经全贤

武穴市李氏一支家谱字辈：

　　　　　湘楚煌陛镜　澄梯燮壁鋆

　　　　　渭槐营陛铸　济柏炽型錀

　　　　　淑槑烺□□

红安县李氏一支家谱字辈：

　　　　　体仁术德

红安县李氏另一支家谱字辈：

　　　　　业承先绪　德绍龙昌

　　　　　文章华国　万世荣长

麻城市李氏一支家谱字辈：

　　　　　先泽远志

麻城市李氏另一支家谱字辈：

　　　　　传芳永延隆

麻城市李氏另一支家谱字辈：

　　　　　大正林本　在山玉瑞

麻城市李氏另一支家谱字辈：

　　　　　西开广达　文贤忠厚

麻城市李氏另一支家谱字辈：

　　　　　上大仁元礼　自进首天开

　　　　　国必余齐志

麻城市李氏另一支家谱字辈：

　　　　　先代嘉植　培荫恒昌

　　　　　基诚德懋　锡启其光

　　　　　良恭善让　勤慎端方

　　　　　仪型永世　本立名长

■ 咸宁市

通城县李氏一支家谱字辈：

原细寿铭才　潮清伯仲时
邦单文有正

■ 仙桃市

仙桃市李氏一支家谱字辈：

之隆运　必昌成

仙桃市李氏另一支家谱字辈：

世乾坤忠　修身进德

仙桃市李氏另一支家谱字辈：

永承宗祖　同培本源

仙桃市李氏另一支家谱字辈：

国正天心顺　家和世泽长

仙桃市李氏另一支家族字辈：

维士光祖德　忠和本圣传

仙桃市李氏另一支家谱字辈：

铭正言顺　家国克昌
安富曾云　东风泽长

仙桃市李氏另一支家谱字辈：

国正天心顺　官清民自安
家和世泽长　守道得京城

■ 天门市

渔薪李氏一支家谱字辈：

成仁后代昌

李氏一支家谱字辈：

德隆运必昌

李氏另一支家谱字辈：

开国有文武　祖泽红昌传

李氏另一支家谱字辈：

公双明慕尚　维文观汝梦

敏汇衮云汉　仁义礼智信

新肇经纶本　钧培德业崇

衡芳庭佑顺　余庆启宾鸿

李氏另一支家谱字辈：

永有纪光　兴宗启后

祖世绵长　泳仁蹈德

言表行坊　家敦孝友

儒志赓扬　勋铭彝鼎

庸继纲常　守伦奉道

万代荣昌

■ 恩施土家族苗族自治州

鹤峰县李氏一支家谱字辈：

美举振昌　思维先烈

鹤峰县李氏一支家谱字辈：

圣天玉世　大道隆兴

学孝昌正　永如朝庭

来凤县李氏一支家谱字辈：

天子师梦太　正云道德成

家学鸿开世　泽长秀发大

庭光□□□

利川市李氏一支家谱字辈：

廷祖永远胜先

利川市李氏另一支家谱字辈：

文鸿天地泰　心元显秀昌

世应光先德　继少永连方

利川市李氏另一支家谱字辈：

龙作思远□□□　诚世有本维荣相
文运天开美未堂　光耀朝廷永长久
斗洪明星正家邦

利川市李氏另一支家谱字辈：

诚世有本维荣相　文运天开美味堂
光耀朝廷永长久　斗洪明星正家邦

李氏一支家谱字辈：

序定垂名□　纯品宗先正

李氏另一支家谱字辈：

荣华光祖德　文章世代兴
福禄在家庭　寿喜松柏清

■ 湖北省境内其他支系

李氏一支家谱字辈：

再开先正

李氏另一支家族字辈：

万邦启鸿新

李氏另一支家谱字辈：

开永发育　时继昌寿

李氏另一支家谱字辈：

厚代昌传　家定国宝

李氏另一支家谱字辈：

光先显桂方　明成扬文国

李氏另一支家谱字辈：

正大光明世　永远传中开
若起待人朝　忠厚保万年

诗书礼家乐

李氏另一支家谱字辈：

云（树）鹏洪（光）展（玉）

桂（明）兰同绵

沐思承惠　普化达权

循规秉度　碧合珠连

世基良善　永远荣全

李氏另一支家谱字辈：

宗德崇隆发裕长　庆云恒灿秀春堂

芝兰荣茂增光彩　道学清纯受福祥

安守仲和新胜泽　克全仁智蹇连芳

明伦尚发家声顺　金殿英华继永昌

李氏另一支家谱字辈：

士廷春正灿　崇德树恒升

映秀师先志　发英尊盛君

作成全锦玉　道学达清纯

秉化安泉仁　中华表芳型

李氏另一支家谱字辈：

景绍永士　如源仲伯

廷应（毓）之嘉（自）春（光）

嗣（友）必文学宗

先（乃）大（为）克家子

成（希）德（天）思元公（勋）

怀芳步国士　贻谋启盛传

永以绍宏（前）绪（美）

襄阳市枣阳市李家岗李氏

▲ 李家岗李氏祖茔碑(局部)

襄阳市枣阳市李家岗李氏祖茔碑记

予族原籍江西南昌府南昌县珠石巷大槐树人也。相传明末迁湖北襄属枣阳县，及始祖妙荣公复自枣迁郧南乡十堰北李家岗，与瞿、王、何三姓同行止，后遂联亲不绝，兹难备述。然维我妙荣公生四子，两子居本岗，一居六子沟，一居八亩地，后居破庙。三堰以至外乡外郡者不知从寡矣。今支派繁衍，迁移星散，恐年久失序。公商特改正籍贯宗派百字遍给，并勒石匾于祖祠，以俾永远不紊云尔。系前庠生李大蕙譔、春芳记，后学庠生正□阳仝参改。

妙兴源财得，万孟国进永，朝宏大尚春，正殿观经文，瑞启辉琼树，功高绍美名，学宗贤士化，道发古龙光，奋志登云汉，存诚日焕章，泰开天运会，善本性安良，世代勤居作，书生自振昌，行仁崇礼义，延绪远昭扬，忠孝思先泽，传家显祖堂，献廷英秀重，修德必逢祥。

光绪十九年（1893）癸巳仲春首人仝立

湖南省

■ **长沙市**

望城区丁字湾李氏一支家谱字辈：

永承先绪　厚泽大光

长沙县开慧乡清泰村李氏一支家谱字辈：

业恢忠孝美　佾荐必芬香

矩遵先哲□　家庭集百祥

善邑曲江李氏一支家谱字辈：

本曰守承先世逢　绍廷政学安邦国

书田基业振家声　景运文明光祖泽

高桥李氏一支家谱字辈：

定国安邦扶润廷　朝子大道之腾世

年逢新景运厚德　本延长兆启英才

盛光昌太有常□

浏阳市麻园李氏一支家谱字辈：

定国安邦扶运至　洪芳大景日尚时

浏阳市朝天李氏一支家谱字辈（老字派）：

用如明万潮　（单名）春可

金之木□□　为善铨洵杰

勋垂铭治策　荣华锦润新

光远钦洪业

浏阳市李氏一支家谱字辈：

帮嘉延炳运　经业嗣培基

浏阳市李氏另一支家谱字辈：

树承胜材元　阳廷正应显

忠敦义启叙　作述由来远

宁乡县李氏一支家谱字辈：
忠孝功名显　诗书道业隆

宁乡县李氏另一支家谱字辈：
文光恢世绪　良泽启廷封
长振家声大　祯祥国祚雍

宁乡县李氏另一支家谱字辈：
崇志奉正宗　祖方应兆龙
荣华发达茂　永远曜先公

李氏一支家谱字辈：
崇儒效宗祖　应兴志景思

李氏另一支家谱字辈：
懋荣华富贵　正际文明时

李氏另一支家谱字辈：
助兴维世孝　义传嘉国平

李氏另一支家谱字辈：
光国隆鸿士　兴贤起凤枝
克昌承盛千　世代庆邦基

李氏另一支家谱字辈：
德树心培福　人开运鼎昌
鸿猷恢世泽　先绪耀南湘

李氏另一支家谱字辈：
光国隆鸿士　兴贤起凤枝
克昌承盛千　世代庆邦基

李氏另一支家谱字辈：
年逢新景运　厚德本延长
兆起英才盛　光昌太有常

■ 株洲市

醴陵市新阳乡李氏一支家谱字辈：

清思永景生　象笏登然土

志大学经文　明光万人纪

敦伦延世泽　乐道继书香

祖德辉宜绍　宗功庆益长

■ 湘潭市

五桂祠李氏一支家谱字辈：

正奇启先宗　永世定昌隆

文运光南国　元英振日中

高塘李氏一支家谱字辈：

邦家之光　大宗维翰

克广德心　介尔景福

皇恩多士　文武是宪

昭格列祖　永锡祚胤

青山桥李氏一支家谱字辈：

国正天尚顺　兴隆寿自家

先仁传道德　涵养杏蓉花

湘乡市李氏一支家谱字辈：

忠厚平和道吉祥

湘乡市李氏另一支家谱字辈：

高中仕成文　元彦永锡隆

湘乡市李氏另一支家谱字辈：

汝以允志迪　斯文秉公良

启佑怀茂德

李氏一支家谱字辈：

真理克修　源远本立

李氏另一支家谱字辈：
　　　　人玉允林正　啟朝光经维
　　　　文武宗本厚　垂裕裔英奇
李氏另一支家谱字辈：
　　　　嗣逢景大　世锡文明
　　　　祖泽源远　万代昌荣
　　　　修齐有道　辅国清平
　　　　佑启孔厚　克振家声

■ 衡阳市
耒阳县李氏一支家谱字辈：
　　　　主佐康　徐花鹅
石鼓区李氏一支家谱字辈：
　　　　文章开太运　少第进家新
衡山县南谷李氏一支家谱字辈：
　　　　光宗在立本　萃植待春来
　　　　万甲和孙懋　群英象子开
　　　　向阳真泰遇　守政乃良才
　　　　有道芳声大　逢年可作梅
祁东县在伍町李氏一支家谱字辈：
　　　　士学大方　才德兼长
　　　　生逢盛世　万众民邦
金溪李氏一支家谱字辈：
　　　　大福源忠信　景玉成居良
　　　　映奇新康银　时建焕春光
　　　　孝顺绵基绪　诗书启俊英
　　　　学能敦古训　定可振家声
　　　　承先树伟业　裕后乘长风

    旭辉照普天　华夏乐太平
衡东县李氏一支家谱字辈：
    金钢在立本　翠植代春来
衡南县李氏一支家谱字辈：
    材祚承先本
衡南县李氏另一支家谱字辈：
    廷献经纶盛　家修道德隆
    积善广余庆　奕代建奇功
衡南县李氏另一支家谱字辈：
    仁文思伟宗　大常应朝廷
    与学振世荣　同光贤才祚
    承先本孝友　家修道德隆
    积善广余庆　奕代建奇功
衡南县李氏另一支家谱字辈：
    仁文思伟启　昌必万椿（选）孟
    重朝成永同　宗祖贤才祚
    承先本孝友　家修道德隆
    积善广余庆　奕代建奇功
衡南县李氏另一支家谱字辈：
    一潢丰自庭　延孔懋永清
    志添思文大　均仁迁孟与
    沅朝宗继本　祖国定安凝
    绍先家逾振　惟德世相承
    忠厚增绵衍　宏天启利贞
    节馀恒用足　业广庆观成
    时恭逢昌吉　登科冠俊英
    贻谋宜善美　集义见和平

崇学钦儒士　光荣有令名

李氏一支家谱字辈：

忠良启家声

李氏另一支家谱字辈：

万祖继念仁　宗汝如添□
必应梦大兴　福祉仕奇贤
惟善并宏祚　春光永远传
孝友为家政　诗书作良田
才华荣盛世　德积庆延年
修治知敦本　富贵空永先

■ 岳阳市

华容县桥头李氏一支家谱字辈：

必有淳良起　本源自可祥
同宗传以信　远绍定荣昌

华容县南山李氏一支家谱字辈：

传家惟孝友　英才必昌胜
礼义遵先进　诗书耀后昆

华容县李氏一支家谱字辈：

德正庚添　仲言阳天

华容县李氏另一支家谱字辈：

初志文传应　朝承代有人
家学可自新　继统绍先明

华容县李氏另一支家谱字辈：

春林开远秀，忠厚发祥芳，
佳树培元盛　丹风振和鸣

华容县李氏另一支家谱字辈：

东楠先后惟文盛　科名世代新石潭

华容县李氏另一支家谱字辈：

发明振业　几会中庸

书相在是　田力如农

荣华再耀　福禄是钟

延年克绍　万事攸同

华容县李氏另一支家谱字辈：

迪吉应寿　其德克扬

文章孝友　世为典常

华容县李氏另一支家谱字辈：

必良贻法远　光裕定逢昌

元本恒传茂　同宗绍述长

华容县李氏另一支家谱字辈：

革潮启咸贤　继志益惠廉

国太君自重　绍业颖超群

华容县李氏另一支家谱字辈：

功全忠孝　启绪仁从

宏才大志　道隆裔宗

去德蕃远　青云长松

善惟继述　祥庆永逢

■ 郴州市

桂阳县李氏一支家谱字辈：

有本光宗　耀祖文章

汝城县李氏一支家谱字辈：

奕业繁衍　祖武克承

宜章县李氏一支家谱字辈：

西平之裔　来自高昌

玉溪如秀

宜章县李氏另一支家谱字辈：
　　荣绍士汉孝　克明必本元
　　国邦朝山林承

宜章县李氏另一支家谱字辈：
　　来寿（斯）元道　世本得昭
　　显先思嘉　开花结子
　　成培大长　发秀富□

宜章县李氏另一支家谱字辈：
　　人恒德于　光亨福昌
　　济时代应　守宗昭延
　　嗣邦传汉　正孝万千
　　淳风可尚　崇厚为先

宜章县李氏另一支家谱字辈：
　　师汉再示　得守少伯
　　文子千万　寿年必克
　　光孝朝廷　公忠邦国
　　友从良善　惟义以明
　　世道亨泰　安居在天
　　时逢才志　正用大贤
　　与思敬重　泽庆常延

宜章县李氏另一支家谱字辈：
　　天才育良俊　豪雄绍英贤
　　文章超群士　武勋耀楚元
　　经论建国典　诗书述圣言
　　善泽隆景泰　嘉谟永承宣

资兴市李氏一支家谱字辈：
　　龙门英俊显　应启朝廷兴

组绶荣湘楚　儒冠振凤城

资兴市李氏一另支家谱字辈：

毓秀钟灵　焕彩含芬

蔚为国华　世代流馨

资兴市玉泉李氏一支家谱字辈：

仁义受时元　近德万邦宁

天廷道必兴　文章须显用

宗祖永光明

资兴市凤凰窠李氏一支（分布城厢镇、昌平、保民各乡）家谱字辈：

景仲朝必彰　子仕宦廷光

孙贤荣显贵　福禄远奇昌

世永英雄茂　才高道义良

德崇通达泰　学广姓名香

传家敦孝友　经国著平康

志继元科振　功垂善庆长

派衍廷南楚　支分自豫章

声称扬云梦　令誉播潇湘

永兴县七甲李氏一支家谱字辈：

材达栋梁美　恩深雨露滋

伦常存后法　守创绍前规

永兴县七甲李氏另一支家谱字辈：

长蜀飞阳石　春茂善宇居

峰衡泽发祥　立勤勉智恒

永兴县七甲李氏另一支家谱字辈：

崇儒效宗祖　应颜曾师孔

孟荣华永代　琮组传文章

李氏一支家谱字辈：
　　世永英雄茂
李氏另一支家谱字辈：
　　高曾衍庆　祠依维凡
李氏另一支家谱字辈：
　　国泰永安宁　荣华光宗祖
　　富贵远传名
李氏另一家谱字辈：
　　百世年千万　文武安邦守
　　于浩居中一　方知思可久
　　继序从兹发　科甲承诗斗
　　积善流泽远　齐家惟孝友

■ 永州市

新田县李氏一支家谱字辈：
　　文章昭宇宙　德业显乾坤
安仁县李氏一支家谱字辈：
　　承汉文光　万延继仕
宁远县李氏一支家谱字辈：
　　登厚福基
江华县李氏一支家谱字辈：
　　金文向光堂　铬甫树熟芳
江华县李氏另一支家谱字辈：
　　火朝神州旺　历代有贤良
　　念祖光前辈　嗣孙裕后昌
　　积善修余度　诗书集锦章
　　奋发求知识　科学新海洋
　　平生宜廉洁　严正立纲常

　　　　　振兴伟中华　国泰民安康
　　　　　居家崇勤俭　仁和福禄长
　　　　　睦邻恒忠信　文明礼义邦
　　　　　史成传寰宇　万世永流芳
阳县洪山李氏一支家谱字辈：
　　　　　方际其昌大　材良映朝兴
　　　　　本支发祥懋　兆启士斯文
　　　　　立学光宗祖　家传瑞秀宾
　　　　　声华成世德　孝义一庭荣
祁阳县李氏一支家谱字辈：
　　　　　可登大任　世际明良
　　　　　元宝大通
祁阳县李氏另一支家谱字辈：
　　　　　千思胜绍文　才仁义志信
　　　　　国正天心定　邦家大有成
祁阳县李氏另一支家谱字辈：
　　　　　千道志讳文　万理尚国洪
　　　　　春三正大光　明克本有成
祁阳县李氏另一支家谱字辈：
　　　　　清树辉垂锦　求荣耀在钧
　　　　　深根熙致铄　康乐焕时银
祁阳县李氏另一支家谱字辈：
　　　　　登三成必　定国安邦
　　　　　兴崇仁让　永绍前光
　　　　　代宗俊秀　世庆明良
祁阳县李氏另一支家谱字辈：
　　　　　必定安邦兴　进位朝相祚

盛世重才能　思去恩远固

祁阳县李氏另一支家谱字辈：

庆子海真世　延文天一登
三奇正士志　维明大有成
朝国昌顺应　中和希颜仁
长茂纯如玉　伯仲时可兴

李氏一支家谱字辈：

延续楚昭

李氏另一支家谱字辈：

子学生尚

■ 邵阳市

隆回县司门前镇李氏一支家谱字辈：

春玉茂芝盛　天地光大志
敦叙传谟典（荣锦开百世）

八甲李氏一支家谱字辈：

本正发祥懋　肇启有忠纯
立学光前代　家传瑞运新
声华成盛业　孝义一庭荣

城福李氏一支家谱字辈：

福琼庭叟成甫卿　仁新志仕山本宗
春继龙中日之可　登大任世际明良
元善其修维德斯　昌敬心恒存天锡
祥光荣先裕嗣万　年永长□□□□

横石李氏一支家谱字辈：

敦本传忠厚　安荣继起良
显扬祖宗德　家世远隆昌

邵东县李氏一支家谱字辈：

梦云随仲世代安　邦永兴隆朝天定
国应昌宗克绍光　祖德诗书震家声

邵东县李氏另一支家谱字辈：

善庆源胜才　万廷兴正大
光天锡鸿恩　长福寿康平

新宁县李氏一支家谱字辈：

吉康笃宁庆　湘嘉贺联乘
经纬昭江山　曲章颂乾坤
品行作典训

新宁县李氏另一支家谱字辈：

才达庚永梦　仕惟思廷伏
万茂德卓愈　世宗赵春景
秀泽朝中焕　兴隆迪吉康

新宁县李氏另一支家谱字辈：

庚豪永廷生　惟玉仲应春
学文先天上　荣华富贵兴
至厚存忠孝　创业显贤能
秉正必廉洁　治家宜俭勤
立世存信义　乐善有余庆
增德扬祖美　万代定昌威

新宁县李氏另一支家谱字辈：

国友文汝孝　义必添祖宗
廷大世学运　遇时加富贵
名正言方顺　德修祚克昌
彝伦宜振肃　纲纪定昭彰
远绍登龙弟　常怀旋马堂
开来传作述　余庆衍前先

新宁县李氏另一支家谱字辈：

国友文汝孝　义必添祖宗
尚大仁学应　遇时加富贵
万世永兴隆　正德光先泽
敦伦定克昌　西平祚作远
振肃庆明良　继绍周武善
常怀敬修业　培训开化纯

新宁县李氏另一支家谱字辈：

国友汝仁仕　子思才添宗
祖崇国尚□　生德永宏□
锡祚荣昌□　万代兴隆□
学成丘可范　孝继周公模
培贤当嘉善　真英更豪雄
先泽克远绍　光裕庆攸同
恭宽信义惠　刚正廉明忠
修齐创大业　策励竞前锋

李氏一支家谱字辈：

功德光扬远　修齐绍述长
传家崇孝敬　敷治尚忠良

李氏另一支家谱字辈：

光显先德　少开大成

李氏另一支家谱字辈：

官汝幸士　子思在天宗
祖崇国尚　生德永宏
锡祚荣昌　万代兴隆
学成孔孟　孝济周公

李氏另一支家谱字辈：

慕添福广太　廷理文兴登
　　　　成明目安世　国道清荣盛
李氏另一支家谱字辈：
　　　　慕添运子吉　志朝宗祖永
　　　　开芝茂启继　时道清荣盛
李氏另一支家谱字辈：
　　　　慕添载仁民　志时维定国
　　　　安邦泰嗣玉　茂道清荣盛
李氏另一支家谱字辈：
　　　　慕添载继乾　单单文廷宪
　　　　宗大春国仕　永守朝荣盛
李氏另一支家谱字辈：
　　　　文庆子必仁　仲庭朝政大
　　　　纲登宗永定　光宗振万邦
　　　　惟考培基厚　家隆子益昌
　　　　根本信盛远　先哲畅泽长
　　　　忠彦绍元尚　克立崇吉良

■ 怀化市
麻阳县李氏另一支家谱字辈：
　　　　时思本宗　万世兴隆
　　　　茂昭祖德　永代荣昌
麻阳县李氏一支家谱字辈：
　　　　家传逢盛运　士克树今光
　　　　汝继超名彦　中元耀国祥
　　　　恩禄常群瑞　贤良诗书香
　　　　耕读千秋业　联登显威扬
沅陵县千丘田李氏一支家谱字辈：

繁荣昌盛　光宗耀祖

沅陵县李氏一支家谱字辈：
本元朝拔开新运　正吉宏昌少治帮
永远书香照得泽　高明万代庆佳祥

沅陵县李氏另一支家谱字辈：
启学开泰　寿文清祖
其大道光　万代隆昌

李氏另一支家谱字辈：
相国成先　以佳培元
永世继振　荣华兴贤

■ 常德市

石门县李氏一支家谱字辈：
国经廷显文　宗如大绍有

桃源县李氏一支家谱字辈：
助正龙昌　游园和美
志成培埴

澧县李氏一支家谱字辈：
正大光明　承先丙志
德尔道之　忠孝结义

维新李氏一支家谱字辈：
鼻仕允贞元　应祚长方登
灼先维新世　泽作述振家
声荣□□□

六李李氏一支家谱字辈：
凤逊渊洪茂　德（友）伏木大
国朝（万尚登启）学　水本元家传
树声荣华承

六李李氏另一支家谱字辈：

凤逊渊洪茂　德伏木大国

应胜世代宗　祖承先启后

荣华恒□□

李氏一支家谱字辈：

文光丕丞　家道永兴

李氏另一支家谱字辈：

曾应朝尚　正先试春

治经周代　长永聚庆

李氏另一支家谱字辈：

山水日思大　自龙长正有

世学方新国　宏文昭德厚

光明焕彩秀　本固支弥久

李氏另一支家谱字辈：

宗正家兴　可知先应

启文朝大　学士万代

永隆昌□

李氏另一支家谱字辈：

秀向南枝发　英华定渐开

传家承祖德　作善流人才

李氏另一支家谱字辈：

壹制思玉　如为文培

宗功祖德　有开必昌

本认克善　世家之光

李氏另一支家谱字辈：

能儒天特重　利建守邦基

发祥定有喜　慧聪范愈规

科甲同济向　锦乐昶瑞宜
诰典伟章贵　醇让福禄绵
腾辉崇上兆　丕业创砚田
仁秀蕴颖悟　琼瑶则爱亲
言信昭康运　宽裕耀唐庭
高超绳俊杰　丰足道恒盈
协华参修若　楷模庆善成

■ 益阳市

安化县李氏一支家谱字辈：

宗荣增瑞

安化县李氏另一支家谱字辈：

必可绍单仕　志朝时德之
其标以汝美　利见大邦基
发祥正□□

安化县李氏另一支家谱字辈：

功绩恢先绪　忠孝启后英
诗书广化育　耕稼乐升平
互助全大义　亲爱尚精诚
贤裔知谨守　其昌莫与京

桃江县李氏一支家谱字辈：

花繁实益盈

桃江县李氏另一支家谱字辈：

永安兴世泽

沅江市李氏一支家谱字辈：

景湘应玉凤　春日时之成
大学文明显　鸿熏泰运新

沅江市李氏另一支家谱字辈：

    传家以孝 佐国惟忠
    务由正大 耀祖光宗

沅江市李氏另一支家谱字辈：

    景继修凤玉应 春世时之成
    大学文名显□ 鸿勋泰运新
    克勤功益懋 遵道治常隆
    守训承先志 敦行尚本真
    有恒斯建业 能立定增荣

新安李氏一支家谱字辈：

    道振允玉 李希子春
    世之生发 有贤良绳

李氏一支家谱字辈：

    泰运元逢甲 隆名肇楚良

李氏另一支家谱字辈：

    笃庆征祥 匡时经济
    耀祖文章

李氏另一支家谱字辈：

    献学兴光显 昌隆振吉（启）祥

李氏另一支家谱字辈：

    扬恢式绪豁 达起纹心顺
    德家运泰临 谨厚贻谋远
    宽仁裕后长 勋高华国策
    道直永书香

李氏另一支家谱字辈：

    传家惟孝友 治国在忠良
    继志恢先绪 懋修耀玉堂
    熙朝勤选拔 贤士庆名扬

李氏另一支家谱字辈：

　　传经思祖泽　敦厚有余芳
　　泰运沅逢甲　名□□□□

■ 张家界市

桑植县李氏一支家谱字辈：

　　金明左国进建

慈利县李氏另一支家谱字辈：

　　天简孟大心　友良显会伯
　　泰荣朝堂臣　世代兆文明
　　少庭开盛德　景思先则厚
　　运祚宏启昌　咸亨有喜庆
　　元善吉祯祥　崇昭家学业
　　炳焕邦国光　宗人嗣士续
　　尚佩前成章

慈利县李氏另一支家谱字辈：

　　万代永可清荣　先天仲思大廷
　　世承应占长祚　国文尊祖德昭
　　先泽伊美举振昌

■ 娄底市

涟源市李氏一支家谱字辈：

　　道儒佳才学　诗书颂敦行

涟源市桥头李氏一支家谱字辈：

　　逢年基振发　兰桂世芳新

新化县李氏一支家谱字辈：

　　敦叙传谟典　洪基肇吉安
　　泰和家政协　鼎甲焕新班

新化县李氏另一支家谱字辈：

　　　　　必承先祖业　以立裔人基
　　　　　善积能延庆　书香永荫重
新化县李氏另一支家谱字辈：
　　　　　敦叙传谟典　洪基肇吉安
　　　　　嘉谋诒有穀　来哲秀如兰
　　　　　孝友绵余庆　英华蔚钜观
　　　　　雍穆绳其武　勋功震宇寰
　　　　　昭宗开甲第　雄豪似涌澜
　　　　　泰和家政协　俊杰换新班
新化县李氏另一支家谱字辈：
　　　　　长发方开树　多祥起益臣
　　　　　若为贤懋德　宗昌必继荣
　　　　　孝友传家政　清真作善基
　　　　　存心思祖训　后裔衍前光
新化县松山乡李氏一支家谱字辈：
　　　　　修齐平治古今用　华胄蕃滋事业丰
　　　　　诗礼台枢绳祖武　中和位育贯西东

■ 湘西土家族苗族自治州
湘西土家族苗族自治州古丈县李氏一支家谱字辈：
　　　　　启登朝正　大光明宗
　　　　　祖德承世

■ 湖南省境内其他支系
李氏一支家谱字辈：
　　　　　云道德成
李氏另一支家谱字辈：
　　　　　孝友全家正
李氏另一支家谱字辈：

文明显耀　永世其昌

李氏另一支家谱字辈：

家盛美景　天开一世昌

李氏另一支家谱字辈：

诗书礼乐　家范严恪
节义忠君

李氏另一支家谱字辈：

万代朝天子　大圣尊周孔
嘉言启世儒　弼教歌熙绩

李氏另一支家谱字辈：

念八徙古鄱　忠邦及元廷
天赐英公厚　仲国继仁敬
汉文李世贵　嘉奇敷茂荣
德庆绳宗祖　贤良振先声
肇修基作柱　亮节映长庚
孝友家政裕　诗书万代名
本支光盛治　秀实发南城
钟毓斯为美　俊升鼎泰宏

李氏另一支家谱字辈：

庆瑞绍彩群　共寿康强胜
孝敬定贤钧　勤俭主吉敏
真实致和平　教育则为训
奉先可迪后　谨纪丘孟经
品道果忻行　修性奕固根
喜若河山秀　恒昆肇刚毅
湘桂系属本　绵泽畅梓槟

李氏另一支家谱字辈：

崇成如永　延长维世
洪熙光文　肇启文明
万国咸宁　进德修业
云龙风虎　刚健中□
得主有常　承天时行
含章可贞　敬义立并
方大□□

湖南省常宁市水口山镇独石村李氏宗祠，建于清同治7年（1867年），座东北朝西南，占地面积919.8平方米，其整体建筑风格独特，气势恢宏。进入第三间，金黄璀璨的神堂牌位映入眼前，写有清正廉明、义方择远等四块四字牌匾梁上高挂，庄严肃穆中一派清正廉明之气。神堂上供奉的李氏先祖牌位，是李氏族人新老一辈纪念先祖、发扬精神传承的象征。，具有典型的湘南建筑特色，是我市最大、保存最完整的古祠堂。李氏一族在此地历史久远。明朝洪武年间，李家三兄弟自江西泰和县迁徙而来，三人沿春陵水而上，老二、老三分别定居与曲潭、西岭，老大定居于此，老大一脉传二十一代，至今已有约650年。几百年来，独石村李氏族人逐渐发展壮大，至清同治7年（1867年）秋，李氏一族洪房、渊房、鼎房等七大房共建此祠堂。

李氏一族人才辈出，清代四品京官李孝隆出自于此。李孝隆为左宗棠部下，战功赫赫，威风凛凛。2006年，李氏祠堂被常宁市人们政府公布为县级文物保护单位，2011年被公布为省级文物保护单位，2012年李氏祠堂被评为衡阳市爱国主义教育基地。

长沙市枫林港修务堂李氏

《修务堂李氏家谱》序

好多好多年前的中元节，我们李家祭祖时，供桌上立一牌位，上书"陇西堂上列祖列宗"字样。这表明我们李家祖籍陇西，应与李白或李渊同宗，而非赐姓。

▲ 枫林港李氏家谱

李白生于唐太宗在西突厥地区设立的最高行政和军事机构"安西都护府"之碎叶。但李原籍实为陇西成纪（最后全家定居四川江油），故他在《与韩荆州书》里一开始即自报家门："白，陇西布衣。"

陇即甘肃，唐代设陇西郡、陇右道，故简称陇，清置甘肃省，以甘州（今张掖）、肃州（今酒泉）两地首字得省名。甘肃在汉唐时代乃"丝绸之路"必经之地，应较繁华。是否后来因为破坏了生态环境使之成为地瘠民贫之地，或者因十八九世纪时回民多次起义，清朝派兵镇压、战乱频仍。故李氏家族被迫迁徙或逃难先至江西、旋又迁移到湖南省长沙府善化县，从而落籍长沙，最后全家拟以长沙东乡枫林港药铺湾作为永久居留地，并在该地建有包括五间正房、二厅（堂屋）和两间杂房的平房一幢。房屋背靠一名叫黄泥砣的小山，两侧是菜园，前面过大门经过一个未晒过稻谷的禾塘坪便是柴门。柴门外左面有一株枝繁叶茂腰大数围的樟树，像酒帘一样成为李家陋室标志。门外视野广阔，稻田绵延（非李家所有）。左前方有口鱼塘，右前方有座石多树稀的山，如雄狮头朝李家作俯伏状，名曰狮子山。绕过山便是枫林港，有一条不知名的小河终年流淌，直通长沙市，可行驶小木船。春日乡居时，清晨起，开柴扉，并无乌鸦叫过，却有麻雀飞舞，或有喜鹊闹枝头；空气清新，令人心旷神怡，倒也悠然自得，尽享田园之乐。不过，翻身农民挣工分都十分艰难，谁管你田园风光，加之这个地主之家的房屋档次实在太低，农民兄弟也看不上它，土改后即被改为田地。大樟树自然也和药铺湾李家陋室一起消失了。其实李家成员对居乡并不"感冒"，他们始终在城市里生活学习和工作，一直租房子居住。二十世纪三十年代初，家中人口已增多，作为家长之卓人公曾经同仁相邀，借钱在长沙市县正街善正里属人建过一式四栋二层楼房，自己分得其中一栋。因始终未能发得横财，没两年又以此楼房抵债，自己梦寐以求的私有住宅终不过是水中月、镜里花，一场空，"人间正道是沧桑"，现而今，李氏子孙已从公家手上分得或低价购入自己所需的居室，较祖宗幸福多多了。

李氏族人籍籍无名，没出过什么奢遮显赫人物，且可能因迁徙离乱故，连任何姓氏均会有的族谱也竟告阙如。在1935年日寇，卓人公曾被邀去河西一李姓人家商谈共编李氏家谱事，无疑洽谈甚欢，"互通有无"，达成共识。卓人公甚至将其父佐周公为李家从他开始后世子孙制订的"辈分派次名单"介绍给对方，且被采用（可称其为16字诀，即"祖世诒善 延庆尔承 毅敏绍德 英彦蔚兴"），看似可结成一家。结果呢？只卓人公二儿李世康深知内情，因合建宗祠事，对方索款数百金而我方手头拮据，终至不欢而散。这本没啥奇怪的，万事钱为首，无钱法不灵，古已有之，但卓人公终其生，失错也没提过此事。至此，各编各的家谱，我方也继续打破常规，不要祠堂。一切仍保持原状，家庭成员对此亦未予重视。未几，日寇侵湘，长沙大火，为了不做顺民、亡国奴，全家人均流亡他乡，散居各地，无人亦无暇顾及家谱问题。土改时，几十本卓人公自己着手编印的家谱连同家中的古今中外藏书均作了"浮财"处理，命运自不可期；或祭祝融，或付茅坑，则非人力所能抗衡者矣。本来，家谱劫余一"孤本"存卓人公长子李世铭处。无奈"文化大革命"时，他怕家谱被当作"四旧"销毁，将它东藏西匿，终于丢失在长沙东乡刘淑芝家。家谱既无，知道祖先情况者，或因来不及记录，或无心思向晚辈们交代而先后谢世。

甚至，中元节给祖宗烧包（内装纸锭的纸袋）时的包上提名也是卓人公亲笔写上，不孝儿女只管烧，管它烧给谁，至今健在的儿子自然也说不清道不明列祖列宗的名讳。亦云惨矣！至此，我们才深感后死责任重，若不将家族已知情况录下来，重写家谱，后辈子孙亦将以身世不明、深感遗憾而归罪我们。如今港澳台地区同胞和海外华侨华裔常到大陆寻根，亦说明家谱仍有其现实意义。尤其是，深谙历史的有识之主咸知家谱乃历史文献的重要组成部分，与正史、方志并列为中国史学的三大支柱。2000年6月，中国国家图书馆在京举办中文文献资源共建共享合作会议，有大陆、港澳台地区及美国、新加坡、荷兰等国有关单位代表参加。会议决定由上海图书馆主持编纂《中国家谱总目》。2001年2月7日，文化部办公厅特为此发出一个《通知》说："《中国家谱总目》是中国家谱资源开发利用中的一项基础性工作，它的成果将积极推动谱牒学的研究，进一步加强海内外华人对中华文明的认同感，其意义深远。"我们在此不厌其烦地转述以上信息，并非因本家谱想赶上此趟车，只为促使李氏子孙于家谱以足够的重视而已。

  编写本家谱的原则主要是，凡本支李氏成员，不论男女，包括其配偶子女均编于谱内，且均单独立项。为求再现成员面貌及其所处时代风貌，我们尽自己所知并参考亲友提供的资料，就成员出生、经历、爱好、遭遇等进行了较详细的描述，勿使有过多遗漏。尽可能做到实事求是，优点不夸大，不足处不隐瞒，还能注意不为长者讳，以免失真。

  我们李家对外曾用过堂名，曰李修务堂，任何姓氏其堂名都有个说法，如张姓之百忍堂。立本堂名之先辈没把源起传给后人，其说法可能是修身务本之意。我们既不可能掌山西洪洞大槐树移民样，说我们是大槐树下移民，又不便聊附诸李姓骥尾；为了有别于其他李氏家谱，本家谱取名《修务堂李氏家谱》。虽不免有点离谱之嫌，亦合乎创新之时代要求也。

  是为前言。

磋砣斋八五叟李世清于2006年7月1日

广东省

■ 广州市

花都区李氏一支家谱字辈：

崇礼贻谋远　棠开日永昌

嘉笙钊伟学　庭训昭诗香

猎德李氏一支家谱字辈：

道君贤哲千秋著　柱史经纶百代锦

猎德李氏另一支家谱字辈：

继述丰功能济美　宏开丕绩自流芳

猎德李氏另一支家谱字辈：

敬永圣传宣义问　龙门奕业炳昭常

宗支日衍恒昌大　祖德家承世泽长

猎德李氏另一支家谱字辈：

天朝上爵精忠胄　勋烈歧阳记万年

伯国公候徵士杰　远猷章甫可荣先

李氏另一支家谱字辈：

家传道德经　仁厚敦诗礼

李氏另一支家谱字辈：

道君贤哲千秋著　柱史经纶百代锦

李氏一支家谱字辈：

广上日廷家世永　昌茂明全卫秀

湛江徐闻海边

■ 汕头市

两英镇李氏一支家谱字辈：

陇西开统绪　冠冕盛大唐

将勋□□□

濠江区李氏一支家族字辈：

御殿文名显　明廷相业隆
芳徽定有缵　荣遇炽昌同

李氏一支家谱字辈：

陇西开统者　冠勉盛大唐
将相功勋伟　经书道德祥
守成嗣续绩　创业祖宗光
诗礼家声显　仕师世泽长
学文兼习武　修纪并立纲
孝友充庭宇　臣邻重赞襄
平居讲仁让　报国效忠良
积善有余庆　承先自永昌
箕裘欢克绍　兰桂喜腾芳
燕翼贻谋远　椒番万载香

■ 惠州市

龙门县李氏一支家谱字辈：

万庆诚惠佑　贵和富良魁
名显绍通美　经纶炳旋嗣
缨绅星辰雨　露深纹绣综

■ 揭阳市

揭西县李氏一支家谱字辈：

天钟清华懿德长　文开景运焕星芳
兴隆海岱成周干　矜式家邦作汉梁

■ 佛山市

南海区李氏一支家谱字辈：

文景国正天子　超大时开芳□
常荣树茂□□　云翘永世其昌

法庭逢正常朝　华登万宏光□

南海区李氏另一支家谱字辈：

道一公正　子孙万世

昌隆宗法　统□□□

南海区李氏另一支家谱字辈：

昌超邦安　定国太平

■ 河源市

龙川县李氏一支家族字辈：

文夫德多广　扬名万代彰

弘化中华国　朝廷几安邦

李氏一支家族字辈：

成才建拔大

■ 阳江市

李氏一支家谱字辈：

光宗耀祖　奕世传扬

李氏另一支家谱字辈：

东成茂基业　荣华世大昌

光裕家声振　传谟毓善良

■ 茂名市

化州市和平农场李氏一支家谱字辈：

年风森桐集　和明盛世时

英雄迎杰起　声势震全球

信宜市东镇李氏一支家谱字辈：

世代英雄　光宗耀祖

亮彩有为

信宜市李氏一支家谱字辈：

雍宗时天　瑞定霖泰

超光嘉汝　成大德奕

世尚文章

信宜市李氏另一支家谱字辈：

成君映上秉天远　时隆运泰乃能茂

章祖万逢（枝世子）大荣延　长发其

祥永有年

信宜市李氏另一支家谱字辈：

荣昌裕长　大启汝宗

绍传维式　炳受其名

瓒培茂毓　载锡宠章

敦崇呕振　永定家邦

高州市李氏一支家谱字辈：

永善色卓祖唐　云维成植培秀

和平同国庆□　忠信会祯祥

盛信宜市李氏一支家族字辈：

荣昌裕长　大启汝宗

绍传维式　炳受其名

瓒培茂毓　载锡宠章

敦崇呕振　永定家邦

李氏一支家族字辈：

新宗世芳

李氏另一支家族字辈：

玉文国家

■ 湛江市

廉江市李氏另一支家谱字辈：

炳耀尚辉庭　均逢秀振星

巨华经克定　冯赞世宗兴

廉江市李氏另一支家谱字辈：
　　　　春承时启太　永裕振家邦
　　　　光远维仁德　逢元福自康
　　　　英杰济世才　贤明定朝纲
李氏一支家谱字辈：
　　　　承时启　太永裕
　　　　振家兵

■ 梅州市

兴宁市李氏一支家谱字辈：
　　　　时逢春振　达发强光
梅县李氏另一支家谱字辈：
　　　　富贵永昌　文运家升
梅县李氏一支家谱字辈：
　　　　良朝嘉永绍祯祥　富贵荣华万世昌
梅县李氏另一支家谱字辈：
　　　　珠火朝君文　友笃宽松云
　　　　文大创景馈　树柏尚元荣
　　　　正德由来远　忠臣作儒生
梅州市蕉岭县李氏一支家谱字辈：
　　　　春灵开国秀　瑞仕耀霆方

■ 肇庆市

李氏一支（从福建迁来）家谱字辈：
　　　　铭正言顺　家国克昌
　　　　安富曾云　东风泽长

■ 韶关市

乐昌市李氏一支家谱字辈：
　　　　千孟仁廷延　明最用仲恩

　　　　才士兴元国　　家声礼乐先
　　　　善友硕彦品　　祯祥熙世全
　　　　邦定良贤显　　天培芳盛传
　　　　朝堂隆瑞庆　　俊秀际时翩
　　　　继美生麟凤　　钟英赛惠连

南雄市珠玑镇李氏一支家谱字辈：
　　　　火三四千念　　万子吉宗时
　　　　仲若元伍礼　　应承炳文明
　　　　群贤志道宏　　世传先祖德
　　　　超英振家兴

南雄市李氏一支家谱字辈：
　　　　道德加祥集英贤

南雄市李氏另一支家谱字辈：
　　　　泰运嘉祥集　　英贤应世

仁化县李氏一支家谱字辈：
　　　　世家英俊顺

仁化县李氏另一支家谱字辈：
　　　　子甫文善道　　应思妙曰德
　　　　芳学有载孔　　顺慈化克佩
　　　　则世孚厚泽

仁化县李氏另一支家谱字辈：
　　　　才华治国　　威武刚强
　　　　家声丕振　　祖毓荫祥

乳原瑶族自治县李氏一支家谱字辈：
　　　　国正朝元庆　　开宗可万春
　　　　仕子安云茂　　明纪赞光先
　　　　德传文武用　　世代永毕兴

乳原瑶族自治县李氏另一支家谱字辈：

信绍宗应　德学希贤

圣益文明　际雍熙太

和敷帮国

南雄李氏一支家谱字辈：

道德加祥集英贤

李氏一支家谱字辈：

文章匡治国　诗书永腾芳

■ 潮州市

潮安县李氏一支家谱字辈：

绍元斯克子　继美可承宗

英贤咸式谷　世泽乃崇隆

潮安县李氏另一支家谱字辈：

士文之家　学为园大

承先开来　振衍总派

齿德流芳

李氏一支家谱字辈：

正大长为志　扬徽卓立功

李氏另一支家谱字辈：

秉忠乃汉泽

李氏另一支家谱字辈：

平乐素侃　东南我石

景宏德是　可学开成

启迪前烈　长发其祥

家声克绍　诗礼传芳

科甲济美　奕世馨香

■ 清远市
　　佛冈县李氏一支家谱字辈：
　　　　瑞顺德积
　　阳山黎头石下李氏一支家谱字辈：
　　　　广成世泽　永振绍基
　　连山壮族瑶族自治县李氏另一支家谱字辈：
　　　　春时沾雨育（毓）书（舒）
　　连州市李氏一支家谱字辈：
　　　　发达久棉传　芳徽早著先
　　连州市李氏另一支家谱字辈：
　　　　富贵荣华永乐昌　世代兴隆万寿长
　　　　钦成孝裕达玉堂
　　连州市李氏另一支家谱字辈：
　　　　高增文明秀　喜光福德兴
　　　　旺家其财显　贤章寿万年
　　英德市李氏一支家谱字辈：
　　　　继开新世纪　汉子庆光荣
　　英德市李氏另一支家谱字辈：
　　　　德绩世昌　奕业番衍
　　　　祖武克承
　　英德市李氏另一支家谱字辈：
　　　　祖泽永承司理　宗功启佰洋
　　　　传家丕叙广　保世万年长
　　李氏一支家谱字辈：
　　　　应承可益万世珍　文宗功启佰扬
　　李氏另一支家谱字辈：
　　　　达德有常中　公启百扬

■ 江门市

鹤山市李氏一支家谱字辈：
凤象文云集胜　永庆振少昌

鹤山市李氏另一支家谱字辈：
子光仲堂春

新会区李氏一支家谱字辈：
守业期崇仁　嘉升传道学

新会区李氏另一支家谱字辈：
夫宜奕正　履秩秉睿
允昌会成　修道立德
象贤希圣　学宗孔孟
儒绍周程　扬名上国
建积大延　联芳济美
世祚诒荣

台山市李氏一支家族字辈：
雄高广大可关刚

台山市李氏另一支家族字辈：
济美多士　冠冕兆芳
优游列国　仁泽孔长

台山市李氏另一支家族字辈：
骏有声扬　光大业成
伟略（或烈）珠玑　联谱祥庆
永海游图

台山市李氏另一支家族字辈：
修文宏道　宗圣希贤
迺祖南来　长发其祥
济美多士　奕世永昌

台山市李氏另一支家族字辈：
　　　　庆承天祐　奕世永昌
　　　　济美多士　冠冕兆芳
　　　　优游列国　仁泽孔长
台山市李氏另一支家族字辈：
　　　　庆（或本）承天祐　奕世永昌
　　　　显扬伟业　休有烈光
　　　　家传忠厚　仁泽孔长
台山市李氏另一支家谱字辈：
　　　　本毓裔联英　金枝向日荣
　　　　奕世逢春茂　参天曜日明
台山市李氏另一支家族字辈：
　　　　修道立德　家贤希圣
　　　　学宗孔孟　儒绍周程
　　　　扬名上阁　见觉太平
　　　　和风济美　世代铮荣

■ 汕尾市
陆丰市李氏一支家谱字辈：
　　　　茂位畅汝衍　清派浩汉齐
陆丰市大安镇安北村李氏：
　　　　文子朝宏南　先成君寿添
　　　　广崇宗优禧　益世振家声

■ 云浮市
罗定市附城李氏一支家谱字辈：
　　　　永成世绪
罗定市附城李氏另一支家谱字辈：
　　　　李士国家盛　英雄进朝廷

建业善德荣　民生富贵兴

■ 广东省境内其他支系

潮汕地区李氏一支家谱字辈：

　　正大长为志　扬徽卓立功

李氏一支家谱字辈：

　　信子维立

李氏另一支家谱字辈：

　　国相朝宗

李氏另一支家谱字辈：

　　成开子德启

李氏另一支家谱字辈：

　　富贵昌盛长远

李氏另一支家族字辈：

　　文成干子德启

李氏另一支家谱字辈：

　　洪廷荣志旭展平

李氏另一支家谱字辈：

　　永定世家昌　邦国成良干

李氏另一支家谱字辈：

　　高第开基　广衍云礽

　　伟烈始兴（或丰）　树绩文章（或允章）

　　家国宏猷

李氏另一支家谱字辈：

　　广上日□　廷家世永

　　昌茂明全　卫秀湛江

　　徐闻海边

汕尾市陆河县华楼岭李氏

▲ 华楼岭李氏宗祠祭祖掠影(一)

汕尾市陆河县河口南溪华楼岭李氏宗祠,始建于明朝正德年间,迄今已五百余年。祠中供奉着三世祖钦赐恩官永兴李太公等先祖。

▲ 华楼岭李氏宗祠祭祖掠影(二)

▲ 华楼岭李氏宗祠祭祖掠影(三)

湛江市吴川李氏

在粤西,住有三支李姓,一是上院李,一是华山李,还有就是三柏李。三李虽住各县市,来自不同年代,不同的粤西开基祖,但三支李氏宗亲亲如一家。三支中,上院李,华山李出贵最多,二品、三品朝朝有荫,代代有出,实是我粤西李族的骄傲;至于三柏李,荫丁、荫富又多一些。粤西特别是吴化两市,外姓总以为三支实是一支。

三柏李氏

李穆,字贵和,号文庄。他出自大唐宗室,是唐高祖李渊的第十九代孙,原籍福建漳州府龙溪县钱山村,于南宋嘉定时中进士,十三世纪由闽入粤,先任龙川、后任石龙(今化州)县令。任职期满,归途经吴川入海,屡遭台风、海盗之害受阻,暂卜居吴阳。其下有三子,故李穆手植三株柏树于傍潭,视其枯荣,决定去留。后三柏参天,枝繁叶茂,便了却归念,定居吴川西南之极浦。自此,李氏在这里繁衍生息四十代,历经八百春秋,至目前人口达八十万之众,人们称其后裔为三柏李氏。李穆则为之三柏李之开基祖。

▲ 2016年吴川三柏李氏千人祭祖现场

化州南津三柏李氏

李穆四世孙李慕庐，回迁南津一带定居，并建南津三柏李氏宗祠。它坐落在化州八景之一"千秋夜月"的千秋岭上，始建于明朝洪武十四年（1381），至今已630多年，2007年动工重修。

▲ 吴川三柏李氏宗祠掠影（一）

▲ 吴川三柏李氏宗祠掠影（三）

▲ 吴川三柏李氏宗祠掠影（二）

华山李氏

广东化州长岐镇旺岭村聚居着一个唐朝王族李晟后裔的古老村落，华山李氏大宗祠就坐落在这里。宗祠始建于明朝洪武年间，是一座具有岭南地方特色的祠堂建筑，李氏大宗祠历经明、清两代及民国期间多次修葺，是李氏子弟进修的家塾学堂。

▲ 华山李氏宗祠掠影（一）

▲ 华山李氏宗祠掠影(二)

自明洪武二十四年(1391)至万历十年(1582)的191年中,旺岭李氏连续出了九位举人,高中了四名进士。李帮直累官至太仆寺正卿,钦差提督,著有《东洲稿》等传世;李学曾累官至大理寺少卿,吏部都谏,为官刚正清廉,著有《鹤林遗稿》20卷等传世;李一迪累官至浙江按察司副使,著有《掘官存稿》等传世;李元畅累官至内阁首辅,下二品俸官。从此旺岭华山李氏"一门九举四进士"成为岭南地区文化史上的传奇佳话。

▲ 华山李氏宗祠掠影(三)

▲ 华山李氏宗祠掠影(四)

上院李氏

上院李为唐代西平忠武王李晟公的后裔（陇西李），廿二世孙李承元，于南宋景帝时出任广东化州郡路判，遂家于化州城南三十里之上院西湾村，承元公为上院李氏开基一世祖，现成为广东化州市第一大族。生三子：长房天与公迁吴川市平泽乡（平泽、岭头等），二房住西湾村、双牌、新塘、沙陇、苏村、篮溪村等三房迁广西博白，另迁及海内外等，开枝散叶，遍及广西、海南、湛江、遂溪、廉江、吴川、茂名、化州、信宜等三省九县，更有散居于全国乃至世界各地者不计其数，总人口近三十万人。

▲ 2016年3月16日，上院李氏祭祖掠影

揭阳市东山区磐东镇下寨村李氏

▲ 下寨村李氏祖碑

▲ 下寨村李氏祭祖掠影（一）

▲ 下寨村李氏祭祖掠影（二）

广东省

广州市荔湾区（芳村）滘口村李氏

▲ 滘口村李氏永思堂祠碑

滘口李氏祠堂碑记

尝思木之有根，则枝叶荣盛；水之有源，则支派流长。我始祖处士云襟公、祖妣梁氏孺人，于明嘉靖年间由南雄珠玑巷徙于省垣高第之麓。

公生平好学，与邑进士巡按河南监察御史庞尚鹏为莫逆交。迨二世祖讳寅苍，邑庠岁贡生。设帐四方，课诸弟子无懈。至五世祖国学生其光公，始迁居于城西十里之郑水栖焉。历及十世祖圣惠公，生二子，乃十一世祖：长恂敬公、次恂永公。始分两房。恂敬公传至十五世登仕郎显琼公，公生二子，即十六传：长刚立公，次章立公也。

乡饮大宾刚立公号健亨，一生勤俭，娶妻梁氏、副室李氏。梁氏生一女一子，女适招门，其子即十七传启泰公，娶妻高氏。年甫十九，未生子女，不幸早亡，家无余蓄。阖房伯叔戚友均以健亨年近古稀，所生一子已故，允宜择房内昭穆相当者承嗣。兹有次房十七传本初之第三子鸿昌，应择立为健亨之嗣孙。曾当房众耆老，写立继书，永远承嗣。

至李氏只生一女，适香山翠微乡候选布政司理问韦松圃为妻。今鸿昌随松圃学习洋务生理，数年贸易，俭积略有余资。与其姑母韦霍氏念自始祖云襟公来粤，至祖父健亨公，相传十余世，向无祠宇楼奉木主，怆恻殊深。是以姑侄再三筹酌，同捐资买地，在本乡内建祠一所。共深三大进、阔二十一桁。另傍建厨房一所，四围青砖石脚。地价工料一应共用银一千元有奇，俱系姑韦霍氏及侄鸿昌二人捐银建造。

兹次房由始祖至十五世毓琼公、灿琼公、佩琼公均请入祠。其长房由始祖至十八世孙鸿昌亦俱请入祠，永远安奉。倘将来各房子孙有欲请牌位入祠者，拟每一主助银三拾两，归本祠内添置产业生息，以为年中祀奉之需。

自立祠之后，各房子孙务当遵守家规，永远不得将祠拆毁及改为住宅、屯贮什物、窝匪聚赌、盗卖祠内器具等情。如有上项弊端，阖房公议。轻则革胙，或以家法警责。重则送究，决不姑容。

忖思建立此祠，其地价、工料、银两俱系韦霍氏与鸿昌二人捐出创建，为安奉各太祖而设。上妥先灵，下贻子孙。各房子孙均属永远有份同沾，日后毋得以孰有孰无，孰多孰寡，彼此争竞，致失前人美意。倘我子孙将来更能创立基业，添置田园。则门闾昌大，自无负鸿昌与韦霍氏姑侄捐资建祠之初心。从此庆洽宗祊，祥开奕禩，我祖宗实有厚望焉。兹各工告竣，爰泐石以垂不朽。

我原黄竹岐堡滘口村六十四畺四甲霍伍全户，于崇祯甲午年正月，五世祖其光公等与黎庶，就承纳虚粮，充当户长，分为二股承领。嵩高户值一半，谏户、达户、新奇三股同值一半。有立约书明炳据，如下日图内蓄积银两，系恂敬公子孙居半，恂永公子孙居半。因其虚粮向系二人顶纳，所以蓄积图内馀资，仍系恂敬子孙居半，恂永子孙居半均沾，各无争论。至恂敬公房内所得一半，亦系鸿昌与顺泰两份均分，毋得争执。

建祠之地分三股，俱系与嵩高户子孙分三契买受。共深八丈余，阔二丈五尺零，门口阔三丈零，合共受地价银百六十余两。因其地税零星，书明毋庸收税补纳。现将原契投印存照。

一、各子孙不得迁家眷入祠居住，并贮屯违禁什物、歇宿仄人；

二、祠内什物别人借用，须先通知耆老一二人知见，不得私借别人；

三、早晚二季收割，不许在祠内打禾及堆积禾秆。

本乡基尾塘原系十六传健亨公庶室李氏勤俭积成，自置之业。今送入云襟祖批佃收租，永为蒸尝留祭及抵纳虚粮费用，众子孙共均胙肉，断不得变卖此塘。业经呈明南海县（今广东南海市）在案，今又勒于碑石，以垂不朽也。

　　　　咸丰元年（1851）岁次辛亥仲冬吉旦立石

来自大槐树·李氏姓氏寻踪考

肇庆市高要市蚬岗镇蚬东村李氏

▲ 蚬东村李氏宗祠

肇庆市高要区蚬岗镇蚬东村李氏联谱

蚬东李氏大宗祠坐落于广东肇庆市高要区蚬岗镇蚬岗村之东。李氏大宗祠始建明末,李氏大宗祠亦称李氏家庙,宗祠是岭南风格的建筑,是家族祭祀祖先和先贤的场所,是中国传统敬祖思想的重要表现形式。宗祠承载着家族的辉煌与传统,是家族之圣殿,作为家族悠久历史和传统文化的象征与标志,具有无与伦比的影响力和历史价值。

伸展面积约一亩,正面大理石勒脚,石柱上有双狮朝阳。大门楣上大理石大字:"李氏大宗祠"。中进高挂牌匾:"崇德堂"。后堂柱楹联:"华国有文章扦架牙籖三万轴,傅家惟道德圣门谕训五十言"。

蚬东李氏族谱序

国有鉴藏,族存谱载,世系源流。万代支派此不忘其本,亦启后人之指掌明矣。考吾族始祖李珩,字大通,号琼庵,明洪武二年(1369)中式乡试第八名举人,任陕西省平河县知县,提升南昌府知府。世居南雄府保昌县沙水村珠玑里。于咸淳年间屡遭兵燹，尤为避胡妃之乱，而举族迁徙至肇庆，旋择地城东南五十里蚬岗之东一地。据旧谱记载：李氏始祖琼庵公自叙，明初由南雄珠玑巷迁居至南海小塘，再迁居高要蚬岗之东。越二年，嫡侄往西筑室而居（即蚬西村），服侄迁砚洲，叔父迁南海，从兄迁新会，从弟迁佛山。夫以数百之族忽散于兵燹而流离，兄弟他乡各适所遇，若此人生大不幸也。于此建室开村而居，开村鼻祖乃琼庵公是也。

厥后支繁族盛，星布环球，远播海外。境内分支：金渡镇五股村、榄塘村，活道镇云美村等村。万派分支同出一源，繁衍以至十百千万。迄今已六百余年，相传二十六世。其中螽斯蛰蛰，瓜瓞绵绵，英奇辈出。成大业者，有运筹帷幄之策，进战退守之功，足以昭汗青之光也。我乡名榜首位六世孙李述之明嘉靖年间官拜两广标下水师千总，诰封武德将军。后十世孙李金麟明永历官拜广西桂林提督府都金事骠骑大将军。十一世孙李建材清康熙进士，候选儒学训道。十四世孙清嘉庆己卯年科考连中三名举人：祥斯，砺斯，恋斯，历任中华各省要职。十五世孙李儒修奇人才子堪舆学家，精通天文地理，占卜算卦，未卜先知，饮誉四乡。李章修一生从商，家积颇丰，益于后世。十七世孙李夔珍清同治十年（1871）武庠生军功六品。十八世孙李常佳清光绪廿九年（1903）邑庠生亲手创办蚬东学校，任名誉校长，造福桑梓。民国初期粤剧鼎盛时期，大师靓元亨是出自本族，是名伶马师曾师傅。民国中期李玉时两任县参职，六围总局长。十九世孙李仲恩军衔上尉，任军警联合督察署长，中华民国军队团长。著名律师李桂逊（岁久失考，未尽悉载）。其后者人才辈出，入为名士，出为名臣，振耀一时，徽流万世。实无非吾始祖所培植，而发越无穷者也。

始祖一脉相传至六世而分四房矣。因繁衍之盛，明昭穆之秩序，四房都建有宗祠。始祖李氏大宗祠，长房楚华李公祠，二房义存李公祠，三房以别李公祠，四房厚之李公祠。中华人民共和国建立后，祠堂被国家占为他用。至二十世纪八十年代末，返还我族经营。历经沧桑，祠堂重修，恢复旧貌。各处子孙莫不踊跃捐助，谁忘木本水源之恩哉。兹遵循尚祖遗风，于李氏大宗祠门前用大理石高矗桅杆十几米，以昭述之、金麟两位将军之功德，名垂不朽。清朝年间同用大理石异簇硖碑竖立如林。金字名匾于祠内中堂上，各领风骚之功绩。名人榜文同功名人士序文纳入族谱，录于巨册内，传于百世流芳。

家声赫奕，德厚流光，绵绵瓜瓞，人文蔚起，甲第宏光，枝繁叶茂，丁旺财雄，皆籍祖宗之德，山川之灵。老君膝下风水奇置，东有三岗朝主（大骆岗、小骆岗、墟地岗），西有松栢岗，南有墟地岗（右库），北有泽岗（左仓），面前顺水虾池，逆水来前宝鸭嬉水，南山流来水。风水宝地实意图。此乃我祖相阴阳而观流泉，卜斯地以为发祥之兆。偕来诸戚陈钟杜郭帅亦子孙繁衍，菽水承欢，敦睦邻里，合一堂之秩序雍雍。我乡村边曾建有两间家塾：朝璧公家塾、南耀公家塾。朝璧公家塾已拆改不复在，南耀公家塾仍保持完好。村内各建门楼：永福里、永安里、长泽里、图书里、瑞紫坊、榕华里、集贤坊、仁寿里、云秀里、福寿里、万寿里。各门楼于1958年遭拆毁，归于湮没，甚为惋惜。

当今国运昌隆，有云盛世修志，亦应修谱。然而历史条件决定，不管那族系也无法找出一部完整族谱。所喜十纨绔子弟讳 天瑞字朝璧所编家谱，在历史转折中，中华人民共和国建后的时代潮流冲击下，旧谱幸图尚存。对我氏宗源支脉，先贤言行都有记述，为今后的查考提供了确切依据。古人吹律定姓以记其族，凡欲本支百世，皆知血脉流贯，庶伦纪不至于相渎也。适逢我族联谱佳期，我族兄弟与榄塘外徙裔孙竭力同心，重辑宗牒，垂为家乘，以尽薪火相传之责，以告慰祖宗在天之灵。

国有史以明纪纲，族有谱以明世系。统系明，千里相逢如一室，昭穆序，万里相会如一家。愿后之子孙当永矢弗忘也，而识之，是为序。

时二〇一五年乙未桂月谷旦
（朝璧祖）廿二世孙明基顿首拜撰

钦州市灵山县旧州镇双凤村清明李氏

明、清年间,灵山李氏以从广东廉州府迁移来的为多,清末后迁入不在本文之列。迁入灵山的李氏清一色是李火德裔孙,按世系和迁入时间前后之分有十多支。《冲表垌李氏族谱》载:"李凤昂上祖李应松为李火德十一世裔孙,李应松于万历元年(1573)由广东兴宁县迁肇庆府罗定州,于万历三年(1575)由罗定州复迁灵山县双凤村冲表垌开基。"

▲ 双凤村清明李氏祭祖掠影(一)

▲ 双凤村清明李氏祭祖掠影(二)

▲ 双凤村清明李氏祭祖掠影(三)

广西壮族自治区

■ 南宁市

宾阳县李氏一支家谱字辈：
明有子禄荣

宾阳县李氏另一支家谱字辈：
法大茂成应　万必凤秀子
有永树立克　福如东海进
朝廷□□□

良庆区南晓镇李氏一支家谱字辈：
瑞献中华盛　祥旭振业（景运、龙）

邕宁区百济镇南华村坛桂坡李氏一支家谱字辈：
太思杨云才道生　必仕光彩兆耀子
孙发达富贵荣华　源流远世代盈昌
德泽长□□□

横县李氏一支家谱字辈：
芳开基创立

横县李氏另一支家谱字辈：
畅朝廷为（天）其显

李氏一支家谱字辈：
廷天开文运祖

■ 柳州市

融安县李氏一支家谱字辈：
占太天森云开荣

融安县李氏另一支家谱字辈：
茂庆宽光厚　义祥家政兴
居能鸿远盛　德志炳宗祯

融安县李氏另一支家谱字辈：
> 乾科法（文）子（志）淡　继春如开万
> 自鼎茂庆宽

鹿寨县李氏一支家谱字辈：
> 大启汝忠

■ 桂林市

永福县李氏一支家谱字辈：
> 昌光召祖德

资源县李氏一支家谱字辈：
> 文仕再彦应　子必永承得

阳朔县李氏一支家谱字辈：
> 学树成洋　必定荣昌
> 光照祖德　名显忠祥

全州县龙水李氏一支家谱字辈：
> 承景继思连　守恭臣自友
> 元大一土葵　祖惟志延克

荔浦县李氏一支家谱字辈：
> 上国英造弟　道仕占文昌（泰）
> 李时朝天子（春光恒绍钟）
> 承先世（恭才驰）泽长
> 大业传年远　高基衍代良
> 首成隆盛典　万古永流芳

秀峰李氏一支家谱字辈：
> 仁雪益应富　启枝开胜宏
> 万载福康宁

恭城李氏一支家谱字辈：
> 显祖荣宗　文明进财

贤良忠正　富贵久远
吉庆昌隆

兴安县高尚镇龙田村白龙桥自然村李氏一支（从江西省吉安府永新县登封乡西十三都二畾（bì）开耀里枧田村迁来的）家谱字辈：

学绩卉荧有文元　培植祖德世代传

李氏另一支家谱字辈：

维善荣华远　承先振国光
忠厚传家守　世德永吉昌

李氏另一支家谱字辈：

必宴馀定全　登宗如得相
呈绣高颖景　顺继文明远
功崇振泽长　学科连步上
邦国永增光

■ 梧州市

苍梧县李氏一支家谱字辈：

际耀丕文

苍梧县李氏另一支家谱字辈：

玄桥正仕　作奕超贤
裕述光显　世守承芝

苍梧县李氏另一支家谱字辈：

天星秉元坤植兴　能橘福春荣耀承
江淮河汉来源远　秀茂芝兰定发生
春豫益谦恒大有　万年富贵永康宁
积善助人弘世道　行仁树德振家声

李氏一支家谱字辈：

光明正大传家业　礼乐诗书启后图

■ 北海市

合浦县廉州镇李氏一支家谱字辈：
　　芳远光宗耀祖

合浦县廉州镇李氏另一支家谱字辈：
　　芳文开凤作永培　春日光辉长焕彩

■ 崇左市

大新县东北龙门镇万承县：
　　仕文武国中尚元　金玉兴隆永帧祥
　　才汉豪杰显育秀　富贵英华大吉昌

■ 贺州市

富川瑶族自治县李氏一支家谱字辈：
　　宏世开庆胜玉春

李氏一支家谱字辈：
　　修（德先加）祥生

李氏另一支家谱字辈：
　　昌宜德伯秀廷□　万日常冠本枝茂
　　盛世光华清若碧　兴唐宝树兆祯祥
　　英才仁寿绍书香

李氏另一支家谱字辈：
　　丕基维应运　奕缵自能兴
　　贻谋思祖德　弘统振家声

■ 玉林市

容县李氏一支家谱字辈：
　　仁培义植传　家远怀先祖
　　德茂才全济　世隆启后人

北流市李氏一支家谱字辈：
　　志应国朝泰　时同运会长

继述能显祖　明德世传芳

陆川县李氏一支家谱字辈：

德桂腾方

陆川县李氏另一支家谱字辈：

启景世王　仕应日丰
成山秀树　同文生桂
腾芳福寿　安康□□

博白县李氏另一支家谱字辈：

英元培毓　奕异其昌

博白县李氏一支家谱字辈：

文盛积增　福禄善庆
高进百世　其昌裕明
德远寿长

博白县龙潭镇李氏一支家谱字辈：

元侯伯子　尔维克钦
继志永锡　祖泽绵长
修其孝悌　教予诗书
贻谋燕翼　丕振家声

李氏一支家谱字辈：

时正茂世德

李氏另一支家谱字辈：

林泽宝芝冠焕伟

李氏另一支家谱字辈：

春秀杨辉时子展　之兆志显振家声

■ 百色市

田阳县李氏一支家谱字辈：

宏忠元春馨新福

德保县马隘李氏一支家谱字辈：
方荣世茂

那坡县李氏一支家谱字辈：
天成春德志　克福定家邦

陇西堂凌云县（明清时称泗城府）李氏一支家谱字辈：
国正天兴顺　官清民自安
妻贤夫祸少　子孝父心宽

林县李氏一支家谱字辈：
正明忠停现　四代影兴隆
国代园思安。

李氏一支家谱字辈：
志顺天知正　再润达文通
诗书国家本　永世少臣宗

■ 河池市

天峨县李氏一支家谱字辈：
祖基世泰

天峨县李氏另一支家谱字辈：
贤慧才沾庭尚永　有世大仕文昌云
天地明良光百代　秀运朝邦自万春

巴马瑶族自治县李氏一支家谱字辈：
世代朝廷春纪善　正大光明显□□

■ 钦州市

灵山县李氏一支家族字辈：
应文秀其郁　永世国长安
福禄兴仁寿　富贵得永久

灵山县李氏另一支家谱字辈：
凤崇璋之德　勋墀士相汝

焕坤钰泳烨

李氏一支家谱字辈：
华树开清秀

■ 贵港市

平南县李氏一支家族字辈：
寅文成先　上道荣行

桂平市李氏一支家谱字辈：
文枝卓均锦

桂平市李氏另一支家谱字辈：
之仕文扬　嘉李元宠
泰运盈昌　发达惟良
观光上国　亦世安祥

桂平市李氏另一支家谱字辈：
宫袍世泽　永子回朝
润志光明　国太平安

桂平市李氏另一支家谱字辈：
文锦正延时（祥）　荣（仁）华太吉昌
德业松春秀　发达依朝阳

桂平市李氏另一支家谱字辈：
显祖文绍　益嘉周祥
运际光明　国泰平安

■ 广西壮族自治区境内其他支系

李氏一支家族字辈：
遥殷怀建

李氏另一支家谱字辈：
士卫起万代

李氏另一支家谱字辈：

　　　　　　铜奈德盛昌　荣华富贵章

李氏另一支家谱字辈：
　　　　　　超集茂　春灼才
　　　　　　世忠炳

李氏另一支家族字辈：
　　　　　　伊子念瞻依　持恭协峻扉
　　　　　　殷怀斐化纪　允若倬清晕

李氏另一支（彭水县迁来）家谱字辈：
　　　　　　朝仲春正越　臣天文士君
　　　　　　国应奇友易　孟鸿再世知

李氏另一支家谱字辈：
　　　　　　世代朝廷春继善　正大光明显英安
　　　　　　天生福富贵德（得）昌渊（烟）

李氏另一支家谱字辈：
　　　　　　应文秀其郁　永世国长安
　　　　　　福禄兴仁寿　富贵得永久

李氏另一支家谱字辈：
　　　　　　法大茂成应　万必风秀子
　　　　　　有永树立克　福如东海进

李氏另一支家谱字辈：
　　　　　　贤慧才沾庭尚永　有世大仕文昌云
　　　　　　天地明良光百代　秀运朝邦自万春

李氏另一支家谱字辈：
　　　　　　志应国朝泰　时同运会长
　　　　　　继述能显祖　明德世传芳

北海市铁山港区李氏

▲ 铁山港区李氏祭祖现场掠影(一)

▲ 铁山港区李氏祭祖现场掠影(二)

▲ 铁山港区李氏祭祖现场掠影(三)

海南省

■ 三亚市

李氏一支家谱字辈：

恭恩季子清秀德　春开瑞锦廷宗孝

李氏另一支家谱字辈：

世恭清秀德春开　瑞锦廷宗时启逢

■ 海南省境内其他支系

李氏一支家谱字辈：

瑞献高宗森

香港特别行政区

李氏一支家谱字辈：

天文维木国　草龙九□守

重庆市

■ 万州区

李氏一支家谱字辈：

联科及第　邦家必达

李氏另一支家谱字辈：

作承天锡远　文章见洪心

定帮裕厚泽　恩光启长芳

忠孝培大本　学士继书香

一朝三元会　万代颂荣扬

李氏另一支家谱字辈：

　　　　才仲仁显志　世高国正昌
　　　　作承天锡远　文章见洪心
　　　　定邦裕厚泽　恩光启长芳
　　　　忠孝培大本　学士继书香
　　　　一朝三元会　万代颂荣扬

■ 涪陵区

李氏一支家谱字辈：

　　　　其德维永远　世代佐朝廷

李氏另一支家谱字辈：

　　　　光明可三仕　月照正兴福
　　　　宗师傅在玖　长发庞其祥

李氏另一支家谱字辈：

　　　　万文登联国　弘世成福大
　　　　伦常家齐治　山青永长安

■ 江北区

李氏一支家谱字辈：

　　　　国为辉宗远　芳泽映时新

李氏另一支家谱字辈：

　　　　光良久远善　任孝一正方
　　　　元启天开宗　易长文明辉
　　　　先绪克定大　吉昌荣国邦

■ 綦江区

李氏一支家谱字辈：

　　　　字文永远兴　世代正乾坤
　　　　梦现登科林　长发其祥云

■ 大足区

李氏一支家谱字辈：
>知先文遇贵　红中世得云
>显达永流方　清正长克纯

李氏另一支家谱字辈：
>世德光廷玉　朝正国永昌
>荣华长富贵　万代启文章

■ 渝北区

李氏一支家谱字辈：
>德耀忠光

李氏另一支家谱字辈：
>元天乐高　春围真忠
>尚苏采凤　永开洪木
>作如培植　世德厚重

■ 巴南区

李氏一支家谱字辈：
>名正桥之昌胜秀　绍成增荣显经伦
>祖德龙玉长兴发　乾坤会泽映千春

李氏另一支家谱字辈：
>永世和祥

■ 黔江区

濯水镇濯西李氏一支家谱字辈：
>朝聘元先子应天　仕正大廷万国安
>祖德文光昌荣秀　永发长春在华山

■ 长寿区

云集镇东山李氏一支家谱字辈（从原双龙区回龙场李家词堂迁此）：
>芝丹永盛世　正大光明治

德成开先朝　荣华国家兴

李氏一支家谱字辈：

廷世德志

■ 江津区

李氏一支家谱字辈：

绍承光祖德　天开恩厚泽

明月照儒荣　鸿振换俊杰

■ 合川区

李氏一支家族字辈：

仁恩永锡　世□□贞

李氏另一支家谱字辈：

良兴文茂自　裕维在朝庭

光成颜仁义　联步尚青云

李氏另一支家谱字辈：

茂华世继　芳正书新

纯愚宣顺　德化良金

桂兰馥秀

李氏另一支家谱字辈：

仕必财文富　宗司人祖大

智正朝庭显　万国定永昌

经学同宣德　运会孝明良

协佐生平志　西隆四泽长

李氏另一支家谱字辈：

万代朝天子　金阶玉殿行

少年如有志　永远立功名

■ 永川区

李氏一支家谱字辈：

　　　　　　大田逢春玉　国辉久长开
　　　　　　德泽永世远　福禄自天来
■ **璧山区**
　李氏一支家谱字辈：
　　　　　　法应魁生文　永世钟智祥
■ **铜梁区**
　铜梁区李氏一支家谱字辈：
　　　　　　文章开泰运　孝弟振家声
　　　　　　积善继先业　隆儒裕后昆
　　　　　　显杨维念典　修齐应敦伦
　　　　　　福祚定远锡　禄位著芳名
　李氏一支家谱字辈：
　　　　　　锦兆益长庆
　李氏另一支家谱字辈：
　　　　　　天顺成宗寿　荣华百世有
　　　　　　万盛年兴朝　永代得昌佑
■ **潼南县**
　李氏一支家谱字辈：
　　　　　　万春兴隆代　浩林焕千支
■ **荣昌县**
　李氏一支家谱字辈：
　　　　　　天自□长青　宏开宇景秀
　　　　　　万户坐朝庭
■ **梁平县**
　李氏一支家谱字辈：
　　　　　　汝名时闻　可仲彦仕
　　　　　　为善承宗　大光万世

金堂衍圣　江佑开先
诗书继首　代启英贤

■ 丰都县

李氏一支家谱字辈：

惠长永　文明盛
世德安

李氏另一支家谱字辈：

子芳元占仕　正学维洪大
朝廷明月照　永应增发祥

■ 垫江县

李氏一支家谱字辈：

容华富贵显朝庭

李氏另一支家谱字辈：

大春贤登道德　积成宗志朝元
克世明兴忠正　应熙昌万永全

■ 开县

李氏一支家谱字辈：

亨通会时来贤

李氏另一支家谱字辈：

少成先祖德广川　术连有荣华富贵

李氏一支家谱字辈：

国时先联秀　如朝少祖光
文明起盛德　四代大荣昌

李氏另一支家谱字辈：

国正英才集　家和作述长
太平开郅运　盛世仰陶唐

李氏另一支家谱字辈：

　　　　　金正美文定　儒应学荣芳
　　　　　秀发泽书高　前承裕光耀
　李氏另一支家谱字辈：
　　　　　永维德应文　仲仁有富荣
　　　　　珍锡洪昌国　定一显常忠
　李氏另一支家谱字辈：
　　　　　芝枝莲占　祚从登先
　　　　　逢白容德　贤达生永
　　　　　远誉前宗

■ 云阳县

　李氏一支家谱字辈：
　　　　　文祥可立生　光明正大德
　李氏另一支家谱字辈：
　　　　　嗣系世念小　八九祖添源
　　　　　志应永兴廷　才正世大友
　　　　　文尚光宗宏　荣先维继树
　　　　　裕厚罗英贤

■ 奉节县

　李氏一支家谱字辈：
　　　　　居世成善国　秦楚正光华
　　　　　文明昭景运　道德永传家
　李氏另一支家谱字辈：
　　　　　功业著朝堂　天可自有邦
　　　　　国正家星顺　祖德应荣昌
　　　　　经纶延统绪　奎壁焕文章
　　　　　敦本流芳远　续源衍庆长

■ 巫山县

李氏一支家谱字辈：
先传绪　远祥增

李氏另一支家谱字辈：
承先良可大　之本必达昌
忠厚源有字　传家方远扬

李氏另一支家谱字辈：
功业著朝堂　天可自有邦
国正家星顺　祖德应荣昌
经纶延统绪　奎壁焕文章
敦本流芳远　续源衍庆长

■ 巫溪县

李氏一支家谱字辈：
继世本文章

李氏另一支家谱字辈：
文章光上国　家序万年昌
道泰全仁义　天心赐吉祥

李氏另一支家谱字辈：
自堂超贵耀　继世本文章
克敬培祖德　万代大吉昌
承先宏伟业　启后铸辉煌
根深叶繁茂　源远致悠长

■ 彭水苗族土家族自治县

李氏一支家谱字辈：
文月全世

■ 重庆市境内其他支系

李氏一支家谱字辈：
明德忠厚

李氏另一支家谱字辈：
    国正家兴顺　祖德应云昌

李氏另一支家谱字辈：
    达元重美大　广学同光昌

李氏另一支家谱字辈：
    国正天星顺　官清民自安
    传家忠厚久　学道性情宽

李氏另一支家谱字辈：
    礼有元相之本　大文运振明新
    学道恢先字泽

李氏另一支家谱字辈：
    谷在种子思　受遇加上文
    承先启后光　忠孝必然芳
    奇策丹廷现　祥开彻祚昌

李氏另一支家谱字辈：
    其讳叔敬□　应文郁楚□
    逢耀芳长生　绍承光组德
    天开恩惠泽　明月照儒荣
    鸿振焕俊杰

李氏另一支家谱字辈：
    世开新泽远　宗大贻善长
    仁孝绍先烈　文章耀千古
    贤良应祚光

李氏另一支家谱字辈：
    天应通文永　促仁显大明
    有富贵在兴　尧舜享太平

李氏另一支家谱字辈：

　　　　　天应生文运　众仁聚大明
　　　　　有富贵在兴　尧舜国太平
李氏另一支家谱字辈：
　　　　　彦南正胜（圣）　六国先秀丹
　　　　　文光开郁化　洪应世其昌
　　　　　永保天心顺　立师祖德长
　　　　　居恒登韶酉　腾□学忠良
　　　　　昭淑仁贤顺　同宗定显扬
李氏另一支家谱字辈：
　　　　　燕子兴天贵　荣华显祖宗
　　　　　克家惟孝友　正国笃真忠
　　　　　大业文章柱　家修明德崇
　　　　　诗书垂泽远　仁义永昌隆
　　　　　云乃相激启　世代受皇封
李氏另一支家谱字辈：
　　　　　元从美大广
李氏另一支家谱字辈：
　　　　　谷在种子思　受遇加上文
　　　　　承先启后光　忠孝必然芳
　　　　　奇策丹廷现　祥开彻祚昌
李氏另一支（**老家是重庆万州**）家谱字辈：
　　　　　联科及第　邦家必达
李氏另一支家谱字辈：
　　　　　白永嘉应　龙如仁义
　　　　　承先继述　世代兴荣
　　　　　天锡洪文　家国显庆
　　　　　祖肇宗钦　祥开德政

四川省

■ **成都市**

新都区李氏一支家谱字辈：
　　枞经家国祝昌隆

温江区李氏一支家谱字辈：
　　国家之祥　永世其昌
　　文武克建　久奉朝堂
　　遵字更名　吾宗高清
　　祖传下代　湖北麻城

青白江区龙王镇李氏一支家谱字辈：
　　国以贤为重　其忠必有生
　　登廷熙显应　万世永传亨

蒲江县李氏一支家谱字辈：
　　福开先朝　文成洪家
　　学光明允　德沛荣昌

李氏一支家谱字辈：
　　梦邵世子

李氏另一支家谱字辈：
　　绍忠良贤爱

李氏另一支家谱字辈：
　　枞经家国祝昌隆

李氏另一支家谱字辈：
　　道继宽仁著　功昭勇智闻

李氏另一支家族字辈：
　　烈希承宗祖　美务正乾坤

李氏另一支家谱字辈：

　　　　　天朝秀春　仁义生富贵
　　　　　财发真祥
　　李氏另一支家谱字辈：
　　　　　天开守奉文　思余支有成
　　　　　时恒先本现　万子永长春
　　　　　重振家之光　龙荣国际昌

■ 绵阳市

　　北川县李氏一支家谱字辈：
　　　　　一本宏开　永楚德义
　　安县李氏一支家谱字辈：
　　　　　国献真祥瑞　时洪正吉昌
　　安县李氏另一支家谱字辈：
　　　　　元长文　成宗泽
　　安县李氏另一支家谱字辈：
　　　　　元亨利增　荣华富贵
　　　　　福寿康龄
　　安县李氏另一支家谱字辈：
　　　　　大福智忠信　文才必仲行
　　　　　国德应有庆　世守常增培
　　　　　孝顺绵基绪　诗书启俊英
　　　　　若能立邦本　定可振家声
　　三台县李氏一支家谱字辈：
　　　　　均廷举奇祥
　　三台县李氏另一支家谱字辈：
　　　　　富贵云华　永远奇方
　　三台县西路李氏一支家谱字辈：
　　　　　世代永昌隆　学醇方有用

道显见经言

李氏一支家谱字辈：

定国安邦遵文武

■ 德阳市

罗江县李氏一支家谱字辈：

人生孝第首　天伦家庆
方能报国恩

广汉市李氏一支家谱字辈：

辅育恒丰

广汉市李氏另一支家谱字辈：

光明庭中出英才

中江县李氏一支家谱字辈：

文其长正昌　运复均平治

中江县李氏另一支家谱字辈：

前徽周柱史　衍绪发其祥
福泽宗功远　根深本固长
传家惟道义　华国有文章
吉士多鸣凤　从龙运继昌

中江县李氏另一支家谱字辈：

学成文武义　孝顺最为先
国正天星社　朝玉永远风

中江县李氏另一支家谱字辈：

正生一□□　春前玉□□
良材□□□　永世□□观

中江县李氏一支家谱字辈：

正学先光大　逢开世永成
茂盛生德秀　魁占上林时

李氏一支家谱字辈：
　　　　文明克绍昌
李氏另一支家谱字辈：
　　　　世登春城之　国正天心顺
李氏另一支家谱字辈：
　　　　桂仁才怀再　富思应文宗
李氏另一支家谱字辈：
　　　　开国弘基乾　明成本绪连
李氏另一支家谱字辈：
　　　　国正天心顺　家和祖泽祺
　　　　锡康钟福禄　茂本载辑熙
　　　　耀武隆奕叶　洪英长孙后
　　　　青莲道常薄　荣荫满凤池

■ 广元市

苍溪县李氏一支家谱字辈：
　　　　尚登成盛木　春如峨腾芳
　　　　文思正国仕
苍溪县李氏另一支家谱字辈：
　　　　万国昌明　中邦永青
　　　　文光大作　秀仕克登
苍溪县李氏另一支家谱字辈：
　　　　万国荣先成　大德自发祥
　　　　明清庆泽长　传家崇孝友
　　　　万世永光昌
剑阁县李氏一支家谱字辈：
　　　　树枝发多新春先
剑阁县李氏另一支家谱字辈：

文国正大维子思

剑阁县李氏另一支家谱字辈：

子兆藩成占　宗定国泰安

元朝锦兴顺　得（昌）发永正康

李氏一支家谱字辈：

福兴恩德久

李氏另一支家谱字辈：

三春开发　万仕翰方

李氏另一支家谱字辈：

升廷儒文德　长发其祥

■ 自贡市

荣县李氏一支家谱字辈：

肇修维善继　映芝应焕彩

富顺县李氏一支家谱字辈：

加正大国芳　天开沛春明

三元光先代　上泽久昌荣

富顺县李氏另一支家谱字辈：

纪德伯友宗　定再朝廷忠

选大字光耀　富贵盈华堂

富顺县李氏另一支家谱字辈：

九天仕则长　时兆光国成

朝塾兴德汝　然宗世正人

祖万□□□

李氏一支家谱字辈：

泽大国　永长江

李氏另一支家谱字辈：

唐景正文永　山高世泽长

李氏另一支家谱字辈：

  慰汉凤阳　尔（如）九致世
  维（天）人（正）道忠　恕传心学
  乃生植宝　饮水思源

李氏另一支家谱字辈：

  元向知本大　文运振明新
  学道恢仙泽　存仁潜信真

■攀枝花市

李氏一支家谱字辈：

  天启登安国永

■乐山市

沐川县李氏一支家谱字辈：

  凤国自先　富贵代有
  明泽世帮

犍为县李氏一支家谱字辈：

  荣华富贵双全兴

犍为县李氏一支家谱字辈：

  子必永文德　才仲仁有世
  嘉正其可学　志能上朝廷

■南充市

巴中李氏一支家谱字辈：

  习自公景庭　世荣光一本
  德盛积三多　为人忠友孝
  成家聚太和

营山县李氏一支家谱字辈：

  贵德子祺相　文春开国成
  家祥树新远

仪陇县李氏另一支家谱字辈：
  章崇中明
仪陇县李氏另一支家谱字辈：
  昌林云　世代忠
仪陇县李氏另一支家谱字辈：
  中正大　光明本
  根维新
仪陇县李氏另一支家谱字辈：
  从忠明远柱　敦后得安康
仪陇县李氏另一支家谱字辈：
  上时正元国　民廷体大全
  忠昌为贵显　有至永登连
仪陇县李氏一支家谱字辈：
  亨本耳书德　棋太培修文
  怀芳中俊仕　万有一家春
阆中市李氏一支家谱字辈：
  逢春开秀　玉泰还阳
阆中市李氏另一支家谱字辈：
  开国昌荣　圣德安康
阆中市李氏另一支家谱字辈：
  穆明培大本　道远达怡香
阆中市李氏另一支家谱字辈：
  德玉先朝正　文章华国清
阆中市李氏另一支家谱字辈：
  上仲孟季　文治玄邦
  世必有子　国应宗昌
  远法近守　永正贤良

道崇德盛　厚笃伦常
恢弘先志　启迪辉光

西充县李氏一支家谱字辈：
□□□□□　光大辉明远
家清世泽灿

西充县李氏一支家谱字辈：
施元前辉

李氏一支家谱字辈：
秀毓英才

李氏另一支家谱字辈：
修文怀方忠

李氏另一支家谱字辈：
才成德思克季

李氏另一支家谱字辈：
林云世代碧化常

李氏另一支家谱字辈：
永华春茂　其本承田

李氏另一支家谱字辈：
永世正昌云　春光元天子
文武登大庭

李氏另一支家谱字辈：
云开长远逸　永简南封庄
文声庭而参　荣仕芳秀年

李氏另一支家谱字辈：
儒某事为诗　财富万代□
从手支春□　前遇直阳□

■ 内江市

威远县李氏另一支家谱字辈：
　　立志文章

威远县李氏另一支家谱字辈：
　　忠仁希尚

威远县李氏另一支家谱字辈：
　　多祥启意

威远县李氏另一支家谱字辈：
　　显国邦荣超

威远县李氏一支家谱字辈：
　　久远昌盛　富贵荣华
　　朝丞从重　永正家声

资中县李氏一支家谱字辈：
　　纲常克定　明庭增光
　　孝敬和顺　贞吉安康

资中县李氏另一支家谱字辈：
　　守金思大朝世之　时希木芳应先木
　　果茂正学文兴□　子洪昌万代永登

李氏一支家谱字辈：
　　万十一本清新　善良如自纯休

李氏另一支家谱字辈：
　　国正天兴顺　道德传家良
　　学士登魁首　荣华万载香
　　光宗思继述　世代发籍长
　　久远绵祖泽　永赖振纲常

李氏另一支家谱字辈：
　　桂荣盛昌茂　征应念仕升

李氏另一支家谱字辈：

　　华源文师　宗祖仁庭
　　永达逢茂　先安帮国
　　存德本良　立忠尚正
　　手绍道学　世延浮应

李氏另一支家谱字辈：

　　石友应文正　在鸣声远传
　　诗书宽玉后　忠孝永光前
　　道德开泰运　荣耀显朝庭
　　爵禄登上品　高攀启贤成

李氏另一支家谱字辈：

　　世有义文正　在红声远传
　　诗书宽玉后

李氏另一支家谱字辈：

　　仕友成耀　永光先德
　　朝廷鼎觉　集中春登

李氏另一支家谱字辈：

　　诗书誉厚　乐道真荣
　　前途达远　卓尔超群

李氏另一支（祖籍湖北省麻城县孝感乡）家谱字辈：

　　华源文师　宗祖仁庭
　　永达逢茂　先安帮国
　　存德本良　立忠尚正
　　手绍道学　世延浮应

李氏另一支家谱字辈：

　　国正天兴顺　道德传家良
　　学士登魁首　荣华万载香

　　　　　光宗思继述　　世代发籍长
　　　　　久远绵祖泽　　永赖振纲常
李氏另一支家谱字辈：
　　　　　大有成光明　　永银应昌云
　　　　　忠孝本元后　　修身治世平
李氏另一支家谱字辈：
　　　　　凤朝章连春　　正德定乾坤
　　　　　贤财匡盛世　　文武享华荣
　　　　　国忠能显达　　殿上选高明
　　　　　良田三聘虎　　富贵万代兴
李氏另一支家谱字辈：
　　　　　龙元荣恒廷　　永世家声远
　　　　　敦信从明昭　　书俭德纯训
　　　　　应光显继后　　启承达韶端

■ 遂宁市

射洪县李氏一支家谱字辈：
　　　　　家仁迟宣昌　　鸿光大永安
　　　　　国明珍世代　　福州胜天长
射洪县李氏另一支家谱字辈：
　　　　　本元有志得　　客家思以在
　　　　　光绪有重还
李氏一支家谱字辈：
　　　　　世太兴隆顺　　高明政佩天
李氏另一支家谱字辈：
　　　　　大友文明正　　福寿永康灵
李氏另一支家谱字辈：
　　　　　定光昭龙

李氏另一支家谱字辈：

廷方朝正治　万世永兴仁
祖德培根本　长乐富贵春

李氏另一支家谱字辈：

先遂正明应

李氏另一支家谱字辈：

旭才高明镜　登长建大中
宣仕元洪德　永远庆兴隆

■ 广安市

武胜县李氏一支家谱字辈：

火土金水木　灿在忠（钟）泽树
荣基建（键）致（治）　焕塘锡清才（材）
光明（铭）洪炳（柄）

武胜县李氏另一支家谱字辈：

世居功逢承汉　文光万延继仕
忠思德友必□　再敬宗元永和

武胜县李氏另一支家谱字辈：

世应永兴

武胜县李氏另一支家谱字辈：

志正元合　维登三成
必（学）自大方　才德永长
生洪盛世　望重明帮

武胜县李氏另一支家谱字辈：

光宗扬祖　隆盛荣昌
正家治国　贤孝纯良
才能增益　道德深长
久存世泽　永绍书香

武胜县李氏另一支家谱字辈：

　　　　文华再彦　斌子仕希（继）
　　　　弘（汝）应（有）登（春）芳　裕必志尚
　　　　光宗杨祖　茂（福）盛荣（尔）昌（康）
　　　　齐（正）家治国　世（克）佩（配）金章
　　　　贤能远迈　道德绵长
　　　　人才蔚起　永绍书香

武胜县李氏另一支家谱字辈：

　　　　成家大事开　艳世方刚登
　　　　富贵荣华美　万载久长春

武胜县李氏另一支家谱字辈：

　　　　登承佳大仕　开元正顺昌
　　　　钟祯继虞夏　道德永发长
　　　　鼎甲绵纯祖　春魁代荣光
　　　　纲常维家本　兰桂满庭芳

华蓥市李氏一支家谱字辈：

　　　　庭正天应国　宗尚一世代
　　　　荣华开永久　至德绍万邦
　　　　长春桂子远　义方有吉光

华蓥市李氏另一支家谱字辈：

　　　　乾坤永林仁　义世守道德
　　　　常成山岗武　继革其祖训
　　　　光前裕后显　阳清□□□

岳池县石垭长坝与三溪沟处的李氏字辈（相传三溪沟与长石坝交界处的李氏源自陇西，当年以三匹布买得此地，逐步壮大分支），历代相传家派字五十六字：

　　　　廷正占元大定崇　世代荣昌永兴隆

存忠敬孝乐为善　由义居仁胜积功
立志修身传道德　龙门鹿洞守家风
性天涵养培心地　裕俊光前耀祖宗

（陇西子孙自当照宗派词为德）至公元2010年2月20日，字派传至"隆"。

岳池县李氏一支家谱字辈：
文松逢先新林芳　时振飞继生元良
健代荣华永世昌

岳池县李氏另一支家谱字辈：
逢春思宗祖　永远大明朝
国正乾坤定　英雄世代超

岳池县李氏另一支家谱字辈：
其大元世永　发吉祥如义
登金邦后代　子孙昌□□

岳池县李氏另一支家谱字辈：
天国弘仕廷　茂青长发荣
世代继先祖　永远大德成

李氏一支家谱字辈：
恩大忠义长

李氏另一支家谱字辈：
文人善继　安邦定国

李氏另一支家谱字辈：
维嘉登朝世　万元胜德昌
天开可忠兴　成永先发良

李氏另一支家谱字辈：
登天国清顺　世代永景宏
碧大起昌远　连弹定万年

李氏另一支家谱字辈：

登天国清顺　世代永景宏
碧大起昌远　连弹定万年

■ 泸州市

叙永县李氏一支家谱字辈：

宗祖恩高大　朝廷拔上天

古蔺县李氏一支家谱字辈：

万尚月明邦　祥俸春疑仑
裕生先正世　在朝显宗支
文光常永秀　富贵定乾坤
象虎真龙现　远照振华臣
学初登科早　金榜有时辰
天恩武侯信　佑启发仁轮

泸县李氏一支家谱字辈：

觉廷朝天应　明连行详登
绍正有成作　光昭大德兴
英贤诗书重　选举用才能
世秀忠荣远　千秋万古承

泸县李氏另一支家谱字辈：

寿春奇维草　□□□元联
国朝长富贵　世泽永同天

李氏一支家谱字辈：

鑫梃绍　发朝德

李氏另一支家谱字辈：

一公开九道　万事共朝庭

李氏另一支家谱字辈：

国正家兴顺　可为世才能

毅廷道高泽　丽学秀基纯
光中继远万　代红春□□

李氏另一支家谱字辈：
洪之无天光　元汉正太□
清朝文学定　士德敬云章

李氏另一支家谱字辈：
柏智显荣春　洪正国家恩
天运宗福德　永远一朝廷

李氏另一支家谱字辈：
吉国真赢氏　如忠万大川
天朝光正有　思明文之安

李氏另一支家谱字辈：
万有继见　奇靖士寅
光辉祖德　运啟永昌
宗万国春　山秀维阳
世玉龙□

李氏另一支家谱字辈：
寅光辉祖德　运启永昌宗
万国春山秀　维阳世玉龙

李氏另一支家谱字辈：
玉秀佐钦庭　子云山林蒙
世德光宗祖　祥林永耀先
才权君显大　辅佐又良贤

■ 达州市

达县李氏一支家谱字辈：
君亲林贵才　元明清应开

宣汉县土黄镇李氏一支家谱字辈：

　　　　　显大名有德　仁才登正学
　　　　　嘉级尚朝廷　仕智道祖宗
渠县李氏一支家谱字辈：
　　　　　显章联科吉
渠县李氏另一支家谱字辈：
　　　　　从广至渝落渠化
渠县李氏另一支家谱字辈：
　　　　　顺世应长茂　高腾秀廷章
　　　　　宗仕仲万瑞　国玉永广昌
　　　　　旭日真正烈　我生在其行
　　　　　谷佑番家子　周优发久祥
渠县李氏另一支家谱字辈：
　　　　　一文中有尚　维世国永昌
　　　　　人才长显达　经济正朝纲
大竹县李氏一支家谱字辈：
　　　　　大宗尚世　成占一明
　　　　　朝献祥瑞　代笃忠贞
　　　　　汉茂元赞　普育俊英
　　　　　培仁树德　本立道生
大竹县李氏另一支家谱字辈：
　　　　　克昌天祚在德
大竹县李氏另一支氏家谱字辈：
　　　　　成占一明　朝献祥瑞
　　　　　代笃忠贞　汉茂元赞
　　　　　普育俊英　培仁树德
　　　　　本立道生
大竹县李氏另一支家谱字辈（湖南宝庆府武刚洲车塘

铺大字坪祖籍字辈）：

廷伏朝才子　定仁义智信
要正天心顺　原代万世昌
惟良又载兴　应耕要登基
云开红日在　泰青永元学

（现用字辈）：

廷伏朝才子　子定仁义信
国正天心顺　惟良永载兴
道德开嘉运　诗书启世英
文明傅奕代　富贵共升恒

大竹县李氏另一支家谱字辈：

德盛元文科登第　允显方名承宗志
映（英）俊相联首先学　克大其家隆
万世

大竹县李氏另一支家谱字辈：

世德渊源　家学鸿黉
恩泽深远　拱公绍长
明维奕祀　良士永芳
本立应万　继绪思皇
昭兹嗣服　有时克昌
人文尉起　上佐玉堂

大竹县李氏另一支家谱字辈：

仕政安强　国治永太
万代荣昌

大竹县李氏另一支家谱字辈：

文朝礼仁万　国政绍元和
忠良逢盛世　贤孝应登科

　　　　　诗书继孔孟　道德维纲常
　　　　　传经以启遂　凡是兆嘉祥
大竹县李氏另一支家谱字辈：
　　　　　永卿可师必有成　天开文远子万林
　　　　　能作孔周机智点　子带儒为席上珍
　　　　　信修佳谱德泽厚　绵远根深曰长荣
　　　　　继全宗祖建功业　一族英豪展光明
开江县李氏一支家谱字辈：
　　　　　思（昱）仕再彦应　子必永文（承）得
　　　　　才仲仁有世　嘉正大国芳
　　　　　天开沛春明　志能上朝廷
　　　　　三元光先代　德泽显宗荣
开江县李氏另一支家谱字辈：
　　　　　天开沛春明　志能上朝廷
　　　　　三元光先代　德泽显宗荣

■ **眉山市**
洪雅县李氏一支家谱字辈：
　　　　　嘉传道德
仁寿县禄加李氏：
金德公房字辈：
　　　　　孔孟圣贤志，百家贵朝元
　　　　　金银自传世　福寿永心田
　　　　　根深枝必茂　发达应光前
元烈公房字辈：
　　　　　孔孟圣贤志　百家贵朝元
　　　　　经学书香远　忠孝世泽绵
　　　　　修身能治国　积德应光前

根深枝益茂　源俊流愈长
福田宜广种　禄位寿永昌

仁寿县李氏一支家谱字辈：
普世万成　茂正大光
明有龙先　富贵荣华
安帮定国　意统山河
运转乾坤

仁寿县李氏另一支家谱字辈：
培植荣茂蔚　林盛永久青
技高为吉庆　万襧代有兴

仁寿县李氏另一支家谱字辈：
少元天开泰　永世万邦青

仁寿县李氏另一支家谱字辈：
绍元天开泰　永世万邦钦

仁寿县李氏另一支家谱字辈：
正大光　明友龙

仁寿县李氏另一支家谱字辈：
天潢蕃派衍　水本溯源渊
慈利李氏□　天简孟达新
蓝勋仲纪道　万载永长春
祖绪名经锡　景思先则后
运祚宏启昌　元善吉祯祥

仁寿县李氏另一支家谱字辈：
祖崇应必兴　师源本万土
有学可山荣　永新尚安政
帮治仕登朝　文儒从先世
子学光明庭

李氏一支家谱字辈：

　　　　金崇玉仲云先德　功顺名成赵国图

李氏另一支家谱字辈：

　　　　□□应洪清　明月兆乾坤

李氏另一支家谱字辈：

　　　　廷春桂大凤　如意茂启崇
　　　　天朝君恩仲　万世谷登荣

■ 宜宾市

南溪区李氏一支家谱字辈：

　　　　共子成川升　洪世绍荣

兴文县李氏一支家谱字辈：

　　　　丕安福吉水　忠孝文仲邦
　　　　思尧清春美　祥发百代康
　　　　自修成存泰　学道善体强
　　　　龙朝天玉凤　绍元茂志芳
　　　　一正大光明　洪应寿永昌
　　　　祖宗全德远　英雄世开长
　　　　兴书从容国　双乡枝秀良
　　　　恩泽定家庆　儒林万魁堂

长宁县李氏一支家谱字辈：

　　　　可应田方　华国共湘
　　　　清登茂文　世代荣昌
　　　　家秀增良

高县庆符李氏一支家谱字辈：

　　　　朝乔贞光旭　尔松合山元
　　　　文运天开远　诗书世泽长
　　　　道德培国本　忠孝振家声

江安县李氏一支家谱字辈：

　　　　光天绍正永　文林盛世其
　　　　春元朝万国　先开登地芝

江安县李氏另一支家谱字辈：

　　　　正永文林胜

筠连县李氏一支家谱字辈：

　　　　汉朝宗祖　贵义必荣
　　　　子思文廷

筠连县李氏另一支家谱字辈：

　　　　正道维守和顺　长存敦仁从本
　　　　怀德永兴代有　祥泽世载勋明
　　　　印龙红玉诗书　学海福寿乾坤

李氏一支家谱字辈：

　　　　上（尚）清仁义家　□□世□□

李氏另一支家谱字辈：

　　　　粤万龙逢　元顺嘉扬
　　　　天开文运　永世荣昌
　　　　敬宗曾祖　德泽绵长
　　　　光明正大　定国安邦

李氏另一支家谱字辈：

　　　　明进君长用　经纶正大光
　　　　文昌恒德远　鸿开国永安
　　　　世泽培新守　钟荣定朝章

李氏另一支家谱字辈：

　　　　宗仁仕文昌　世才必代荣
　　　　清华永富贵　万明定元兴

李氏另一支家谱字辈：

遇添柯然方　大正永世昌

道德传家良

■ 雅安市

汉源县李氏一支家谱字辈：

正如启崇　锡绍成志

■ 资阳市

安岳县龙台镇茗山坝李氏一支家谱字辈：

世臣恒有永　朝廷万代兴

祖德文明远　忠孝显家声

安岳县姚市镇方家坝李氏一支家谱字辈：

代万厅同天　宗时芳裕先

显永彦德建　登朝著士明

安岳县姚市镇石马沟李氏一支家谱字辈：

时维万春木　登国正长兴

光宗荣耀祖　安民在朝廷

安岳县毛家镇张家堰李氏一支家谱字辈：

本廷永天　光长胜文

明世□□

安岳县白塔寺乡龙家沟李氏一支家谱字辈：

成万文登春　光宗世泽长

功德召福祉　甲第显家邦

安岳县天林镇黄伞铺李氏一支家谱字辈：

巨正锡天　文玉明光大

安岳县周礼镇正街李氏一支家谱字辈：

廷宝文瑷宴　如元世德长

光宗荣贵子　耀祖继春芳

安岳县周礼镇吉德村月晓坝雷公庙李氏：

源流字派：

　　春之国文　若登芳秀

新增字辈：

　　茂廷兴永　迪光万代
　　元荣修宗　德存厚安
　　仁世泽长

安岳县千佛乡老人沟李氏一支家谱字辈：

　　万良启之应文广　笔高选本仲长轲
　　世河大聘时文龄　芳天芝发荣昌盛
　　世泽远春华时秀　永兴长品珍才重
　　国朝选根深枝茂　正芬香□□□□

安岳县驯龙镇七房沟川主庙李氏一支家谱字辈：

　　逢春思宗祖　永远大明朝
　　国正乾坤定　英雄世代超
　　文华长蔚起　克绍映光调

安岳县通贤镇帽壳寨李氏一支家谱字辈：

　　文才必仲仁　登朝绍祖先
　　世大明友甲　芳职懋长春
　　福万自邦时

安岳县八庙乡张家沟李氏一支家谱字辈：

　　世廷置学登昌君　正明盛开国□□
　　通长发承家定兴

简阳市李氏一支家谱字辈：

　　先时云朝廷　安邦定国平
　　云章□□□

雁江区丹山镇李伸沟李氏：

老班字辈：

　　　　　　伸伯祥登经万世　朝泰先扬应九祖
　　　　　　思魁枝国言吉地　昌隆永德重纯武

新班字辈：

　　　　　　天正开宗洪上泽　元良绍代治邦家
　　　　　　光明显大兴贤孝　文学全成定荣华

再续字辈：

　　　　　　金刚强胜始实载　智勇双齐冠中英
　　　　　　施道有术年长久　宏图展现美名传

安岳县李氏一支家谱字辈：

　　　　世代文章祖

安岳县李氏另一支家谱字辈：

　　　　民安国　自太家

安岳县李氏另一支家谱字辈：

　　　　国必世昌小荣

安岳县李氏另一支家族字辈：

　　　　林胜永久清

安岳县李氏另一支家族字辈：

　　　　荣华富贵春

安岳县李氏另一支家谱字辈：

　　　　元长文　成宗泽

安岳县李氏另一支家谱字辈：

　　　　万年再通光　世代红开显

安岳县李氏另一支家谱字辈：

　　　　光可怀仁再　知昌胜贵□

安岳县李氏另一支家谱字辈：

　　　　国献真祥瑞　时洪正吉昌

安岳县李氏另一支家谱字辈：

景李必文　奉廷学林
长作玉大　世升代恒
培成茂华

安岳县李氏另一支家谱字辈：
恒鸿周国　明眸沧桑
节良品正　睿智逐强
心寰浩宇　百世留芳

安岳县李氏另一支家谱字辈：
华时应有　文才必仲
仁义智信　正大光明
克承先绪　世代荣昌

安岳县李氏另一支家族字辈：
廷朝应思丹　子天闻国政
志绪永维宗　登城兴隆顺

安岳县李氏另一支家谱字辈：
万事一本　清新善良
如自纯修　光在上学
志定有俊　才超天大
开文运承　思辅盛朝

安岳县李氏另一支家谱字辈：
太司千万应　茂必仁仲志
大慕兴富贵　安邦定国显
世代永朝庭　荣宗吉瑞庆
耀祖获祯祥　孝弟唐虞远
诗书孔孟长

安岳县李氏另一支家谱字辈：
朝廷印信正　仕如子大成

兰林恒年秀　桂院月长青
    芬呈舒敬永　芳敦时化纯
    伯元开世儒　文运应先宗
    海清明圣作　国祚景象升

安岳县李氏另一支家谱字辈：

    大福智忠信　文才必仲行
    国德应有庆　世守常增培
    孝顺绵基绪　诗书启俊□
    若能立邦本　定可振家声

安岳县李氏另一支家谱字辈：

    元亨利增　荣华富贵
    福寿康龄

李氏一支家谱字辈：

    天生一上果　春前玉质杨
    良材成利用　永世有奇观

■ 巴中市

冕宁县李氏一支家谱字辈：

    基正沛本涣

会东县李氏一支家谱字辈：

    英俊贤良泰　荣华富贵昌
    首源应天远　世代永贞祥

李氏一支家谱字辈：

    习自公景庭　世荣光一本
    德盛积三多　为人忠友孝
    成家聚太和

李氏另一支家谱字辈：

    明仁真升开　世国正朝廷

永定清太茂（孟）　一统千万年
发达其昌远　荣贵贤奇（齐）祥

■ 四川省境内其他支系

奉邑李氏一支家谱字辈：
　　　　光国玉之大　忠孝家传远
　　　　诗书启象贤　科名鸿世绪
　　　　盛泽卜长年

四川东部李氏一支家谱字辈：
　　安邦定乾坤

四川南部李氏一支家谱字辈：
　　德安明越

四川南部李氏另一支家谱字辈：
　　朝元先庭维仕林　文宗弟子胜聪明

四川南部李氏另一支家谱字辈：
　　朝元先庭维仕林　文昌定国胜聪明

四川南部李氏另一支家谱字辈：
　　元天怀春清　洪公树四川

四川南部李氏另一支家谱字辈：
　　繁昌仕禄永　九华国文章

四川南部李氏另一支家谱字辈：
　　　　铸长品大　朝毓繁昌
　　　　世禄永久　华国文章

李氏一支家谱字辈：
　　兴本自修

李氏另一支家谱字辈：
　　文章富贵

李氏另一支家谱字辈：

　　　　　文朝述先伟

李氏另一支家谱字辈：
　　　　　开春正太祥明

李氏另一支家谱字辈：
　　　　　秀挺章宗　仁终万瑞

李氏另一支家谱字辈：
　　　　　坤文国正　大维子思

李氏另一支家谱字辈：
　　　　　德兆希守宗　文光培邵树

李氏另一支家谱字辈：
　　　　　文昌景运开　德盛光华尽

李氏另一支家谱字辈：
　　　　　天如崇廷荣□　万光文朝忠开

李氏另一支家谱字辈：
　　　　　万世昌隆　君子之德
　　　　　永在朝中

李氏另一支家谱字辈：
　　　　　高大文光　祥云五彩
　　　　　日月辉伦

李氏另一支家谱字辈：
　　　　　国文向其春　心正是子（瑞）荣
　　　　　宗之必永胜　光大为家庭

李氏另一支家谱字辈：
　　　　　积普可启清　公玉鸿光国
　　　　　春林新盛世　定显祖先奇

李氏另一支家谱字辈：
　　　　　其家枝选文　永登广朝守

　　　　国正天心顺　官清民自安
　　　　妻贤夫祸少　子孝父思宽
李氏另一支家谱字辈：
　　　　其文忠福井　百万兴庭大
　　　　朝臣芳楚玉　治国定安邦
李氏另一支家谱字辈：
　　　　仁公茂光元　亨能继唐传
　　　　承肇仙（三）咨（代）统（祖）
　　　　宗德永齐天
李氏另一支家谱字辈：
　　　　首李元仕昌　博厚高明久
　　　　温良恭俭让　永远万世兴
李氏另一支家谱字辈：
　　　　先甲太环龙　元正光泽忠
　　　　从兴来立德　依古福为功
　　　　忠孝转家久　诗书最世宏
李氏另一支家谱字辈：
　　　　一举登甲第　光宗万戴兴
　　　　贤名承祖德　隆遇达天廷
李氏另一支家谱字辈：
　　　　承先继述　世代兴荣
　　　　天锡洪文　家国显庆
李氏另一支家谱字辈：
　　　　良登□□□　守自应贵廷
　　　　之秉长建有　鸿瑞德玉兆
李氏另一支家谱字辈：
　　　　其家枝选文　永登广朝守

　　　　国正天心顺　　官清民自安
　　　　妻贤夫祸少　　子孝父思宽
李氏另一支家谱字辈：
　　　　积普可启清　　公玉鸿光国
　　　　春林新盛世　　定显祖先奇

明末由陕西关中迁四川宜宾市高场镇一支李氏

"湖广填四川"的历史可以分为两部分，最早追溯至元末明初的"移民实川"，其后是明末清初的大量移民实川，溯吾李氏祖籍源于关中，在今陕西省西安市附近的三原县一带。明末李明朗、李明焕、李明世，李明钟四弟兄，宦游湖广、长沙府等地，又徙居湖北江汉道黄州府属麻城县，孝感乡李家村。迨至明代将末，入川始祖明焕公弟兄四人由楚入蜀，家住叙州府（今宜宾市）城北门外吴家坎忠孝楼，后因家计困难而各奔东西。长兄明朗去成都府属温江县三渡口文家场寄寓，次兄明世公上嘉定府（今乐山市）属犍为县城内寄住，四弟明钟也去嘉定府夹江县谋生；唯吾始祖明焕公，则携家抱垦宜宾县治北的统山乡镇子坝（今宜宾县高场镇）地方耕种维生。

清康熙年间由北京泰和桥迁重庆一支李氏

始祖李其南原籍系北京泰和桥迁江西再迁湖广宝庆府，生有一儿子李讳圣，直至12代李长卿于康熙51年移至重庆府。始祖李长卿。排序：其讳叔敬，应文郁楚，逢耀芳长生，绍承光组德，天开恩惠泽，明月照儒荣。

遂宁市凤台坝李氏

凤台坝《李氏家谱》序

木有本，水有源，寻根问祖是人一生之大事。李氏一族自始祖李耳发源已有三千年历史，经世代繁衍，生生不息，人丁兴旺。重建凤台坝李氏宗祠是将李姓子孙紧密团结起来，共同缅怀祖先，学习祖先尊老爱幼、热爱宗族、热爱人民、热爱国家热爱党的伟大情操。

抚养子女可朝朝夕夕，孝敬父母可岁岁年年。然而，建祠安祖更是适逢盛世的千秋功业，它是先祖神灵的召唤，更是我们义不容辞的神圣职责和光荣使命。

▲ 凤台坝李氏祭祖掠影

因种种原因，多年来，凤台坝李氏宗祠早已荡然无存。故此正式向族亲发出倡议：恳切希望李氏族亲随缘乐助，共襄盛举，在祖地重建一座"凤台坝李氏宗祠"。凡使用"奕业秉正常，崇信道遐昌，绍祖德远大，永克纪前光"二十字派的宗亲均系凤台坝李氏宗祠先祖之后裔，并将二十字派的凤台坝李氏房派的开基李氏始祖祀奉。对历史上各个时期为人类社会做出贡献的李氏祖先建祠纪念，可谓顺应了时代潮流，也符合广大李氏族亲的心愿。

重修建凤台坝李氏宗祠乃系我凤台坝李氏族亲千秋功业，意义重大，影响深远。为使凤台坝李氏宗祠早日建成，加之重修凤台坝李氏家谱也是一个十分耗费人力物力的浩大工程，诚望全体族亲积极响应，踊跃捐助，群策群力，共襄盛举。使祖先早日安卧于华堂，了却千万裔孙崇宗敬祖之心愿！

重建凤台坝李氏宗祠临时理事会
公元二○一一年三月二十七日

云南省

■ 曲靖市

会泽县李氏一支家族字辈：

有仕东应春　国占阳朝兴

会泽县李氏另一支家族字辈：

福泽传万世　平明永德顺
文武安天下　中华本卫尊

李氏一支家族字辈：

自树权宪坤　波涛冲世平

李氏另一支家族字辈：

源宗先泽远　定时义顺长
树德为仁厚　根本大吉昌

李氏另一支家族字辈：

福本迎国光　仙朴平鹏扬
春芬崇根茂　德永济朝唐
居家承孝友　盛世选忠良
克昌纯祖武　鸿文绍宗繁

■ 玉溪市

李氏一支家谱字辈：

龙开国正天新顺

■ 保山市

腾冲县叠水李氏一支家谱字辈：

自立根肇守　诚振本性生
天其钟有庆　端显永炳文

腾冲县青乔李氏一支家谱字辈：

自维天端　立家其显

根本中承　希性有炳
成生庆文

■ 昭通市

水富县李氏一支家谱字辈：
发家仕林汝

大关县李氏一支家谱字辈：
世开嘉述永　为柏应正光
明远章帧廷　国泰平安康

威信县李氏一支家谱字辈：
辉枝柏永　章鳌应先
如良凤仕　承廷正肇
文学朝宗　世发洪鸣

镇雄县李氏一支家谱字辈：
英贤毓朝秀　蓝贵永家升

镇雄县李氏另一支家谱字辈：
道千凤龙堂　金玉满起场
天德维庭泰　绍正子文方

永善县李氏一支家谱字辈：
桂元世大洪恩宗

永善县李氏另一支家谱字辈：
汉高斯昌大　家到文成兴

李氏一支家族字辈：
世代元远盛

李氏另一支家族字辈：
明家必洪开　登朝廷正云

李氏另一支家族字辈：
友克登南和　林广在太

贵闪文光□

李氏另一支家族字辈：

孝地光天道　诗书法正兴
贤人兼吕利　永远振家声

李氏另一支家族字辈：

高显应明宗　祖先持维茂
文绍仕朝廷　永远万世兴

李氏另一支家族字辈：

时吾逢金国　起始明选知
中茂汝朝正　士（仕）文有志再
登世□□□

李氏另一支家族字辈：

广开仕德停　源发武陵声
仁孝昭扬豫　显荣万启廷
林之先洪明　亮元思泰清
缙绅观上国　一统富贵春

李氏另一支家族字辈：

方龙柏翠国　文元为堂珍
英贤毓朝秀　兰桂永家声
清去登高富　光发远万年
天和思泰应　俊德建克宗
大成定兴邦　仁怀宣开祥
肇庆启道学　康达显壁扬
君正明瑞彩　义智仕泽长
孝顺能昌盛　良善全世先

■ 楚雄彝族自治州

李氏一支家谱字辈：

春仁应（映）才

■ 文山壮族苗族自治州

富宁县李氏一支家谱字辈：

廷世文兴　从现应锦

承山如明

广南县李氏一支家族字辈：

仁和朝永远　国品栋贤良

广南县李氏另一支家族字辈：

在思学廷占　成向贤子天

李氏一支家谱字辈：

季嗣云庆　文春有必

光明传世　德安邦定

国显朝廷

李氏另一支家谱字辈：

季嗣云昭通　祖宗凤郁善

乐仁正本春　时方开元泰

奇茂兆生成　孝友忠和信

节义智廉能　敬胜宣端哲

文章冠道经　世济升隆景

名昭邦国新　徽猷当益盛

圣武绍令闻　秀彦思昌炽

伟硕更蕃馨　清香愈华美

瑞品庆加珍　高瞻如珠佑

厚福必恒临　甲乙长相继

永远振朝廷

■ 云南省境内其他支系

李氏一支家谱字辈：

章世如文王

李氏另一支家谱字辈：
永福金朝炳顺吉

李氏另一支家族字辈：
克秉友开端　凤龙运际昌

李氏另一支家谱字辈：
祖德光明大　福禄映春晖

李氏另一支家谱字辈：
克秉友开端　凤龙运际昌

李氏另一支家谱字辈：
传家孝友　经国文章
明成得宁

李氏另一支家谱字辈：
文正魁高翠　荣华世代昌
绍国忠良和

李氏另一支家谱字辈：
丛文明众世　清春朝安顺
义自正乾坤　长能胜记清

李氏另一支家谱字辈：
天文云建祥　登洪兴齐良
朝凤战仕国　廷开贵玉堂

李氏另一支家谱字辈：
仕文武国中尚元　金玉兴隆永帧祥
才汉豪杰显育秀　富贵英华大吉昌

李氏另一支家谱字辈：
茂庆宽光厚　义祥家政兴
居能鸿远盛　德志炳宗祯

贵州省

■ 贵阳市

清镇市李氏一支家谱字辈：

起发连天府

李氏另一支家谱字辈：

胜永清绍迁　宅永正怀少
学畅释俸迭　蒙社日树连
翰振广瑞芝　紫映满天兰
桂腾芳萱　小宜攻词海
若科中相元

■ 六盘水市

水城县李氏一支家谱字辈：

国正元庆广　忠良志家邦
福朝天上启　开基百世昌

六枝特区李氏一支家谱字辈：

光天化月照　鸿先喜泰尧
才发兴隆茂　林应登文朝
忠厚传家远　开祥重得尊

六枝特区李氏一支家族字辈：

兴秦仁大礼　文子茂长
仙源启世泽　万代诗书香
宗支成名聚　金玉永发芳

■ 遵义市

湄潭县李氏一支家谱字辈：

吉兴方正　安堂映庭
向尧开天　道德永存

太宗定业　世代光明

湄潭县李氏一支家谱字辈：

　　　　大洪德国珍　玉文学光廷

　　　　开元均仁庆　繁宗成龙海

　　　　树立永远长

绥阳县李氏一支家谱字辈：

　　　　品恒开芳　长发其祥

　　　　树荣枝茂　永焕天章

　　　　道经傅代　文化显扬

　　　　明德守本　继承恩光

桐梓县李氏一支家谱字辈：

　　　　廷朝凤爵禄　荣贵定馨香

桐梓县李氏一支家谱字辈：

　　　　应文登子曰　光宗世荣

　　　　才元民政

仁怀市李氏一支家谱字辈：

　　　　正大光　明显贵

李氏另一支家谱字辈：

　　　　国正天星顺　官清贵治安

　　　　贤良忠义福　德碧永长宽

李氏另一支家谱字辈：

　　　　仁义道德兴　元亨永利贞

　　　　诗书育英贤　安邦定乾坤

李氏另一支家谱字辈：

　　　　天文智彭先　玉开春庭明

李氏另一支家谱字辈：

　　　　玉庭友辅芳圣单　国扬成正文

先仁昭茂德　从兹沛泽长
祖宗光明远　永世发荣昌
达志安天宇　英才超群杰

李氏另一支家谱字辈：
从仕延应怀　玉明大尚显
宗清平宣忠　富贵春栋良才

李氏另一支家谱字辈：
大凤昌文松　子金尚仲廷
时启维朝国　成世有荣升

■ 铜仁市

江口县桐木董李氏一支家谱字辈：
时思本宗　万世兴隆
茂昭祖德　永代云昌
家传逢盛御　士克树经光
汝继超明彦　中华要图强

■ 毕节市

大方县李氏一支家谱字辈：
广芳天甫坤应文　占永朝中正泽庭

大方县李氏一支家谱字辈：
林德宗贵占仙庭　继世显扬祖泽新
孝友传家从作善

金沙县李氏一支家谱字辈：
时朝茂自年　忠心仕学开
元正大光明　安国定朝庭

李氏另一支家谱字辈：
武应时维玉　天思枝廷华
先唐国政永　源远世其昌

诚克赞祖绪　光昭道德兴
　　　　　绵长厚福泽　必大启家声
李氏另一支家谱字辈：
　　　　　武应时维玉　天思枝廷华
　　　　　先唐国政永　源远世其昌

■ 黔西南布依族苗族自治州
兴义市李氏一支家族字辈：
　　　　　时德家和万事昌　鑫斯衍庆应朝堂
　　　　　兴仁重义思前代　英辈丛生盛虞唐

■ 黔东南苗族侗族自治州
台江县李氏一支家谱字辈：
　　　　　万世廷封天

■ 黔南布依族苗族自治州
龙里县李氏一支家谱字辈：
　　　　　荣保长方卓
福泉市李氏一支家谱字辈：
　　　　　山依益世雨　继学仰锦品
　　　　　国公天水茂　元德振家声
　　　　　大本先忠孝　从延发正音
　　　　　诗书登甲第　礼仪习光兴
荔波县李氏一支家谱字辈：
　　　　　道德起明星
兴义市鲁屯款达李氏一支家谱字辈：
　　　　　国政朝永安　仕代开奇昌
　　　　　天生才子贵　文学万年光
　　　　　一品定轩辕

贵州省境内其他支系

李氏一支家谱字辈：

国世贞天祖　永远佐朝廷

李氏另一支家谱字辈：

国正天兴顺　官清民自安
妻贤夫祸少　子孝父心宽

李氏另一支家族字辈：

万方龙元天　学高先宗德
国正永安定　世代玉朝军

李氏另一支家谱字辈：

光春庭怀永　世大正成昌
本志先宗茂　年念少贵芳

李氏另一支家族字辈：

明之子庭凤　忠洪福世文
光正大兴国　德义传厚仁
继承万代盛

李氏另一支家谱字辈：

志天仲崇　万应世兴

李氏另一支家谱字辈：

长文兴庭　志有发光

李氏另一支家谱字辈：

春贵文成本　应朝发家祥
世德行正显　恩光锡永长

李氏另一支家谱字辈（自四川小地名鸭池河迁来）：

仕□才文富　□□人主远
朝廷正学选　安国定永昌
□□同先至　世大宇宙长

李氏另一支家谱字辈：

朝应纯中克　元文天必德

家兴定永长　荣显达邦国

李氏另一支家谱字辈：

国正天兴顺　官清民自安

妻贤夫祸少　子孝父心宽

李氏另一支家谱字辈：

鸿印文庭开　永志国安邦（开远志国长）

李氏另一支家谱字辈：

可德祖世登　李朝廷颜国

天顺永长春　齐建中原定

人宏万代兴

李氏另一支家谱字辈：

天光昌盛秀　鼎新超泽长

华国启文章　克绍先之美

家应成井福

李氏另一支家谱字辈：

清子庆祖宗

李氏另一支家谱字辈：

如用德开　友重方吉安；

大利天长远　朝廷庆极端

李氏另一支家谱字辈：

天成国　生时逢春景

毓秀崇祯发

来自大槐树·李氏姓氏字辈考

安顺市西秀区东屯乡西屯村李氏

▲ 西屯村李氏始祖李鼎墓

▲ 西屯村李氏始祖李鼎墓全景

▲ 李氏捐资修墓纪念碑

明故始祖李公讳鼎妣罗氏之坟墓，碑文对联："坐交椅浩气贯日月，望群峰文光射斗牛。后裔繁昌。"

一八〇二年建碑，因年久残缺，文亦不明，一九九〇年二月重立。

陕西省

■ 西安市

高陵县李氏一支家谱字辈：

光前经学懋　裕后义方明

断述自贤哲　家声日显荣

■ 咸阳市

李氏一支家谱字辈：

世景祖德　孝道可嘉

时开万福　位必高华

■ 汉中市

西乡县李氏一支家谱字辈：

正日大光明　增发文章成

占得魁必仲　永做国忠贞

李氏另一支家谱字辈：

光天孟树

李氏另一支家谱字辈：

作芳树阳建

李氏另一支家谱字辈：

荣登国正　福隆兴嘉

■ 渭南市

陇西堂李氏蒲城县丰山李氏一支家谱字辈：

景摹相传广远　丰隆万代文昌

陇西堂李氏初定派语李氏一支家谱字辈：

经纶道节展奇才　辅佐天家登相台

宪章祖训扬先泽　洪起心传庆方来

重定派语：

经纶承祖泽　光裕振家声

肇建洪模永　宗支裔代荣

通谱班次：

享叙传谟典　洪基肇吉安

泰和家政协　鼎甲焕新班

陇西堂李氏一支家谱字辈：

荣祖显宗　大德永福

左昭右穆　至道崇仁

陇西堂李氏另一支家谱字辈：

国正添必茂　高腾秀起彰

宗荣征瑞庆　祖泽远光昌

德盛繁家祉　修悠发久祥

于时增振耀　弈稷衍其行

■ 安康市

李氏一支家谱字辈：

仕盛朝相明

李氏另一支家谱字辈：

铭鼎克振（正）仓　选远耀祖康

李氏另一支家谱字辈：

忠诚道德　文明起运

华盖正昌

李氏另一支家谱字辈：

仕文武国中尚元　金玉兴隆永帧祥

才汉豪杰显育秀　富贵英华大吉昌

李氏另一支家谱字辈：

风崇璋之德　勋墀士相汝

焕坤钰泳烨

榆林市榆阳区李府沟村李氏

▲ 李府沟村李氏祭祖

李府沟村《李氏族谱》序

国家有史,述朝代、记政事;地方有史,明沿革,载土风;家族有谱,考世系,识宗支。此三者构成一完整体系,为华夏历史三大组成部分,记述中华民族繁衍生长之历程。史、志、谱或互相印证,或补缺钩沉,相得益彰,流传千古,实为我国传统文化一大特色也。我国民族素重血缘、亲缘、乡缘之关系,历时既久,形成强烈之宗族观念、乡土观念,进而融合为国家观念,此我民族之所以具有强大凝聚力,历五千年经久不衰之奥秘所在也。谱牒者,详生没,记葬处,别亲疏,睦宗族。自宋代以来,儒家认为先祖的嘉言懿行不宜听其湮没,家族世系不可以无考,亲族齿序不可以无稽。据考证,榆林榆阳区、横山区、佳县、靖边县、米脂县、子洲县、内蒙古鄂尔多斯市乌审旗等地榆林李府沟李氏后裔原祖籍陇西成纪(今甘肃省秦安县郭嘉镇槐树川村),系汉名将李广之后。隋唐时期,追随族人李渊、李世民父子(李渊、李世民父子系李广之后)迁徙到山西;后从山西大槐树移民,到陕西榆林李府沟。永乐十二年(1414),榆林李氏家族立祖人李旗携妻赵氏离晋入秦,落户榆林李府沟。历史上榆林市李氏先祖曾两次续修家谱。原家谱李氏宗辈如下:其(一世),艾(二世),谓(三世),伟(四世),同(五世),广(六世),成(七世),世(八世),维(九世),继(十世),锡(十一世),进(光)(十二世),宗(龙)(十三世),自(治)(十四世),德(登)(十五世),文(秀)(十七世),国(兰)(十七世),天(枝)(十八世),元(十九世),加(二十世),生(二十一世),发(二十二世),长(二十三世),锦(二十四世),和(二十五世)。

横山县魏家楼镇李家山村李氏在榆阳区曹家圪村共有六块老坟地,此六块祖坟地分别位于曹家圪村的坟塌、树阳塌、胶泥梁。

西安市户县渭丰乡定舟村李氏

▲ 定舟村李氏祭祖

▲ 定舟村李氏祖碑

定舟村《李氏族谱》序

陕西省西安市户县渭丰乡定舟村军籍李氏一族者，祖讳不详，江南人氏，元末于安徽凤阳随朱元璋起兵，灭元兴明，后充秦王朱樉部陕西西安右护卫前所指挥使。筑墙安民，拱卫西北，精忠报国。明洪武削藩，遂屯田世居户县定舟村。先祖勤耕农事，淡泊明志，乐善好施，孝仁乡里，德泽后裔，绵延万世。明弘治十一年（1498）呈王村胜光寺巨钟铸有先祖李果等功德芳名。明万历十二年（1584）三月三日仕务，仕云，仕会弟兄奉母骆氏命为村北无量庙舍香炉。李氏后裔亦有迁徙村外者。民国二十二年（1933）《户县志》述，江元妻邓氏携子世贵迁居什王村事。自屯田定舟始凡六百余载，耕读传家，繁衍生息，今历二十六世，共计八十五户，人三百六十五口。子孙在工农仕学商等行出类拔萃建树颇丰。二〇〇五年清明节，编族谱，合族百余人齐聚祖茔恭祭先祖。二〇〇九年四月十九日和五月六日《三秦都市报》和西安电视台先后报道宗族先辈事，惟望谨遵族训：孝父母，和兄弟，睦宗族，禁非为，亲和谐，勤读书，爱国家，建伟业等。祖德宗功千载泽，子承孙继万年春。祖茔居村西北方，昔日被平毁，今岁欣逢盛世，李氏后裔，清本正源，弘扬祖德，勒石旌表，以资纪念。

中国书法家协会会员、西安书法家协会理事、户县文联副主席邑人高雍君书丹，本族二十四世孙李景宁顿首撰文，富平县刘龙刻石

公元二〇一〇年清明节穀旦

西安市阎良区关山镇察理村李氏

▲ 察理村李氏家谱

据关山镇察理村李氏《李氏家谱》记载，其祖上为山西洪洞县人，明洪武初年避兵乱而迁移到临潼清河黑策桥边华理村（今属临潼区徐杨乡）。数代后，始祖李绣考虑到后嗣欲兴，须观风水，所以"详察地理"，择土而居，遂迁居于此。此为察理村名之由来。

察理李氏一族明代即有家谱，明末毁于兵燹。现存察理《李氏家谱》创修于清康熙三十七年（1698）李氏十二世孙李钟宸之手，后经嘉庆三年（1798）、道光二年（1822）、光绪三十二年（1906）、民国三十年（1941）四次续修。

阎良历史名人李虎臣祖上源出察理李氏，在清中期以前自察理村迁到武屯镇房村堡。另外武屯镇任张村的李氏也是从察理迁出的。

宝鸡市岐山县蔡家坡镇草坡村书房沟李氏

▲ 草坡村书房沟李氏寻根碑

陕西岐山县蔡家坡镇草坡村书房沟李氏,据李氏家族寻根碑记载,这族李姓是咎繇的后裔,咎繇生于山西洪洞,为虞舜时代的理官,因为古代"理""李"相通,咎繇的后代就以"李"为姓氏,传承了四千多年。明朝洪武年间,皇帝下诏河东居民迁陕。始祖李清当时居住在洪洞枣儿巷,奉令举家迁至现在的岐山草坡村。始祖李清殁后,葬于南社头北原,其子孙于莹南依原而居,从此繁衍生息,家族日益壮大。到咸丰时期,祠堂建了五座,千余户族人分居各处。

石碑上记明三房始祖名讳及各房迁出变动的位置,碑文中数次提及的咎繇即皋陶,他是尧、舜时期的大理官,传说我国的第一部《狱典》就由皋陶制定,被后人奉为中国司法鼻祖。他的子孙世袭了"大理"职务,并以官为姓,称为"理氏"。商代末年,皋陶后代理征因办案公正,得罪了纣王,被暴君无故处死,其妻带着儿子利贞逃难,一路上以木子为食才得以活命。为了不忘这段蒙难的历史,利贞的母亲决定将"理"姓改为"木子"构成的"李"姓。这通寻根老碑和祠堂院子里的两株挺立了九百年的龙爪槐一起,成为书房沟六百年家族沧桑的注脚。

汉中市汉台区汉王镇李家营李氏

▲ 李家营李氏族人留影

汉中市汉王镇李家营重建李氏祠堂碑记

据考，吾李姓始祖，系古晋洪洞县人。明洪武初奉旨迁陕，居富平流曲，弘治年迁汉始祖李公讳温至城固斗山后湾。清初，后十代祖李公讳万选及其弟李公讳发春之子，有仁、有义、有智、有成至汉王镇李家营按序为四门之祖也。数百年来，先祖负英挺之气，遵古训，立族规，崇德敬贤，重孝守信，和家睦邻，坚韧奋发，大有所为。曾在红岩沙、垭背后购山庄两处，嘉庆年，建木马寺、种桂树、办私塾、修祠堂、安灵位、置社火戏箱等等。其拓荒、置业之举，宏图大志，堪为人表。威凤一羽，足以验其五德矣！今本村及迁汉王庙陈家山等地人口已达一千五百余人，泱泱大族，骄然自立，先祖恩泽，如何敢忘！

古人云："日失其序，何以示后？故将十代族辈字序刻于碑，曰：桂澍昌茂清平世道承载先德佑祖荣光。"凡我子孙，当谨遵此序，勿乱勿废。李氏一脉，自强不息，族兴丁旺，六通四辟，百嘉咸茂，天宗永存矣！

二○一○年三月二十四日愚孙元叙 等顿首拜撰

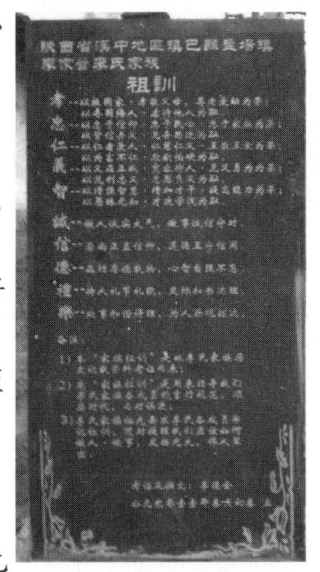

▲ 李家营李氏祖茔碑

甘肃省

■ 酒泉市

李氏另一支家族字辈：

国正添必茂　高腾秀品彰
尊荣长瑞庆　祖泽远光扬
美盛垂家祉　修悠发久祥
隆时曾振耀　世代继其芳

李氏另一支家族字辈：

君如昔度函　东来克绍南
绳基睹崇厚　衍绪定昌繁
盘根识真谛　依树喜鸣干
万福宗开景　允朝遇之良

■ 武威市

民勤县李氏一支家谱字辈：

来生光明

民勤县李氏另一支家族字辈：

怀央万寿山　清道仁善整

民勤县李氏另一支家族字辈：

兴文逢图开

■ 张掖市

山丹县李氏另一支家族字辈：

天文永长生林

■ 定西市

陇西县李氏另一支家族字辈：

本李真乃广　忠孝杰（守）家帮

陇西县李氏一支家谱字辈：

　　　　　荣祖显宗　大德永福
　　　　　左昭右穆　至道崇仁

■ **甘肃省境内其他支系**
　李氏另一支家族字辈：
　　　　　太安宗入（毓）庆　传（伝）家大启祥
　　　　　显文荣盛世　崇锡萃群芳

青海省

李氏一支家谱字辈：
　　　　　生永长占
青海海东李氏一支家谱字辈：
　　　　　宗广如邦生　万世得长春
李氏另一支家族字辈：
　　　　　南英昶玉宀　崇先龙国水
　　　　　臣大邦世武　政长承鸿业
李氏另一支家族字辈：
　　　　　邦大成世武　元长承鸿业
　　　　　积善有余庆　富贵永发祥
李氏另一支家族字辈：
　　　　　炳耀尚辉庭　均遇秀振星
　　　　　巨华经克定　冯赞世宗兴
李氏另一支家族字辈：
　　　　　崇礼贻谋近　棠开日永昌
　　　　　嘉笙钊伟教　庭训昭诗喷

注：西藏自治区、宁夏回族自治区、新疆维吾尔自治区、澳门特别行政区李姓资料暂缺。

兰州市永登县柳树乡李家湾村李氏

柳树乡李家湾村李氏先祖德泽碑记

族之追远者必溯其根，士之慎终者必浚其源。永登李家湾李氏，邑之望族也。始祖李成，原籍辽东金州大黑山。洪武五年（1372）归附从军，镇守陕西灞桥六十载，因功升授指挥、同知、定远将军。殁归葬原籍，诰命世袭。二世祖广永乐十年袭职，宣德八年（1433），奉调庄浪卫，入籍未归，寿终，葬卧牛山立祖。三世敬、四世震、五世勇、六世英、七世堂均袭职定远

▲ 李家湾村李氏祭祖掠影（一）

▲ 李家湾村李氏祭祖掠影（二）

将军，葬卧牛山。八世承胤袭职，旋加昭武将军，寿终，葬峡门立祖。九世毓椿袭前职，顺治六年（1649）改元失职，寿终，葬沙沟立祖，其弟毓桂慕李家湾地域灵秀，万历间徙居，村庄因此得名。其后数辈均葬苏家河。五世佼为山海关将军。李氏九代英豪，历洪武至顺治，凡二朝十八帝，二百六十年，武功卓著，乃武略世家、国之栋梁也。

国之兴替者乃文武之道。李氏先代武功显于世，亦不乏以文兴邦者。二世替为御赐进士，十世元、十三世天保、十五世荫芳乃康熙、乾隆、道光间贡生，史册留名久矣。十四世树本为乾隆间童生，十七世文夔、十八世含英为晚清文化名士。

李氏以卧牛山佳城为老祖茔，而后人丁兴旺，另选吉地者有峡门、新二渠、沙沟、苏家河、雷家沟等，且因支脉分流，各择吉地者多矣。

李氏先祖积德深厚，流光且远，凡六百四十余年。时日迁延，沧海桑田，后世奉祀，难寻祖茔。为后裔春露秋霜祭祀之便，选吉地，立德泽碑，以慰先祖之灵，励后辈之志，念祖德之功，彰苗裔之慧。

铭曰：

香山巍巍，庄水泱泱。祖德宗功，厚且孔长。
大贤大慧，积厚流光。九袭将军，武功显扬。
文章卓著，明经登榜。继往开来，励志图强。
同根同祖，互敬互帮。团结一心，万代恒昌。

退休中学高级教师 周承武 撰
甲午年子丑春月毂旦

天水市甘谷县渭阳乡蔡家寺村李氏

▲ 蔡家寺村李氏宗祠

▲ 蔡家寺村李氏祭祖

▲ 蔡家寺村李氏祖碑

甘谷蔡家寺李氏族源，数来说法不一，公元一九九三年，吾祖三涧公之墓志铭出土，参之以零星家谱及族间传说，殆可定论。考信元朝季年，关中大旱，兵祸迭起，吾祖避险，自白水县石凸下拜别祖坟，南徙而沿渭浒西进，至羌伏县硷下里，即今蔡家寺村，卜居占籍，遂为蔡家寺李氏之源。西迁之祖下距三涧公百数十年。三涧公上至高祖旺公五世，亦百数十年，故西来始祖或即旺公，或为旺公父祖，不致更远。吾祖此支居上庄。其后又一同宗先人亦自白水携眷而来，定居下庄，俗称"又一头"。又一头者，又一门户也，非别是一宗之谓也。上下庄历世先人同舟共济，比肩勤业，筚路蓝缕，建我家庄，遂使鼍山腾辉，禾稼连云；渭川泳翠，麦熟流金。生业渐盛，生齿益繁。昔日三家之村，今已逾千余户人矣，而远迁谋业，分庄而居者不与焉。

吾族六百数十年来，出仕者造福一方，守农者相让田畔，不竞工商，耕读传家，时移代易，守礼守法之至不变焉。明之三涧公、清之士则公，民国蔚起公，皆一时之俊彦，吾族之精英也。近世教育昌盛，族人重学，脱颖出群，蜚声遐迩者，炳炳烺烺，济济洋洋，其名迹多在方册，此不详述也。吾问吾族之兴，其原有五焉：自强一也，坚忍二也，团结三也，守法四也，俭朴五也。此五者，先人赖以振兴家邦，光耀门庭；吾辈后人不敢世世恪守，发扬光大者乎！嗟吾李氏为中华之巨姓，陇西之望族，祖上美德伟业，垂为楷模，后人接踵继武，与时俱进，则吾族之盛，将日月而无穷，可量也哉，是为记。

天水市秦安李氏

▲ 秦安李氏莹壁

▲ 秦安李氏祠堂内殿

据李氏家谱记载，秦安的李姓大部分都是自元代以后迁徙到秦安的。成纪李氏后裔定居秦安县西北后，选择在朱湾村创建李氏宗祠。李氏宗祠位于秦安县郭嘉镇朱湾村，坐南朝北，为清代建筑（约1905年），占地约两亩有余。

据《新唐书·宗室世系上》所载，西汉时期，家居陇西狄道东川的李仲翔之孙李尚任成纪令，遂举家迁于成纪，成为成纪李氏的始祖。《史记·李将军列传》说李广"故槐里，徙成纪"，威震匈奴的"飞将军"李广即是李尚之子。李氏因李广而成为陇右名门望族。千余年间，成纪李氏在秦安县西北创造了闻名全国的李氏文化。1940年，秦安县实施新县制，设乡镇公所，其中以李白的字"太白"命名的乡就是其中之一。太白乡位于秦安县西北，有史料记载，这里曾是李白故居。唐代大诗人李白本人曾如此自述："本家陇西人，先为汉边将。"李白父母定居陇西成纪而生李白，李白后来曾五次赴成纪探家。

后　记

　　国有史，述朝代，记政事；地方有史，明沿革，载土风；家族有谱，考世系，识宗支。此三者构成一完整体系，为华夏历史三大组成部分，记述中华民族繁衍生长之历程。史、志、谱或相互印证，或补缺钩沉，相得益彰，流传千古，实为我国传统文化一大特色。

　　我国民族素重血缘、亲缘、乡缘之关系，历时既久，形成了强烈的宗族观念、乡土观念，进而融合为国家观念。此我民族之所以具有强大凝聚力，历五千年经久不衰之奥秘所在。谱牒者，详生没，记葬处，别亲疏，睦宗族。自宋代以来，儒家认为先祖的嘉言懿行不宜听其湮没，家族世系不可以无考，亲族齿序不可以无稽。于是，士庶之家俱修谱树牒。特别是文宗巨擘欧阳修、苏东坡诸公所创谱例，更趋系统化、科学化、人文化，至今为后人循蹈沿袭。近年来，国泰民安，传统文化研究盛行一时，建谱续牒者比比皆是。

　　谱牒者，家之序，有如参天巨树，论其树冠枝叶如何繁茂，而其主干为一；亦如黄河发自青海，东流入海，毋论其沿途注入百千支流而主流仅一条。倘或谱牒不叙，不惟祖功宗德无由以彰，窃恐后之子孙支繁派广，世远年湮，而视亲支为途人，以近族为陌路者。谱牒作为家族之史料，对于研究族史，乃至整个社会史，都是宝贵的原始资料，因而也是文化遗产的一部分，族人岂有不重之理！

　　家谱资料酝酿、收集、编写，已历多年。编辑过程遇到诸多困难，历经痛苦和磨难。数个寒冬酷暑，苦苦搜集移民谱牒，发现史籍资料匮乏，正如清人沈翔《凉州怀古》中感叹的那样，"独怜遗献消亡后，大泽苍茫一望空"，只能靠遍寻村寨民间。编写该书困难重重，但持之以恒发掘研究。茫茫数月，遍查多省各类志书、碑刻、谱牒，做下近百万字的读书笔记。编写起来也是煞费苦心，正面判断，侧面假设，旁征博引，逻辑推理。也有时久久不得进展，只好束之高阁，先查阅资料，待到脉络清晰、灵犀顿通时，再重新拾起，钻研下去。风霜逼迫愈严，愈能体现松柏坚贞挺拔的本性。尽管有工作生活上的限制以及经济上的拮据，我还是坚持编写，不羡慕不费功夫得来的虚名，不计较世人的褒贬，默默地做自己喜欢的事情。搜寻和研究工作是艰苦的，经过艰难跋涉，终成此书。现陆续和读者见面，多有几分"画眉深浅入时无"的担忧。古人云，"文章千古事，得失寸心知"。

在本书编写过程中得到了多省谱牒研究会、地名办、史志办以及各个网站的鼎力相助。若没有他们的帮助与支持，很难完成书稿的文字编写和图片的穿插。同时，若没有山西省洪洞县委、县政府领导的高度重视，没有洪洞县大槐树寻根祭祖园的帮助和支持，也更难完成本书的编写工作。"问渠哪得清如许，为有源头活水来。"在此，向支持帮助过我的领导和同志们表示深深的谢意！由于才疏学浅，孤陋寡闻，本书文稿中还有很多很多的纰漏，尽管尽了努力，还是力不从心，敬请各位体谅，不吝赐教，以便下次印刷时纠正。

黄泽岭

2019 年 04 月 18 日